# 古代歷史文化研究輯刊

## 二二編

王明蓀 主編

## 第 18 冊

### 揚州歷史考古探微

余國江 著

國家圖書館出版品預行編目資料

揚州歷史考古探微／余國江 著 ─ 初版 ─ 新北市：花木蘭文
化事業有限公司，2019〔民 108〕
目 4+276 面；19×26 公分
（古代歷史文化研究輯刊 二二編；第 18 冊）
ISBN 978-986-485-912-2（精裝）
1. 歷史考古學 2. 江蘇省揚州市
618                                                    108011822

ISBN-978-986-485-912-2

9 789864 859122

古代歷史文化研究輯刊
二二編　第十八冊　　　　　　ISBN：978-986-485-912-2

## 揚州歷史考古探微

作　　者　余國江
主　　編　王明蓀
總 編 輯　杜潔祥
副總編輯　楊嘉樂
編　　輯　許郁翎、王筑、張雅淋　美術編輯　陳逸婷
出　　版　花木蘭文化事業有限公司
發 行 人　高小娟
聯絡地址　235 新北市中和區中安街七二號十三樓
　　　　　電話：02-2923-1455／傳真：02-2923-1452
網　　址　http://www.huamulan.tw 信箱 hml810518@gmail.com
印　　刷　普羅文化出版廣告事業
初　　版　2019 年 9 月
全書字數　188072 字
定　　價　二二編 25 冊（精裝）台幣 63,000 元　　　版權所有‧請勿翻印

# 揚州歷史考古探微

余國江　著

## 作者簡介

余國江，安徽廣德人。畢業於南京大學歷史學系考古專業。現工作於揚州城大遺址保護中心，業務部主任。在《東南文化》《故宮博物院院刊》《中國國家博物館館刊》等核心刊物上發表論文多篇。研究方向：漢唐歷史與考古，揚州地方歷史文化。

## 提　　要

　　國學大師錢穆先生曾據清人龔自珍《己亥六月重過揚州記》而有一段議論，云：「揚州一地之盛衰，可以覘國運。」縱觀中國古代史與揚州城市文化變遷，此言可謂不刊之論。關於西漢、隋唐、清代等揚州繁華時期的研究著作、論文已經頗豐，而對六朝、五代等時期的研究則尚待深入。大量考古資料的公佈和研究，更有補史、證史、糾謬之作用。本稿收錄十餘篇文章，勒爲歷史、考古、資料三編，涉及歷史考述、文物研究、史料輯考等方面。餖飣短篇，雜而輯之，希望對先秦至唐宋時期的揚州歷史考古研究有襃續補苴之參考價值。

# 目次

上編（歴史編）

# 六朝隋唐時期的揚州城與坊市

## 一、引　言

　　自春秋末年吳王夫差築邗城開始，揚州城市與社會歷經千年的發展，在隋唐時期迎來了又一次鼎盛，成爲具有全國性影響的城市。由於隋煬帝的數次巡幸，揚州取得了短暫的「陪都」地位。至唐代，揚州爲揚州大都督府、淮南節度使府所在，「居中統制二處，一千里，三十八城，護天下餉道，爲諸道府軍事最重」〔註1〕。更重要的是大運河的開通，揚州成爲連接南北運河與東西長江的節點，人員、物資轉輸於此。中晚唐時，揚州一躍成爲第一流的商業都會，贏得「揚一」的讚譽。唐羅城的修築，使揚州城規模達到最大，也奠定了宋、明、清三代揚州城的基礎。入宋以後，揚州因爲政治、經濟、交通中心地位的喪失而長期不振，城池規模較唐代也大爲縮小。可以說，隋唐揚州城在中國城市史和揚州城市變遷史中，都具有極爲重要的地位。

　　從更廣闊的視野看，一般認爲在唐宋之間，中國的社會文化面貌發生了極大的變化。在城市方面的表現，就是魏晉以來的坊市制度在唐宋時逐漸鬆弛、崩潰。這種看法以日本學者加藤繁、宮崎市定等的研究成果爲中心，成爲中國古代城市史研究的基本理論。而其所依據的，主要是長安、洛陽、開封和華北城市的相關歷史、考古資料。〔註2〕隨著中國各地關於唐代州縣城的考古和研究工作的展開，對唐代各類城市的瞭解也不斷增加。以此爲基礎，宿白把隋唐城址分爲京城、都城、大型州府城、中型州府城和縣城五種類型，洛陽、太原、揚州等屬於第二類，並認爲揚州蜀岡上有子城，再根據其他殘存遺跡和文獻記載，可以畫出隋唐揚州城的基本輪廓，其中，坊的布局是整

---

〔註1〕杜牧：《樊川文集》卷十《淮南監軍使院廳壁記》，上海：上海古籍出版社，1978 年，第 159 頁。

〔註2〕妹尾達彥：《城市的生活與文化》，谷川道雄主編《魏晉南北朝隋唐史學的基本問題》，北京：中華書局，2010 年，第 322 頁。

齊的邊長約 0.5 公里的方形排列。〔註3〕經過勘探和發掘，考古工作者復原了
唐代揚州城圖，全城街網如棋盤狀，東西分 5 坊，南北分 13 坊，每坊長 450
～600 米，寬約 300 米。（圖一）〔註4〕這種復原，與其說印證了宿白先生的觀
點，不如說是在特定理論預設下進行的。而且，羅城內沒有發現坊牆等遺跡，
復原的含有坊的唐代揚州城圖與部分資料記載也不能吻合，文獻和考古成果
所反映的坊市的情況也有揚州特色。所以，以往根據相關理論、參考洛陽等
城市而形成的對揚州城及其坊市的認識，有必要再做重新的考察。

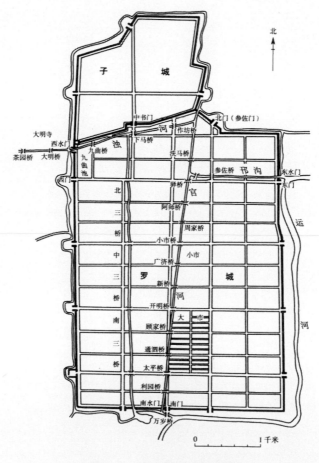

圖一　唐代揚州城圖

〔註 3〕宿白：《隋唐城址類型初探（提綱）》，北京大學考古系編《紀念北京大學考古
　　　　專業三十週年論文集》，北京：文物出版社，1990 年，第 279～285 頁。
〔註 4〕中國社會科學院考古研究所、南京博物院、揚州市文物考古研究所：《揚州城
　　　　——1987～1998 年考古發掘報告》，北京：文物出版社，2010 年，第 59～65
　　　　頁。

## 二、六朝隋唐時期揚州城的修築

關於揚州築城的最早記載見於《左傳》：哀公九年（前 486），「秋，吳城邗，溝通江淮。」其後，戰國楚懷王十年（前 319）城廣陵〔註5〕，漢高祖十一年（前 196）吳王劉濞築廣陵城，城周十四里半〔註6〕。現有尚不確知邗城具體所在。從蜀岡上數條探溝的發掘情況看，東、北、西三段城牆及西北城牆角的始築年代都是戰國時期，其上是漢代夯土城牆。〔註7〕據此可以確定戰國至漢代廣陵城的大致範圍。由於城址內的考古工作進行得很少，史書中也只是偶而提及「建章宮」、「顯陽殿」等漢代宮室建築，所以我們對漢代及以前廣陵城城內布局等情況幾無所知。

孫吳五鳳二年（255），馮朝城廣陵，因「功費甚眾」而未成。〔註8〕景帝時（258～264），「戍將於廣陵掘諸冢，取版以治城，所壞甚多。」〔註9〕「取版以治城」，即取棺板以夾築夯土城牆。

東晉太和四年（369），桓溫發徐、兗州民築廣陵城，徙鎮之。〔註10〕1978年，南京博物院主持在蜀岡上城址的北牆開 7 條探溝，其中 YDG2～YDG7 的發掘結果表明，除了近代擾亂層外，城牆可以分為四個時期的堆積。第三期為東晉時期。根據出土的「北門」、「北門壁」、「城門壁」銘文磚等綜合判斷，第三期城牆應是桓溫所修築。〔註11〕

劉宋大明元年（457），竟陵王劉誕出鎮廣陵，修治城池。三年，據廣陵城叛亂，孝武帝命沈慶之率兵討伐，於桑里置烽火三所，若克外城，舉一烽，克內城，舉兩烽，擒劉誕，舉三烽。沈慶之率眾先克外城，乘勝而進，又克小城。〔註12〕可知南朝劉宋時蜀岡上的廣陵城有內城（小城），又有外城。

梁武帝時，長沙王蕭淵業都督南兗州刺史，「運私邸米，僦人作甓以砌城，

〔註 5〕《史記》卷一五《六國年表》。
〔註 6〕《後漢書》志二一《郡國志三》「廣陵」條注。
〔註 7〕中國社會科學院考古研究所、南京博物院、揚州市文物考古研究所：《揚州城——1987～1998 年考古發掘報告》，第 15～27 頁。
〔註 8〕《資治通鑑》卷七六《魏紀八》。
〔註 9〕干寶：《搜神記》卷十五，又見《三國志》卷四八《吳書·孫休傳》注引葛洪《抱朴子》。今本《抱朴子》無此文，最可均輯《抱朴子內篇佚文》作：「吳景帝時，戍將於江陵掘冢，取板治城」，「江陵」下注「又作廣陵」。
〔註 10〕《晉書》卷九八《桓溫傳》。
〔註 11〕南京博物院：《揚州古城 1978 年調查發掘簡報》，《文物》1979 年第 9 期。
〔註 12〕《宋書》卷七九《文五王傳·竟陵王誕傳》。

武帝善之。」〔註13〕這是史書關於磚砌揚州城的最早記載。

隋大業十三年（617），天下大旱，時郡縣鄉邑，悉遣築城，發男女，無少長，皆就役。〔註14〕煬帝時在江都，有久居之意，為應對已經難以撲滅的各地起義，極有可能大修揚州城。通過對蜀岡上城址西北角的發掘發現，在漢代和六朝夯土城牆上修築的隋代包磚城牆，其包磚與砌法都較為特別。一種城磚是特燒的斜面磚，砌築時自然收分。〔註15〕

唐代揚州除了沿用隋城為子城外，又築了羅城。建中四年（783），淮南節度使陳少游在揚州「修塹壘，繕甲兵」。〔註16〕乾符六年（879），高駢至揚州，繕完城壘。〔註17〕經過陳少游和高駢的修築，揚州「城又加大，有大城又有牙城，南北十五里一百一十步，東西七里三十步，蓋聯蜀岡上下以為城矣」。〔註18〕羅城城門、北牆等的考古發掘結果證實羅城始建於唐代中期以後，與文獻記載相合。

以上不避繁冗，簡要梳理自邗城至唐代揚州城的變遷，目的在於提示一點：揚州城是在漢魏以來的城市傳統和東晉南朝因素的影響下發展變化的。在六朝時期，除了短暫歸屬於北朝外，揚州主要處於孫吳、東晉、南朝統治之下；史籍所載的揚州城的數次修築，都沒有超出漢代廣陵城的範圍，而且是在東晉、南朝重臣主持下進行的，理應受到南方因素的影響。桓溫北伐失利後修築廣陵城並移鎮，以及劉誕為圖不軌而修廣陵城，這兩次修築對廣陵城布局影響很大。根據劉宋時廣陵有內外兩城，以及《雍正揚州府志》卷五《城池》「晉初廣陵還治故城，為重鎮，桓溫大修築之」和《光緒重修安徽通志》卷三五《輿地志‧城池》太平府「府城創建於吳黃武間。東晉太和七年，桓溫重築，並建子城於內」的記載，可以推測揚州蜀岡上有重城（內城和外

---

〔註13〕《南史》卷五一《梁宗室上》。此條資料承蒙印志華先生告知。據《梁書》卷二《武帝紀中》、同書卷二三《蕭業傳》，天監七年（508）二月丙子，蕭淵業為南兗州刺史，翌年十月乙巳轉為湘州刺史。南兗州治廣陵，則作甓砌城當在天監七年或八年。

〔註14〕《隋書》卷二二《五行志上》。

〔註15〕中國社會科學院考古研究所、南京博物院、揚州市文物考古研究所：《揚州城——1987～1998年考古發掘報告》，第25～26頁。

〔註16〕《資治通鑒》卷二二九《唐紀四十五》。

〔註17〕《舊唐書》卷一三二《高駢傳》。

〔註18〕尹會一、程夢星等纂修：《雍正揚州府志》卷五《城池》，臺北：成文出版社，影印本，第46頁。

城），其時代或許早至東晉太和年間，即桓溫在廣陵故城內始築子城。不管這一推測是否成立，至少在劉宋時，揚州城已經形成重城結構，並一直延續到隋唐時期。

入隋以後，煬帝數次巡幸揚州，不過其最初目的不在於久住，所以史籍多涉及行宮臺殿，而無關於修築城池的記載。大業元年（605），煬帝命開通濟渠、邗溝，自長安至揚州置離宮四十餘所，揚州有江都、臨江二宮。《大業雜記》：「又敕揚州總管府長史王弘大修江都宮。又於楊子造臨江宮，內有凝暉殿及諸堂隍十餘所。」〔註 19〕江都宮中有成象殿、水精殿、流珠堂等建築。此外，城北長阜苑內又有歸雁、回流、九里、松林、楓林、大雷、小雷、春草、九華、光汾等十宮。〔註 20〕這些都是從大業元年開始陸續修建的行宮別苑。隋代修築揚州城，可能遲至大業十三年（617）。2013 年，在揚州西湖鎮發現了兩座隋末唐初的磚室墓，西側 M1 中出土一方「隨故煬帝墓誌」，證明墓主爲隋煬帝。M1 部分墓磚爲斜面磚，尺寸 34.5×18.4×7.4 釐米。〔註 21〕這種磚與蜀岡上城址西北角所發現的砌築城牆的斜面磚相同，只是燒成溫度較低，可能是燒製城磚的殘次品。由此推測，蜀岡上城址西北角發掘的隋代城牆極有可能就是大業末年修築的。不過，這次修築並沒有改變揚州城的位置、形制。根據《隋書》宇文化及、司馬德戡、裴虔通等傳可以推知：隋煬帝時的揚州城分爲宮城、東城等部分。東城爲驍果軍等扈從所居，有草坊等。宮城爲煬帝等所居，內有成象殿、左閣、西閣、永巷等。唐臨淄縣主《與獨孤穆冥會詩》記煬帝被弒之事：「江都昔喪亂，闕下多構兵。豺虎恣吞噬，干戈日縱橫。逆徒自外至，半夜開重城。膏血浸宮殿，刀槍倚簷楹」。〔註 22〕所謂「半夜開重城」，也說明了隋煬帝時揚州蜀岡上城池的結構仍是繼承於南朝時期的廣陵城。

自漢代以來，揚州城一直相對較小，唐代羅城修築後，才形成與城市地位和發展水平相稱的城池規模，城池形制也發生了變化。從羅城北牆探溝

---

〔註 19〕杜寶撰、辛德勇輯校：《大業雜記輯校》，西安：三秦出版社，2006 年，第 16 頁。

〔註 20〕樂史撰、王文楚等點校：《太平寰宇記》卷一二三《淮南道一》，北京：中華書局，2007 年，第 2444 頁。

〔註 21〕《揚州基建發現古墓 出土隋故煬帝墓誌》，《中國文物報》2013 年 4 月 17 日 1 版。

〔註 22〕《太平廣記》卷三四二《鬼》「獨孤穆」條。

YLG4 的地層和出土遺物反映的情況看，探溝的第 4 層為唐代夯築城牆，其下有 4 座唐代墓葬，墓中出土有「開元通寶」銅錢。由此推測城牆夯築年代要晚於唐代早期，可能在中唐偏晚時期。〔註 23〕結合史書中陳少游修築揚州城的記載，認為羅城始建於中唐應該是合理的。陳少游築城與朱泚作亂有關，主要是為了保護蜀岡以南已經形成的居民區和工商業區。經過唐代百餘年的發展，揚州人口大量增殖，社會經濟發達，尤其是運河和官河兩側，為商業和居民聚集之所。《舊唐書》卷一二四《田神功傳》：上元元年（760），田神功「至揚州，大掠百姓商人資產，郡內比屋發掘略遍，商胡波斯被殺者數千人」，所謂「郡內」，應指蜀岡以南的廣大區域。羅城東牆、南牆以運河為界，西牆以子城西牆向南延長線為界，北牆包古邗溝以北之地，形成南北長 4200、東西寬 3120 米的巨大城池，這與隋唐時期揚州社會、經濟的發展狀況是相符的。但要指出的是，陳少游的修築城池事起倉促，既非有目的的規劃，其所形成的子城羅城布局也不似對某個城市的刻意模仿。

## 三、隋唐時期揚州的坊

現在沒有見到任何關於六朝時期揚州的坊的資料，相關情況只能暫且擱置不論。隋初，楊廣為揚州總管，修葺禪眾寺，致書給智顗大師：「深具謙挹之旨。但高人遊處觸地是安，然法宇僧坊須盡嚴整。……已令有司修葺」〔註 24〕。《隋書》卷八五《宇文化及傳》記載隋煬帝被弒殺時，揚州東城內有草坊。《資治通鑒》卷二〇三《唐紀十九》：唐高宗光宅元年（684），徐敬業、駱賓王等在揚州作亂，「於是開府庫，令士曹參軍李宗臣就錢坊，驅囚徒、工匠數百，授以甲」。由隋至唐的這些「僧坊」、「草坊」、「錢坊」，顯然不是《唐六典》等所說的「百戶為里，五里為鄉。兩京及州縣之郭內分為坊，郊外為村」的「坊」。這裡的「坊」，作為區域劃分或者房舍來理解可能更為妥當。

又據《北史》卷三八《裴矩傳》：宇文化及弒殺煬帝次日，「矩晨起將朝，至坊門，遇逆黨數人，控矩馬詣孟景所。」裴矩所居的坊，不知道是在東城還是在蜀岡上下的城外。《輿地紀勝》卷三七《淮南東路》「二十四橋」條：「隋置，並以城門、坊、市為名。」參佐門附近有參佐橋，二十四橋中有太

---

〔註 23〕中國社會科學院考古研究所、南京博物院、揚州市文物考古研究所：《揚州城──1987～1998 年考古發掘報告》，第 66～70、261 頁。

〔註 24〕灌頂：《國清百錄》卷二《王治禪眾寺書第二十五》，《大正新修大藏經》第四十六冊《諸宗部三》，第 803 頁。

平橋、通泗橋，而唐代墓誌中發現有太平坊、太平里、通肆坊。由此看來，《輿地紀勝》所言有一定可信度。根據沈括記載確認的二十四橋位置都在蜀岡下〔註 25〕，那麼，在隋代蜀岡下可能已經有坊的設置。如果確實如此，隋代揚州城顯然不像大興城、洛陽城那樣實行嚴格的里坊制度，更遑論坊牆等的建設。

對唐代揚州鄉、坊、里、村名稱和位置的瞭解，主要來源於墓誌。墓誌一般記載有墓主逝世和葬地所在縣、鄉、坊、里、村的名稱，根據墓誌出土地點，可以大致推知其位置。清代的方志中已經開始收錄當時零星發現的墓誌，不過大多沒有出土地點等信息。考古發現的墓誌很多，前輩、時賢已經做了大量收集整理工作，嘉惠後學。〔註 26〕藉助於此，製成如下的唐代揚州鄉坊里村一覽表。〔註 27〕

## 唐代揚州鄉坊里村一覽表

| 序號 | 縣 | 鄉 | 坊 | 里 | 村 | 位置 |
|---|---|---|---|---|---|---|
| 1 | 江都縣 | 興寧鄉 | ／ | 趙墅里 | 趙墅村 | 楊廟鄉一帶 |
| 2 | | 歸義鄉 | ／ | 蜀岡里 | ／ | 城北鄉瓦窯鋪一帶 |
| 3 | | 章臺鄉 | ／ | 鳴琴里 | ／ | 城北鄉三星村一帶 |
| 4 | | 永豐鄉 | ／ | ／ | 五午村 | 城西北 |
| 5 | | 彭城鄉 | ／ | ／ | ／ | 揚州大學瘦西湖校區一帶 |

〔註 25〕 沈括著、胡道靜校證：《夢溪筆談校證》，上海：上海古籍出版社，1987 年，第 1019～1020 頁。蔣忠義：《唐代揚州河道與二十四橋考》，中國社會科學院考古研究所、《漢唐與邊疆考古研究》編委會《漢唐與邊疆考古研究》（第一輯），北京：科學出版社，1994 年，第 162～168 頁。

〔註 26〕 相關的資料收集整理主要有：羅振玉《廣陵冢墓遺文》，《羅雪堂合集》第二十二函，杭州：西泠印社出版社，2005 年；朱江《唐揚州江陽縣考》，《揚州師範學院學報》1963 年第 17 期；王思禮等編《隋唐五代墓誌彙編·江蘇山東卷》，天津：天津古籍出版社，1991 年；周紹良主編《唐代墓誌彙編》，上海：上海古籍出版社，1992 年；吳煒《揚州唐、五代人物墓誌錄文資料》，自印本，1994 年；陳彝秋《唐代揚州城坊鄉里考略》，《揚州大學學報（人文社會科學版）》2000 年第 2 期；印志華《從出土唐代墓誌看揚州古代縣、鄉、里的設置》，揚州博物館編《揚州博物館建館五十週年紀念文集（1951～2001 年）》，《東南文化》2001 年增刊 1。

〔註 27〕 有必要說明的是，現在對揚州城內唐代里坊的認知，基本都源於歷年來出土的墓誌，但由於墓葬基本都位於羅城外，所以通過墓誌所能獲知的里坊名稱，只是實際設置的里坊中的一小部分而已。羅城內是設置坊的主要區域，因幾乎沒有唐代墓誌的出土，相關坊名、大致位置等情況尚不清楚。

| | | | | | |
|---|---|---|---|---|---|
| 6 | ／ | 來鳳坊 | 來鳳里 | ／ | 雙橋鄉三元新村一帶 |
| 7 | ／ | 馴翟坊 | 馴翟里 | ／ | 雙橋鄉念泗橋一帶 |
| 8 | ／ | 尙義坊 | 尙義里 | ／ | ／ |
| 9 | ／ | 贊賢坊 | 贊賢里 | ／ | ／ |
| 10 | ／ | 善贋坊 | 善贋里 | ／ | ／ |
| 11 | ／ | 通闉坊 | ／ | ／ | ／ |
| 12 | ／ | 雅俗坊 | ／ | ／ | ／ |
| 13 | ／ | 布政坊 | ／ | ／ | ／ |
| 14 | ／ | 懷德坊 | ／ | ／ | ／ |
| 15 | ／ | ／ | 風亭里 | ／ | 城北鄉綜合村一帶 |
| 16 | ／ | ／ | 長壽里 | ／ | 城北鄉上方寺一帶 |
| 17 | ／ | ／ | 白路里 | ／ | ／ |
| 18 | ／ | ／ | 建義里 | ／ | ／ |
| 19 | 仁善鄉 | 絃歌坊 | 千秋里 | ／ | 大東門一帶 |
| 20 | | | 絃歌里 | ／ | ／ |
| 21 | 江津鄉 | ／ | 金檀里 | ／ | 灣頭鎮沙聯村一帶 |
| 22 | 嘉寧鄉 | ／ | 陸遊里 | ／ | ／ |
| 23 | | ／ | ／ | 五乍村 | 大東門至躍進橋一帶 |
| 24 | 清寧鄉 | ／ | ／ | 嘉禾村 | 小東門以南至龍頭關一帶 |
| 25 | 三陽鄉 | ／ | ／ | 五乍村 | 湯汪鄉湯汪村一帶 |
| 26 | 嘉禾鄉 | ／ | ／ | ／ | ／ |
| 27 | 江陽縣 | 會義坊 | 會義里 | ／ | ／ |
| 28 | | 太平坊 | 太平里 | ／ | ／ |
| 29 | | 仁風坊 | 仁風里 | ／ | ／ |
| 30 | | 布政坊 | 布政里 | ／ | ／ |
| 31 | | 瑞芝坊 | 瑞芝里 | ／ | ／ |
| 32 | | 通化坊 | 通化里 | ／ | ／ |
| 33 | | 道化坊 | ／ | ／ | 城東鄉軸承廠、沙口村一帶 |
| 34 | | 清平坊 | ／ | ／ | 湯汪鄉用里莊一帶 |
| 35 | | 臨灣坊 | ／ | ／ | 灣頭鎮一帶 |
| 36 | | 道仁坊 | ／ | ／ | ／ |
| 37 | | 孝孺坊 | ／ | ／ | ／ |

| 38 | ／ | 慶年坊 | ／ | ／ | ／ |
|---|---|---|---|---|---|
| 39 | ／ | 崇儒坊 | ／ | ／ | ／ |
| 40 | ／ | 文教坊 | ／ | ／ | ／ |
| 41 | ／ | 通肆坊 | ／ | ／ | ／ |
| 42 | ／ | ／ | 育賢里 | 育賢村 | ／ |
| 43 | ／ | ／ | 德政里 | ／ | ／ |
| 44 | ／ | ／ | 廉政里 | ／ | ／ |
| 45 | ／ | ／ | 集賢里 | ／ | ／ |
| 46 | ／ | ／ | 延喜里 | ／ | ／ |
| 47 | ／ | ／ | 仁義里 | ／ | ／ |
| 48 | | | 風亭坊 | 風亭里 | ／ | 汊河鎮陸洲村一帶 |
| 49 | 江濱鄉 | ／ | ／ | 白社村 | ／ |
| 50 | | ／ | ／ | 顏　村 | ／ |
| 51 | 曲江鄉 | ／ | ／ | 五乍村 | 城東鄉沙口村小東莊一帶 |
| 52 | 揚子縣　後江鄉 | ／ | ／ | ／ | 運西鄉鞠莊村一帶 |
| 53 | ／ | 通寰坊 | 通寰里 | ／ | ／ |
| 54 | ／ | ／ | 臨川里 | ／ | 汊河鎮二橋村一帶 |
| 55 | ／ | ／ | 瑞芝里 | ／ | ／ |
| 56 | ／ | ／ | 鳴雁里 | ／ | ／ |

　　唐代實行鄉里制與村坊制。鄉里是按戶口的數量劃分，村坊則依所在的地域劃分。從揚州出土的唐代墓誌和相關文獻看，中晚唐時期的揚州雖然實行鄉里與村坊制，不過並不嚴格。

　　當時鄉內有坊，坊內有里。《唐故京兆押衙雲麾將軍試光祿卿上柱國李府君墓誌銘並序》：「即以其年六月卅日遷葬於江陽縣仁善鄉絃歌坊千秋里」〔註28〕，可以為例。鄉的變動情況較大。貞觀十八年（644），以江都縣合瀆渠以東的九鄉立江陽縣；永淳元年（682），以江都縣揚子鎮置揚子縣。據天寶年間的《地志殘卷》和《郡縣公廨本錢簿》：江都縣 28 鄉，江陽縣 17 鄉，揚子縣 10 鄉。〔註29〕《太平寰宇記》：江都縣 20 鄉，江陽縣（廣陵縣）

---

〔註28〕周紹良主編：《唐代墓誌彙編》，上海：上海古籍出版社，1992 年，第 2170 頁。
〔註29〕唐耕耦、陸宏基編：《敦煌社會經濟文獻真跡釋錄》（第一輯），北京：書目文獻出版社，1986 年，第 56 頁；吳震：《敦煌石室寫本唐天寶初年〈郡縣公廨本錢簿〉校注並跋》，《吳震敦煌吐魯番文書研究論集》，上海：上海古籍出版

25 鄉，揚子縣（永貞縣）16 鄉。〔註 30〕墓誌中發現的鄉，遠不及此數，據
之尚不能瞭解這些鄉的變動細節。墓誌中還出現了十多組同名的坊、里，這
些里，應該是同名坊的一部分。如馴翟里，據《唐故潁川陳氏季女墓誌銘》：
「即以其月廿七日權窆於蕪城馴翟里孫奉讓之園蜀岡之原」〔註 31〕，是在
蜀岡之原；馴翟坊，據出土於雙橋鄉念泗橋南側新莊的《唐故前試左武衛兵
曹參軍賈府君墓誌銘並序》：「即以其年七月二日權厝於縣城西馴翟坊之平
原」〔註 32〕，是在念泗橋附近一帶。兩地相距不遠，認爲馴翟里是馴翟坊
內的一個里，應該是合理的。一個坊內可有多個里，如絃歌坊內有絃歌里、
千秋里等。而一個鄉內有多少坊，現在尚不清楚。

　　坊里的命名，除了蜀岡里等少數以所在地爲名外，絕大多數的坊里的名
稱都是以儒家思想爲標準，蘊含推行教化的美好含義。這些坊名有些與長安、
洛陽的坊同名，如長安布政坊、懷德坊、太平坊、通化坊、興寧坊，洛陽仁
風坊、永豐坊、道化坊，唐代揚州都有同名的坊或鄉，可能受到兩京的影響。

　　唐代揚州的坊多在羅城內，但也有在城外者。如臨灣坊在灣頭鎮一帶，
絃歌坊在大東門以東一帶，道化坊在城東鄉軸承廠、沙口村一帶，來鳳坊在
雙橋鄉三元新村一帶，風亭坊在汊河鎮陸洲村一帶。這些城外的坊都在運河
附近，應與運河附近交通便利、人口大量集聚、商業繁榮有關。〔註 33〕據《大
唐長生禪寺僧本智塔銘並序》：「以乾元二年己亥四月十六日歸寂於揚州江陽
縣道化坊之長生禪寺」，可知至少乾元二年（759）時已有道化坊之設置，較
陳少游築城爲早。也就是說，蜀岡以南區域內一些運河邊的坊形成在前，羅
城的修築在後。

　　從城外設坊這一點推測，揚州的里坊應該沒有所謂的坊牆。即便在羅城
內，現在的考古工作也沒有發現相關遺跡。其原因可能有如下幾點。首先，
坊牆是爲了適應諸族割據造成的統治與治安上的混亂而實行的制度，在北方
一些城市的發展過程中起到巨大作用，這是由傳統、政治等因素決定的，而
揚州不具備這些因素。其次，唐代揚州是一座水系發達的城市，城中河道、

　　　　社，2009 年，第 41 頁。
〔註 30〕《太平寰宇記》卷一二三《淮南道一》，第 2443、2447 頁，卷一三○《淮南
　　　　道八》，第 2573 頁。
〔註 31〕周紹良主編：《唐代墓誌彙編》，第 2010 頁。
〔註 32〕李則斌：《揚州新近出土的一批唐代文物》，《考古》1995 年第 2 期；吳煒：《揚
　　　　州唐、五代人物墓誌錄文資料》，第 11 頁。
〔註 33〕參見印志華：《從出土唐代墓誌看揚州古代縣、鄉、里的設置》。

橋樑等眾多,「園林多是宅,車馬少於船」。1978 年「七八‧二」工程中發現兩條南北向的河道,河道均約寬 30 米。在兩河道處都有木橋遺存,二號橋橋墩南側有獨木舟。〔註 34〕這兩條水道東西相距約 500 米,可以想見唐代揚州城內水系密佈的狀況。這種城市的特色,不利於坊牆等建造和功能的發揮。再次,修築坊牆費時費力。羅城內的居民主要居住在市河、主幹大街等交通便利處。1973 年起揚州人民防空工程市委工地內發現有唐代土坑墓葬。〔註 35〕「七八‧二」工程中,在 8500 平方米的範圍內,沒有發現牆基、磚鋪路面和建築遺跡,而在 1 號橋址的東側橋墩旁,發現了一座唐代甕棺葬。〔註 36〕慧照寺遺址中發現了咸通紀年的經幢、鴟尾殘件、石造像、柱礎等遺跡遺物,從地層關係看,是中晚唐時期的寺廟遺址;而在遺址附近又出有唐代貞元年間的墓誌一方。〔註 37〕這些情況都表明,即使在羅城內也應當有人煙稀少甚至無人居住的區域,在這樣的區域修築坊牆幾乎不可能,也沒有必要。

通過考古勘探,發現羅城相對應的城門間有 3 條南北向和 4 條東西向的大街。相鄰的南北大街間距 1000 米,其間又等距分佈兩座橋,表明在相鄰的南北大街間有兩條平行的街道。如此,就將長方形的羅城分割爲數十個棋盤格。〔註 38〕但是,這種棋盤格的劃分還不能等同於羅城內坊的劃分。因爲從唐代墓誌看,江都縣與江陽縣在羅城內的分界是:由黃金壩沿邗溝西至螺螄灣橋,向南經官河至羅城南水門,這條分界線以北、以西屬江都縣,以南、以東屬江陽縣。而官河是一條北偏東 4～5 度的斜河,緊鄰市河即爲同樣斜向的南北主乾道,與南北向規整的羅城城牆不相協調,這就使得羅城內一部分坊無法劃分出標準長方形的坊界。又,羅隱《廣陵春日憶池陽見寄》云:「清流夾宅千家住」,所以折中的看法是:城內的坊,以官河確定所在縣屬,再以城內主要道路和水系劃分坊界。這種坊,不苛求形式上的方正規整,而更多考慮道路、水系等實際情況。城外的坊、鄉也是如此,黃金壩以東運河南岸爲江陽縣,有絃歌坊、道化坊和臨灣坊等,北岸爲江都縣,有章臺鄉和歸義

〔註 34〕 印志華、徐良玉:《揚州「七八‧二」工程工地唐代文化遺存清理記略》,《南京博物館集刊》(3),1981 年。

〔註 35〕 姚遷:《唐代揚州考古綜述》,《南京博物館集刊》(3),1981 年。

〔註 36〕 印志華、徐良玉:《揚州「七八‧二」工程工地唐代文化遺存清理記略》。

〔註 37〕 姚遷:《唐代揚州考古綜述》。

〔註 38〕 中國社會科學院考古研究所、南京博物院、揚州市文物考古研究所:《揚州城——1987～1998 年考古發掘報告》,第 59～65 頁。

鄉等，都是以運河爲坊間的自然分界。

## 四、六朝隋唐時期揚州的市

關於六朝隋唐時期揚州的市，文獻記載很少，這裡只能略述幾句。《梁書》卷一一《呂僧珍傳》：呂僧珍家世居廣陵，「舊宅在市北，前有督郵廨，鄉人咸勸徙廨以益其宅」。《隋書》卷五六《張衡傳》：隋煬帝命張衡督役江都宮，王世充奏張衡頻減頓具，「帝於是發怒，鎖衡詣江都市」。這種「市」，應該是官方專門設置的市場區域。又，《唐故朱府君夫人范氏合祔墓銘》：「以長慶四年二月十日歿於揚州江都縣市北之旅舍」。〔註39〕《唐故鄧府君墓誌銘並序》：「以咸通六年六月廿四日歿於江都縣市東北壁私第」〔註40〕，「東北壁」的說法值得注意，表明即使到了晚唐時期，江都縣市仍是一個封閉式的區域。這種有市門的較爲封閉的官市，在北宋徽宗時依舊存在：章綷「權揚州事」，「時朝廷鑄大錢當千，已而改當五，旋復爲三。令下之日，市門晝閉，人持錢求束薪斗米，至日旰莫肯售者。公飭市易務出小錢，納百賈之貨，又檄庾官糶倉粟，以大錢售之。」〔註41〕這也說明了官市應是政府管理的供官方和私人交易的固定場所。

與此同時，在官方設置的市場區域之外，還有廣泛分佈的民間交易場所。前引《呂僧珍傳》：「姊適于氏，住在市西，小屋臨路，與列肆雜處。」與住宅相雜的臨街列肆，既在官市之外，又緊鄰官市。之所以如此，可能是因爲官市較小，無法容納所有的商家，亦可能是商家爲了避免官市的管理而又想享受官市所帶來的集聚效應的益處。

唐代時，揚州「俗喜商賈，不事農業」，商業進一步發展繁榮。其表現之一，是商人將交易場所擴展到橋樑、道路等交通便利處。李洞《送韋太尉自坤維除廣陵》：「隔海城通舶，連河市響樓」；溫庭筠《送淮陰孫令之官》：「魚鹽橋上市，燈火雨中船」；《太平廣記》卷四六《神仙》「劉商」條：劉商至揚州，「於城街逢一道士，方賣藥，聚眾極多」，「翌日，又於城街訪之，道士仍賣藥」。1990 至 1991 年，揚州城考古隊對文化宮遺址進行了發掘，發現的三期建築遺跡中，第一期建築遺存較少，出土有骨料、加工後的邊角料、廢品、

---

〔註39〕 吳煒：《揚州唐、五代人物墓誌錄文資料》，第 26～27 頁。
〔註40〕 吳煒：《揚州唐、五代人物墓誌錄文資料》，第 52 頁。
〔註41〕 孫覿：《鴻慶居士集》卷三三《宋故左朝奉大夫提點杭州洞霄宮章公墓誌銘》，電子版影印文淵閣《四庫全書·集部四·別集類三》。引文中「千」疑當爲「十」。

磨製骨料的礪石等，是一座較爲簡陋的居民的三開間建築，兼有家庭手工業作坊的性質。第二期建築部分加築了臺基，仍爲居民建築，規格稍高。第三期的建築仍西臨羅城內的南北大街，除了南門，又開有面向大街的西門。第二、三期建築基址內出土有半成品的骨梳、骨篦、邊角料、礪石、石碾輪、石臼、陶紡輪、波斯陶、玻璃器、皮囊壺、金塊等物，發掘者推測有可能是住宅兼商業用房。〔註42〕韋應物《感鏡》:「鑄鏡廣陵市」，表明中晚唐時期揚州已經出現了製作和銷售產品爲一體的店家。文化宮遺址的發掘情況，與此可以相互印證，而且也與揚州商業繁榮、臨街設店等情況相符合。表現之二，是交易時間也擴展到夜晚。相傳唐代的小市橋即宵市橋，乃因隋煬帝時於此開設夜市而得名。〔註43〕如果眞是如此，其中也可能有供煬帝遊樂的成分。唐代的夜市，則是商業發展的自然結果。張祜《庚子歲寓遊揚州贈崔荊四十韻》:「月明街廓路，星散市橋燈」，王建《夜看揚州市》:「夜市千燈照碧雲，高樓紅袖客紛紛」，都說明當時揚州夜市的繁榮。從「星散市橋燈」等來看，這種夜市更可能是官市以外的市場的延伸。

## 五、小　結

　　坊市制度由加藤繁、宮崎市定等前輩學者提出後，得到長安、洛陽、開封等城市的歷史研究和考古工作的驗證，確立了在中國古代城市史研究中的理論地位。而隨著研究的深入、考古新資料的公佈，研究者逐漸認識到以往研究中存在的一些問題，如:以都城和華北城市爲中心的少數城市的研究成果，是否能反映整個時代的城市特徵;六朝時期分裂下的南北地區，不同文化傳統對城市發展的影響如何;「市制崩潰」作爲學術假說，其基礎是商業的急速發展，那麼除商業之外，市的存在和發展是否還受到其他因素的決定和影響。要解答這些問題，必須依賴於充分的區域城市群和具體城市的個案研究。

　　已有的研究成果已經指出，坊牆制是一種少數人就可以有效維持治安的城市管理制度，與多種族居住、游牧民族成爲統治者的社會形勢有關，始於

---

〔註42〕揚州城考古隊:《江蘇揚州市文化宮唐代建築基址發掘簡報》，《考古》1994年第 5 期。中國社會科學院考古研究所、南京博物院、揚州市文物考古研究所:《揚州城——1987～1998 年考古發掘報告》，第 134～180 頁。

〔註43〕《嘉慶重修揚州府志》卷一七《津梁》，《中國地方志集成·江蘇府縣志輯41》，南京:江蘇古籍出版社，1991 年，第 294 頁。

北魏都城平城外郭城的修築（406）。〔註44〕北魏洛陽的里坊經過統一規劃，形成約一里見方的區域，周圍修築圍牆，內設十字街道，四面開門。其目的是為了「令貴賤有檢，無有逾制，端廣衢路，通利溝渠，使寺署有別，四民異居」，「必令四民異居者，欲其定業而志專。業定則不偽，志專則不淫」。這種設計為隋唐長安城和洛陽城所繼承。可以說，北朝至隋唐時期，以都城為代表，坊牆制的繼承和發展有序，形成了北魏平城、北魏洛陽、東魏鄴城、北齊鄴城、隋大興城洛陽城、唐長安城洛陽城的譜系。〔註45〕與之相比，東晉南朝的情況有所不同。建康的都城建設具有強烈的江南特色。〔註46〕對建康城里坊的研究也表明，「六朝建康城確實曾經實施過里坊制度，但由於種種主客觀因素的制約和影響，妨礙了這一制度的落實和完善，使其並未能真正起到中原里坊所起的作用，因而徒具里坊之名，未行里坊之實」〔註47〕。揚州在六朝時期幾乎一直處於南方政權的統治之下，歷次築城都由東晉、南朝官員主持，應該主要受到南方因素的影響。盧海鳴根據眾多資料整理形成的六朝建康里坊簡表中，未列坊名。〔註48〕現在也沒有關於六朝時期揚州坊的任何信息。根據對揚州城和坊的資料梳理推斷：坊在揚州出現，時間可能晚至隋代；唐代早中期，運河附近已設置有坊，而其大規模施行，則可能晚至羅城修築時〔註49〕。也就是說，揚州城與北朝隋唐都城及華北城市的里坊制度並不同步，受其影響較遲，而在具體實施中更體現出南方城市的特色。

關於市制崩潰這一點，加藤繁雖然推定「自古以來，商店至少在原則上是要設在市內的，在唐代也是一樣」，但也承認：「商店只有設在市內，這是唐代的文獻和在此以前的記錄中都沒有特別記載的事情」。〔註50〕其後，中日

〔註44〕妹尾達彥：《城市的生活與文化》對關於坊牆制的研究進行了梳理，第360～364頁。另外，近年來成一農關於城市里坊等問題的反思和探討，也十分值得注目，見氏著《空間與形態──三至七世紀中國歷史城市地理研究》等。

〔註45〕妹尾達彥：《城市的生活與文化》，第360～362頁。

〔註46〕賀雲翱：《六朝瓦當與六朝都城》，北京：文物出版社，2005年，第63頁。

〔註47〕盧海鳴：《六朝都城》，南京：南京出版社，2002年，第207頁。

〔註48〕盧海鳴：《六朝都城》，第199～201頁。

〔註49〕魯西奇通過對唐宋時期漢水流域城市的研究，指出：「一些州府治所城市中的里坊，大抵是在唐中後期乃至五代十國時期增修或拓展羅城的過程中才逐漸形成的」，見魯西奇：《城牆內外：古代漢水流域城市的形態與空間結構》，北京：中華書局，2011年，第272頁。

〔註50〕加藤繁：《宋代都市的發展》，加藤繁著、吳傑譯：《中國經濟史考證》（第一卷），北京：商務印書館，1962年，第263頁。

研究者都指出了在市以外也廣泛分佈著商店這一點。作為由政府建立、管理的固定交易場所的「市」，揚州至少從六朝時期開始就有設置，而且一直延續至宋代以後。與此並行不悖的是，在這種「市」的附近，也分佈著「列肆」。隨著商業的發展，交易場所從市及市周圍進一步擴展到運河、橋樑、街道等交通便利處，交易時間也擴展到夜晚。這與江南城市在市的設立和管理上的靈活性、江南城市商業發展的獨特性是一致的。〔註 51〕之所以如此，當然一方面得益於揚州城市建設中，相對於北方都城和華北城市而言，較少受到政治、軍事、民族等因素的影響，另一方面則是揚州在中晚唐時期取得了「揚一」的地位，成為全國最繁榮的商業都會，城市發展受到商業的極大推動。

由於文獻和考古資料的缺乏，必須承認，對六朝隋唐時期揚州城池、布局、坊市等很多問題還知之甚少，有些僅是蠡測。因此，借助於其他城市的考古成果和相關的研究理論，不失為一種有效的助益。而且，對揚州城的個案研究，最終也要放入中國古代城市發展史的整體中去，尋找其具有的特性和共性。在此過程中，只有盡可能地排除先入之見，充分基於具體城市的歷史文獻和考古資料，得出的結果才能有助於印證、補充、修正、發展中國城市史的相關理論。以上對六朝隋唐時期揚州城及其坊市的考察，正是在這樣的想法下展開的，其中偏頗不當之處，誠懇地希望得到批評和指正。

---

〔註51〕 張劍光：《六朝唐五代江南城市市場的形制與變化》，杜文玉主編《唐史論叢》（第十五輯），西安：陝西師範大學出版社，2012 年，第 67～85 頁。

# 唐末五代時期的揚州述略

眾所習知，揚州在唐代時十分繁盛，尤其是中晚唐時期，因為種種機緣而成為全國最重要的政治、經濟中心之一，享有「富庶甲天下」、「豪華不可名」的讚譽。但迭經唐末戰亂，百年的繁華都化為虛無。楊吳與南唐時雖稍有恢復，旋即又在後周南征時轉為灰燼。入宋以後，揚州也有一定程度的發展，然而正如洪邁所唱歎的：「本朝承平百七十年，尚不能及唐之什一」〔註1〕，揚州終於不能再現唐代時的鼎盛了。概括言之，唐末五代時期的揚州，無論政治、經濟，都較唐代時遠為衰落，而此之衰落，又實為其後數百年間揚州不能復盛之淵藪。試略述之。

## 一、揚州政治上的衰落

唐代揚州的繁盛，其發軔在隋煬帝時。揚州得煬帝之利有二：其一，煬帝數次巡幸，經年不歸，「制江都太守秩同京尹」〔註2〕，揚州成為實際上的陪都，政治地位得到提升；其二，煬帝開鑿運河，揚州為其上的重要節點，南北人員、物質轉輸於此，經濟地位得到提升。因此，入唐以後，揚州成為李氏經營江淮乃至東南地區的重點。武德九年置揚州大都督府，督揚、和、滁、楚、舒、廬、壽七州；貞觀十年降為都督府；龍朔二年復升為大都督府；此後終唐之世未變。大都督多委之親王，總管所督諸州城隍、兵馬、甲仗、食糧、征戌等事。安史亂起之後，為進一步加強對江淮的控制，於至德元年

---

〔註1〕〔宋〕洪邁：《容齋隨筆》卷九，上海：上海古籍出版社，1978年，第122頁。
〔註2〕〔宋〕司馬光：《資治通鑑》卷一八一，北京：中華書局，1956年，第5652頁。

置淮南節度使。由於中晚唐時期河北藩鎮割據及國家經濟重心的南移，賦稅仰給於江淮，揚州以運河爲紐帶連繫著關中的政治中心與東南的經濟中心，地位更加重要。淮南節度使也因此成爲最重要的官職之一，有時還兼諸道兵馬都統、江淮鹽鐵轉運使等職，權傾一方。杜牧《淮南監軍使院廳壁記》云：「（淮南）節度使……居中統制二處，一千里，三十八城，護天下餉道，爲諸道府軍事最重。……故命節度使，皆以道德儒學，來罷宰相，去登宰相。」〔註3〕王仙芝攻江淮諸州時，宰相鄭畋上書言：「若使賊陷揚州，則江南亦非國有」〔註4〕。可見中晚唐時期揚州在維持國用、控扼東南方面所起的巨大作用。揚州因據有這樣重要的政治地位與作用，爲城市的發展帶來種種便利，終於成爲當時第一等的都會。洪邁《容齋隨筆》云：「唐世鹽鐵轉運使在揚州，盡幹利權，判官多至數十人，商賈如織。故諺稱『揚一益二』，謂天下之盛，揚爲一而蜀次之也。」〔註5〕盧求《成都記序》亦云：「大凡今之推名鎮爲天下第一者，曰揚、益。」〔註6〕但此種情形至唐僖宗時不復存在。

乾符五年，爲了征討黃巢，先任高駢爲鎮海軍節度使、諸道兵馬都統、江淮鹽鐵轉運使，次年又遷淮南節度副大使知節度事，仍充都統、鹽鐵使。此數年間，高駢總諸道政、經、軍權，「傳檄徵天下兵，威望大振。朝廷深倚賴之」〔註7〕，揚州亦因此達到其政治上之全盛。然而盛極則必衰，高駢晚年失政，使得揚州屢遭戰火。史載：「江淮之間，廣陵大鎮，富甲天下。自（畢）師鐸、秦彥之後，孫儒、（楊）行密繼踵相攻。四五年間，連兵不息，廬舍焚蕩，民戶喪亡。廣陵之雄富掃地矣。」〔註8〕又載：「僞吳楊行密初定揚州，遠方居人稀少，煙火不接。」〔註9〕自畢師鐸起兵攻亂揚州，至楊行密大致據有江淮，歷十餘年，揚州的百年繁華已經成空。

---

〔註3〕〔唐〕杜牧：《樊川文集》卷一〇，上海：上海古籍出版社，1978年，第159頁。

〔註4〕〔宋〕司馬光：《資治通鑒》卷二五二，北京：中華書局，1956年，第8186頁。

〔註5〕〔宋〕洪邁：《容齋隨筆》卷九，上海：上海古籍出版社，1978年，第122頁。

〔註6〕〔清〕董誥：《全唐文》卷七四四，北京：中華書局，1983年，第7702頁。

〔註7〕〔後晉〕劉昫：《舊唐書》卷一八二《高駢傳》，北京：中華書局，1975年，第4704頁。

〔註8〕〔後晉〕劉昫：《舊唐書》卷一八二《秦彥傳》，北京：中華書局，1975年，第4716頁。

〔註9〕〔南唐〕徐鉉：《稽神錄》卷五，北京：商務印書館，民國二十八年，第44頁。

　　楊行密據有揚州後，以爲根本，揚州方才稍得安息。《容齋隨筆》載：「自畢師鐸、孫儒之亂，（揚州）蕩爲丘墟。楊行密復葺之，稍成壯藩」〔註10〕。但作爲楊吳根本的揚州，其政治地位已較唐代時有所衰落。唐代時揚州爲東南重藩；楊吳時期揚州之爲政治中心，則僅限於楊氏統治區內，在吳越、南漢諸國內，各形成區域性的政治中心，杭州等城市的發展比揚州有過之而無不及。其次，即在楊吳統治區，由於政治體制爲藩鎮霸府制，揚州只是非完全意義的政治中心。《九國志》載：「時中朝多事，南北道絕，諸將分守郡府，雖尊奉盟主，而政令征伐，多以便宜從事。」〔註11〕《資治通鑒》亦云：「吳徐溫……說吳王曰：『今大王與諸將皆爲節度使，雖有都統之名，不足相臨制……』」〔註12〕此爲楊隆演當國時的情形，可見直至此時，揚州不過爲「盟主」之所在。其中原由，一方面因爲楊行密、楊渥、楊隆演時期對外戰爭仍在繼續，地方諸將在軍事乃至郡府的統治上，有極大的主導地位，楊行密等只以淮南節度使、東南諸道行營都統之名義節制諸將；一方面因爲楊行密死後中央權力漸爲徐溫所把持，由此引起的楊行密元從諸將的輕視與離心。《徐溫傳》記載了諸將對徐溫的態度：「是時大臣劉威、陶雅、李簡之徒，皆與行密同起義，勳高任重。溫以一旦之功，起居其上，皆內意不服。李週嘗謂人曰：『徐溫何人，吾素所未識，而遽至此，豈可入覲耶？』」〔註13〕揚州名爲楊吳都城，而實際只是名義上之政治中心，此即楊行密據有江淮至徐溫掌握楊吳實權間的情形。

　　徐溫掌握楊吳權力後，爲了篡吳，逐步將楊吳的政治中心向金陵轉移。雖然在此轉移之過程中，先以定冊建國等種種措施來提升揚州的地位，而實際上，揚州地位的提升，是爲金陵所作的「嫁衣裳」，最終作爲政治遺產而爲金陵所全部繼承。楊吳天祐十六年，「溫以都統權不足臨制，乃定冊建吳國，改年武義，稱制」〔註14〕。而前此數年，徐溫已出鎮金陵，先後以徐知訓、徐知誥留揚州輔政。《新五代史》載：「（天祐）十四年，（溫）徙治之（指

---

〔註10〕〔宋〕洪邁：《容齋隨筆》卷九，上海：上海古籍出版社，1978 年，第 122 頁。
〔註11〕〔宋〕路振：《九國志》卷三《徐溫傳》，北京：商務印書館，民國二十六年，第 40 頁。
〔註12〕〔宋〕司馬光：《資治通鑒》卷二七〇，北京：中華書局，1956 年，第 8837 頁。
〔註13〕〔宋〕路振：《九國志》卷三，上海：商務印書館，民國二十六年，第 40 頁。
〔註14〕〔宋〕路振：《九國志》卷三，上海：商務印書館，民國二十六年，第 40 頁。

金陵），以其子知訓輔隆演於廣陵，而大事溫遙決之。」〔註15〕此時，楊吳政事出於徐溫，金陵遂成爲楊吳實際上之政治中心；楊氏居揚州，爲徐氏專制，揚州之爲都城，徒具其表而已。徐溫死後，養子徐知誥總攬楊吳之政。徐知誥效徐溫故事，出鎮金陵，留子居揚州輔政，一切軍國大事皆由徐知誥遙決之。

由徐溫出鎮金陵至徐知誥篡吳，二十年中，楊氏權力爲徐溫、徐知誥父子所逐漸侵奪，而揚州政治地位亦漸漸衰落。楊吳天祚二年十一月，徐知誥以金陵爲西都，置百官，以揚州爲東都；三年十月，篡吳，明年建南唐國；昇元二年五月，徙吳讓皇楊溥於潤州而囚之。至此，揚州雖爲南唐之東都，而政治地位已爲金陵所完全奪取。

揚州政治地位之喪失，是由唐至五代政治形勢轉變之結果。中晚唐時期，揚州因爲在維持李氏統治方面具有重要作用，故而得到重視，政治權重不斷加強。唐末至楊吳初期，揚州爲楊氏統治中心，然而由於楊氏只是江淮各郡府之「盟主」，對諸將並無完全意義之控制，同時，由於戰亂紛爭仍在持續，楊吳內政之整頓無法展開，故揚州只爲形式上之政治中心。徐溫父子掌握楊吳實權至南唐時期，由於篡奪楊吳的政治需要，政治中心逐漸由揚州轉移至金陵。南唐時期揚州名爲東都，然而與金陵相較，已有天壤之別。吳讓皇楊溥徙出揚州後，作詩云：「吳苑宮門今冷落，廣陵臺殿已荒涼」〔註16〕，雖未必全爲實景，然而揚州政治上之衰落，已是顯而易見的了。

## 二、運河阻絕與揚州經濟衰落

運河的開鑿是揚州繁盛的又一主要原因。在唐代，隨著江南的開發，經濟重心逐漸南移，揚州作爲連接中原政治中心和江南經濟中心的重要樞紐，集散著南來北往的人員、物資，然而此種情形至唐末五代時因爲運河的阻絕而消失。

運河自開鑿以來，由於自然和人爲的原因，即時時出現擁塞、停滯等情

---

〔註15〕〔宋〕歐陽修：《新五代史》卷六一《吳世家》，北京：中華書局，1974年，第 761 頁。

〔註16〕〔宋〕鄭文寶：《江表志》卷上，葉三背，見〔清〕曹溶輯，陶樾增訂：《學海類編》第十八冊，民國九年，上海涵芬樓影印本。楊溥此詩，或以爲南唐後主李煜渡江時作，誤；夏承燾考之甚詳，參見氏著《唐宋詞人年譜·南唐二主年譜》，上海：古典文學出版社，1955年，第 151～152 頁。

況。如因安史之亂而造成的運路斷絕，從天寶末年延至代宗初年；德宗時中央與跋扈的藩鎮衝突，運河也時常爲藩鎮所阻隔。但中央政權尚大體保有對江淮及東南地區的統治，因賦稅之急切需要而努力恢復運河的功用。

至晚唐懿宗時，龐勳起兵作亂，運河運路被切斷。咸通九年，「李湘等引兵出戰，大敗，賊遂陷都梁城，……據淮口，漕驛路絕。」〔註17〕龐勳雖被平定，漕運稍復，而實際上運河已受到極大的破壞。僖宗時，王仙芝率軍圍攻宋州，再次斷絕了運河運路。宋州圍解後不久，時溥攻佔泗州，運河又復斷絕。崔致遠《告報諸道徵促綱運書》云：「乃值徐戎（指時溥），來侵淮口。把斷河路，攻圍郡城（指泗州）。」〔註18〕其後至黃巢之亂平定，僖宗還朝，藩鎮在各地的割據之勢已成，中央政權雖有對東南賦稅的需求，然而對於恢復運河已是有心無力。《舊唐書》載：「時李昌符據鳳翔，王重榮據蒲、陝，諸葛爽據河陽、洛陽，孟方立據邢、洺，李克用據太原、上黨，朱全忠據汴、滑，秦宗權據許、蔡，時溥據徐、泗，朱瑄據鄆、齊、曹、濮；王敬武據淄、青，高駢據淮南八州，秦彥據宣、歙，劉漢宏據浙東，皆自擅兵賦，迭相吞噬，朝廷不能制。江淮轉運路絕，……大約郡將自擅，常賦殆絕，藩侯廢置，不自朝廷，王業於是蕩然。」〔註19〕楊行密據有江淮後，與朱溫交戰，欲以巨艦運糧，已不可行。《資治通鑑》載：「楊行密發兵討朱全忠，……軍吏欲以巨艦運糧，都知兵馬使徐溫曰：『運路久不行，葭葦堙塞，請用小艇，庶幾易通。』軍至宿州，……重載不能進，……而小艇先至，……行密攻宿州，不克，竟以糧運不繼引還。」〔註20〕可見運河廢弛的程度了。

運河歷經藩鎮割據之後，逐漸堙塞壅弊，遂失去轉運之作用，五代十國數十年間，其情形如此。據運河而盛的揚州，也因此失去交通等種種便利，經濟漸趨衰落了。首先，在運河暢通的時期，揚州連繫著長江上下與運河南北的各地區與城市，人員、物資集聚轉運，遂能促進城市快速發展；唐末五代時，因爲割據與運河的斷絕，區域間的人員、物資轉運已不如先前便利，

---

〔註17〕〔宋〕司馬光：《資治通鑑》卷二五一，北京：中華書局，1956年，第8133～8134頁。

〔註18〕〔唐〕崔致遠：《桂苑筆耕集》卷一一，上海：商務印書館，民國二十四年，第93頁。

〔註19〕〔後晉〕：《舊唐書》卷一九《僖宗紀》，北京：中華書局，1975年，第720頁。

〔註20〕〔宋〕司馬光：《資治通鑑》卷二六三，北京：中華書局，1956年，第8577頁。

揚州遂只是作爲楊吳國內的經濟中心而存在。其次，即在楊吳國內，楊行密至楊隆演時期，因爲政治上的爭鬥與戰爭的持續進行，雖有一些促進經濟發展的舉措，然而較有成效的整頓經濟與制定政策始終未能展開；同時，因爲楊吳國內的霸府政治體制與戰亂之後的整體經濟水平的限制，揚州作爲楊吳國內經濟中心的地位，也是十分脆弱的。復次，金陵取代揚州後，楊吳、南唐的國內中心已經轉移，無論是政治、經濟的重要性，揚州都大不如前。失去了運河的便利，揚州再不能溝通南北、富冠東南了。

直至後周世宗征淮南及宋之統一南方，運河才逐漸疏濬恢復。《宋史》載：「先是，唐末楊氏據淮甸，自甬橋東南決汴，匯爲污澤。（顯德）二年，將議南征，遣行德率所部丁壯於古堤疏導之，東達於泗上。」〔註21〕《資治通鑒》亦載：「（顯德五年三月，）濬汴口，導河流達於淮，於是江、淮舟楫始通。」〔註22〕但當後周、北宋的運河重新恢復功能時，揚州原有的優勢早已消失，其地位被交通更爲便利的眞州等所漸漸侵奪。《宋史》載：「江南、淮南、兩浙、荊湖路租糴，於眞、揚、楚、泗州置倉受納，分調舟船溯流入汴，以達京師，亦置發運使領之。諸州錢帛、雜物、軍器上供亦如之。」〔註23〕關於宋代運河上諸都會的地位，包恢《眞州分司記》云：「厥今東南，……利權總在白沙（眞州），以其號爲淮海一都會要衝也，出於斯，納於斯，斂於斯，散於斯，其來無盡，其去無窮。」〔註24〕樓鑰《眞州修城記》則說得更爲明白：「眞之爲州未遠也。……而實當江淮之要會，大漕建臺，江湖米運轉輸京師，歲以千萬計。維揚、楚、泗，俱稱繁盛，而以眞爲首。」〔註25〕可見宋代之眞州，正相當於中晚唐之揚州。宋代時，揚州作爲江淮第一都會的地位已經轉移至眞州。雖然揚州依然爲重要的轉運中心，但相較於唐時，已不可同日而語了。

〔註21〕〔元〕脫脫：《宋史》卷二五二《武行德傳》，北京：中華書局，1977年，第8856頁。

〔註22〕〔宋〕司馬光：《資治通鑒》卷二九四，北京：中華書局，1956年，第9582頁。

〔註23〕〔元〕脫脫：《宋史》卷一七五《食貨志》，北京：中華書局，1977年，第4251頁。

〔註24〕〔宋〕包恢：《敝帚稿略》卷四，葉十正，見〔民國〕李之鼎編：《宋人集》丙編，民國十年，宜秋館影印本。

〔註25〕〔宋〕樓鑰：《攻媿集》卷五四，上海：商務印書館，民國二十四年，第750頁。

## 三、五代揚州的一時復蘇

　　唐末五代時期的揚州，其因區域統治中心之轉移而導致的政治地位的下降，因運河阻絕等因素而導致的經濟地位的下降，大致如此。相較於唐時之繁盛，唐末五代時期的揚州已經衰落，但若說其毫無發展，恐亦有失偏頗。因維持統治與爭霸之需要，楊吳、南唐都採取了一些政策與措施，一定程度上恢復了揚州的社會發展。

　　晚唐時的屢次戰亂，不但使得揚州繁華掃地，亦使得江淮之間諸州均大受破壞。史載：光啓三年，揚州城中遺民才數百家；混戰之後，淮南八州之內，鞠爲荒榛，圓幅數百里，人煙斷絕。楊行密據有江淮後，即以揚州爲中心，採取了一些促進經濟發展的措施。如入揚州後，「招合遺散，與民休息，政事寬簡，百姓便之」〔註 26〕，同時著力發展生產，採納高勗的建議，「選賢守令，勸課農桑」〔註 27〕。經過楊行密時期的休養生息，揚州經濟有所恢復。

　　徐溫父子當政後，繼承了楊行密的休養生息政策。徐溫掌權期間，打擊酷吏、穩定民生。徐知誥則採取更爲系統的經濟發展措施：「差官興版簿，定租稅」〔註 28〕，整頓楊吳國內的土地關係；以穀帛代替人口錢，鼓勵耕織，行勸農之策；哄抬絹綿等物價，抑制商人，保護生產者。這些措施，在「天下割裂，封疆各守，戰爭日尋，商賈不通」〔註 29〕的時期，極大的促進了經濟的發展。敦煌名僧范海印《諸山聖蹟志》記載了巡禮至揚州的所見：「瞻禮後，從此西南行七百里至揚州，見管廿八州，南北五千里，東西三千里。都城周圍六十餘里，四面十八門。南北一連，十字江水穿過。東西十橋，南北六橋。凡一橋上，並是市井。林園地宅連翼甍，戰橈樓船窺翳渚。」〔註 30〕

〔註 26〕〔宋〕薛居正：《舊五代史》卷一三四《僭僞列傳》，北京：中華書局，1976年，第 1781 頁。

〔註 27〕〔宋〕司馬光：《資治通鑒》卷二五九，北京：中華書局，1956 年，第 8434頁。

〔註 28〕〔宋〕洪邁：《容齋隨筆‧續筆》卷一六，上海：上海古籍出版社，1978 年，第 409 頁。

〔註 29〕〔清〕王夫之：《讀通鑒論》卷二八，北京：中華書局，1975 年，第 2359 頁。

〔註 30〕中國社會科學院歷史研究所、中國敦煌吐魯番學會敦煌古文獻編輯委員會、英國國家圖書館、倫敦大學亞非學院合編：《英藏敦煌文獻（漢文佛經以外部分）》第 2 卷，成都：四川人民出版社，1990 年，第 12 頁。《諸山聖蹟志》編號 S.529V，向達《倫敦所藏敦煌卷子經眼目錄》（《北平圖書館圖書季刊》新

從中可約略知道經過徐溫父子努力經營後的揚州經濟恢復的情況。當然，由「戰燒樓船」亦可知道此一時期的揚州，並非唐時帆檣如林、商賈如織的商業繁榮景象了。

徐知誥建南唐後，在楊吳稅制的基礎上加以改革，同時獎勵農桑、興修水利，鼓勵人民生產積極性，江淮地區經濟進一步恢復，出現了民生安定的局面。但是好景不長，其後中主統治下的南唐陷入國內黨爭和對外戰爭之中，國勢漸趨衰弱。顯德三年，後周韓令坤攻揚州，「唐東都營屯使賈崇焚官府民舍，棄城南走。」〔註31〕顯德四年，「帝（周世宗）遣鐵騎左廂都指揮使武守琦將騎數百趨揚州，至高郵；唐人悉焚揚州官府民居，驅其人南渡江。後數日，周兵至，城中餘癃病十餘人而已。」〔註 32〕揚州有所恢復的社會經濟終於在後周南征時全部破滅。

入宋以後，揚州因為政治、經濟中心地位的喪失，又歷經世宗南征時的毀滅性打擊，故而長期不振。徐鉉《揚府新建崇道宮碑銘》云：「廣陵大藩，四海都會，制度之盛，雄視諸侯。土德既微，三災斯（今上御名）。井邑屢變，城郭僅存。」〔註33〕宋人王禹偁亦云：「臣比在滁州，值發兵挽漕，關城無人守禦，止以白直代主開閉，城池頹圮，鎧仗不完。及徙維揚，稱為重鎮，乃與滁州無異。」〔註34〕可見宋代揚州的衰弊景象。如此以抵宋亡，揚州終於再也不復唐時之盛了。

1 卷第 4 期，1939 年）定名為《失名行記》，《英藏敦煌文獻（漢文佛經以外部分）》因之，王重民《敦煌遺書總目索引》（北京：商務印書館，1962 年）定名為《諸山聖蹟志》，為學界所沿用。引文文字據陳雙印《敦煌寫本〈諸山聖蹟志〉校釋與研究》（蘭州大學博士論文，2007 年，第 173 頁）。關於該段文字記載的是何時揚州的情況，可以通過范海印至廬州的時間來推斷。范海印離開揚州後，即去廬州，故至兩地巡禮的時間相近。但《敦煌寫本〈諸山聖蹟志〉校釋與研究》對范海印至廬州時間的考證有自相衝突之處：文中第 25 頁據《太平廣記》認為張崇任職廬州武寧節度使在 907 年，由此推定范海印至廬州在 919 年：第 176 頁先引《太平廣記》，又據《資治通鑒》認為張崇任職廬州武寧節度使在 909 年，由此推定范海印至廬州在 921 年。無論如何，范海印至揚州在徐溫當權之時，是肯定的。

〔註31〕〔宋〕司馬光：《資治通鑒》卷二九二，北京：中華書局，1956 年，第 9541 頁。
〔註32〕〔宋〕司馬光：《資治通鑒》卷二九三，北京：中華書局，1956 年，第 9575 頁。
〔註33〕〔南唐〕徐鉉：《徐騎省集》卷二六，上海：商務印書館，民國二十六年，第 253 頁。「今上御名」諱「構」，參見《徐騎省集‧題跋》，第 313 頁。
〔註34〕〔元〕脫脫：《宋史》卷二九三《王禹偁傳》，北京：中華書局，1977 年，第 9798 頁。

# 迷樓：一個典故的流傳及其周邊

## 一、詩文中的迷樓

　　迷樓，據傳是隋煬帝巡幸揚州（江都）時所建造的行宮；煬帝詔選稚女居於其中，縱慾窮歡，流連不返。後人提到迷樓，總是不禁聯想到煬帝淫佚迷亂以致亡國，治亂興廢與物事風流，產生無限的感慨。作爲與煬帝有關的典故，迷樓並不見於《隋書》、兩《唐書》、《資治通鑒》等正史中，隋唐時期的杜寶《大業雜記》、阮勝之《南兗州記》、曹憲《揚州志》等書的殘編斷簡亦未提及。究竟是原有而後來散佚不見，抑或根本未曾有過，不得而知。直到隋亡一百餘年之後，才在與煬帝或揚州有關的詩文中出現迷樓。〔註1〕

　　　　聞說到揚州，吹簫憶舊遊。人來多不見，莫是上迷樓。（包何《同諸公尋李方直不遇》）

　　　　……南幸江都恣逸遊，應將此樹蔭龍舟。紫髯郎將護錦纜，青娥御史直迷樓。……（白居易《隋堤柳》）

　　　　江橫渡闊煙波晚，潮過金陵落葉秋。嘹唳塞鴻經楚澤，淺深紅

<hr>

〔註 1〕賀淑芳廣泛收集了涉及迷樓的唐代詩詞文賦，見氏著《由唐迄宋的迷樓研究——迂迴與幻象》，臺灣國立政治大學中國文學研究所，2008 年，碩士論文，第 20～21 頁。對其結果重新檢索、核對後，本文刪去司空圖《成均諷》一條，增補顧雲《武烈公廟碑記》一條。《成均諷》一條，賀淑芳根據祖保泉、陶禮天《司空表聖詩文集箋校》列入，然而《箋校》所引《成均諷》「瓊樓月榭，爭漂上國之香；柳翠花紅，似惹迷樓之態」句中「迷樓」，《司空圖文集》、《全唐文》均作「迷魂」，《箋校》沒有校明，不知「迷樓」何本。此句中「樓」字不當重出，應是「迷魂」。

樹見揚州。夜橋燈火連星漢，水郭帆檣近斗牛。今日市朝風俗變，不須開口問迷樓。（李紳《宿揚州》）

聞說到揚州，吹簫有舊遊。人來多不見，莫是上迷樓。（賈島《尋人不遇》，一作《寄人》、《寄友》）

廣陵花盛帝東遊，先劈崑崙（一作黃河）一派流。……四海義師歸有道，迷樓還似（一作何異）景陽樓。（許渾《汴河亭》）

歲在甲申，余不幸於春官兮，憑羸車以東驅。（闕）魏闕之三千兮，得隋家之故都。……慨余基之未平兮，曰迷樓而在斯。迷樓者何？煬帝所製。煬襲文後，天下無事。謂春物繁好，不足以開吾視；謂春風懶慢，不足以欣吾志。斯志既熾，斯樓乃峙。……吾意隋煬帝非迷於樓，而人迷煬帝於此，故曰迷樓，然後見生靈意。（羅隱《迷樓賦》）

隋皇意欲泛龍舟，千里崑崙水別流。還待春風錦帆暖，柳陰相送到迷樓。（汪遵《汴河》）

……水調聲愁，柳絮輕籠於夜月；迷樓香滿，桃花自落於春風。鳶書過而急甚飛星，鴛枕穩而誰驚醉夢。……（顧雲《武烈公廟碑記》）

青娥殿腳春妝媚，輕雲裏，綽約司花妓。江都宮闕，清淮月映迷樓，古今愁。（韋莊《河傳》其一）

最早提及迷樓的，可能是包何的《同諸公尋李方直不遇》。其與賈島《尋人不遇》，除了「憶」與「有」之別，實是同一首詩。該詩所屬，歷來存有爭議。由於涉及到誰最先提及迷樓，所以有必要稍作分辨。從歷代收錄此詩的情況看，更多的人認為是包何之作。〔註2〕明確認為作者是賈島的兩書中，《唐僧弘秀集》收賈島（無本）詩四首，《行次漢上》、《馬嵬》已見於五代後蜀韋

〔註2〕賈島《長江集》未收此詩。（宋）李龏《唐僧弘秀集》、洪邁《萬首唐人絕句》認為是賈島（無本）之作。（宋）計有功《唐詩紀事》、（明）黃貫曾《唐詩二十六家》、徐燉《唐五十家詩集‧包何集》認為是包何之作，（明）趙宦光、黃習遠整理洪邁《萬首唐人絕句》，從賈島下刪去而補作包何。（明）曹學佺《石倉歷代詩集》、（清）曹寅等《全唐詩》兩作者並存。另外，佟培基認為包何家居潤州延陵，與揚州一江之隔，此詩可能是至揚州迎接友人之作，也可參考。見佟培基：《全唐詩重出誤收考》，西安：陝西人民教育出版社，1996年，第164頁。

穀編選的《才調集》，新增《尋人不遇》、《尋隱者不遇》，作者歸屬都有爭論；《萬首唐人絕句》爲湊足萬數，頗多濫收妄改，是眾所習知的。再考察包何和賈島詩的流傳可知，唐人選唐詩，均未選錄包何詩，後人對其詩的情況也不甚瞭解；而賈島集所收詩在唐時約三百篇，其餘爲宋以後所補入，多雜有他人之作。此詩可能即是如此，由少爲世人所知的包何之作誤入賈島詩集。總之，雖然不能完全排除賈島的可能性，但將其歸爲包何之作似乎更爲妥當。如果爲賈島之作，則最早提及迷樓的是白居易的《隋堤柳》，詩作於唐憲宗元和四年（809）。

以上諸作，因爲是詩文，所以涉及迷樓的信息十分有限。如果將某篇詩文作單獨考慮，很容易得出不同的解讀結果：如李劍國據羅隱《迷樓賦》認爲迷樓在洛陽，賀淑芳則據白居易《隋堤柳》等認爲迷樓可能位於揚州與洛陽間的廣大運河區域。〔註3〕現在綜合考慮，大致有以下幾點關於迷樓的歷史信息可以確信。

其一，迷樓的有無。作爲意象的迷樓，既可以認爲是現實存在的具體的樓閣行宮，也可以認爲是對煬帝巡幸之所的想像與指代。不過，從全文內容來看，包何、李紳、羅隱等人詩賦中的迷樓明顯是實際存在或曾經存在過的事物。包何詩中「人來多不見，莫是上迷樓」一句，迷樓爲實有之物無疑。李紳在赴浙東觀察使任時途經揚州，目睹揚州夜市繁華的景象，產生「不需開口問迷樓」的感慨；對於一個路過的遊客而言，迷樓顯然是眾口盛傳的煬帝行宮。落第東驅的羅隱更是在餘基未平的迷樓遺跡上憑弔懷古，直刺姦佞迷惑君王，荼毒天下生靈。迷樓爲實際存在的煬帝巡幸之所，當無疑義。

其二，迷樓的位置。以上詩文中，包何、白居易、李紳、許渾、韋莊等提及迷樓，都與揚州（江都、廣陵）直接關聯，無疑指向迷樓位於揚州。羅隱《迷樓賦》中，「憑羸車以東驅。（闕）魏闕之三千兮，得隋家之故都。……慨餘基之未平兮，曰迷樓而在斯」數句也指明了迷樓所在。「魏闕」代指朝廷，前缺一字，不能知道「三千」何意。如果「三千」指「三千里」，唐詩中概言距離長安三千里者，不能輕易判斷是何處〔註4〕，但是結合「隋家之故都」，

---

〔註3〕李劍國：《唐五代志怪傳奇敘錄》（下冊），天津：南開大學出版社1993年，第899頁；賀淑芳：《由唐迄宋的迷樓研究——迂迴與幻象》，第42頁。

〔註4〕如韋應物《喜於廣陵拜觀家兄奉送發還池州》：「長安三千里，歲晏獨何爲」，指揚州。劉禹錫《採菱行》：「一曲南音此地聞，長安北望三千里」，指朗州。章孝標《及第》殘句：「錢塘去國三千里，一道風光任意看」，指杭州。

則明指揚州無疑。煬帝制江都太守秩同京尹，揚州有「隋季此爲京」之實，與「魏闕之三千兮」、「隋家之故都」皆合。如果「三千」是形容「魏闕」之數辭，則誠如李劍國所言，「隋家之故都」當指洛陽。顧雲《武烈公廟碑記》中「水調聲愁，柳絮輕籠於夜月；迷樓香滿，桃花自落於春風」一句，描摹隋煬帝行宮環境，僅從辭句中無法獲知迷樓所在。如果與下文「誰驚醉夢」、「天關震動，帝輦飄揚」等結合，則迷樓也極可能位於煬帝晚年巡幸與身死之地的揚州。

其三，迷樓的留存情況。白居易、許渾、顧雲、李紳等人的詩文中，沒有迷樓留存情況的相關信息。包何《同諸公尋李方直不遇》「莫是上迷樓」一句，可作兩種解釋：迷樓尚存，遊人還可登樓遊賞；迷樓唯留遺跡，遊人登臨蜀岡之上餘基，還可憑弔古蹟。兩者孰是，難以判斷。惟有羅隱《迷樓賦》「喬木拱立以不語兮，繁今昔之自離。慨餘基之未平兮，曰迷樓而在斯」，明言迷樓在唐懿宗咸通甲申（864）時已經只剩遺跡，至於毀於何時，無法知曉。

以上中晚唐時期的作品，如白居易、許渾、羅隱之作，都是借著隋堤柳、運河、迷樓等詠歎煬帝，諷古刺今；迷樓是煬帝淫佚迷亂的活動場所，亦等同於陳後主亡國時避禍不成的景陽樓。另一些詩文（如包何、李紳、顧雲之作）中的迷樓則僅僅作爲一個歷史存在，亡國的色彩頗爲淡化。不過不管如何，迷樓作爲文學意象，有其眞實的原型，只是在文學作品中，抽離了眞實詳盡的歷史信息而僅僅作爲一個典故使用著。

宋代以後的詩文之中，迷樓繼續頻繁出現，尤其是在宋詞中。較之詩之莊，詞中的煬帝與迷樓更加媚麗、香豔，如周邦彥《青房並蒂蓮·維揚懷古》詞下片：

> 愁窺汴堤細柳，曾舞送鶯時，錦纜龍舟。擁傾國纖腰皓齒，笑倚迷樓。空令五湖夜月，也羞照三十六宮秋。正浪吟、不覺回橈，水花風葉兩悠悠。

詞題是「維揚懷古」，不過給人印象最深的還是煬帝「擁傾國纖腰皓齒，笑倚迷樓」的形象。詞中也幾乎不見亡國之意，可知與唐詩中的迷樓表現重點已不一樣。除了與煬帝有關外，迷樓還表現出新的面目。最早大約是北宋賀鑄的《憶仙姿》（九之六）：

> 柳下玉驄雙鞚，蟬鬢寶鈿浮動。半醉倚迷樓，聊送斜陽三弄。

豪縱，豪縱，一覺揚州春夢。

此詞中的迷樓，與隋煬帝已經沒有任何關係，而只是一個女子思念歸人、憑依遠望之樓的代稱。這也還是尋常之樓。南宋吳文英《倦尋芳·花翁遇舊歡吳門老妓李憐邀分韻同賦此詞》：

墜瓶恨井，分鏡迷樓，空閉孤燕。寄別崔徽，清瘦畫圖春面。

作者與老妓分別的迷樓，大約就是妓女營生之所的青樓。迷樓的這種意義，到明清時代詩文中更加普遍。清錢泳《履園叢話·雜記上·莖香校書》：

莖香校書者，本舊家子……父沒後，與母獨居，遂落籍。余嘗

有詩云：「鸞飄鳳泊尋常事，一墮迷樓最可憐。」

清華廣生輯錄《白雪遺音·嶺兒調·獨坐黃昏之一》：

想當初，何等樣的花魁女，接了些王孫貴客，車馬迎門。後遇

著賣油郎，他說：「茫茫苦海，即早回頭，跳出這迷樓。」

之所以用迷樓代指青樓，是因為其幽房麴室、宮女在其中等待煬帝臨幸的情形，正與青樓相似，而且迷樓在文人心目中，也是風流之所在。作為青樓代稱的迷樓，文人沉迷於此，而身陷其中的女子，也正於此被迷誤著美好的青春。

## 二、小說與類書中的迷樓

隋煬帝失政亡國的故事，引起後人的強烈興趣。統治者從中汲取「水能載舟亦能覆舟」的執政教訓，引以為鑒。士人對其憑弔懷古，抒發治亂循環、時事沉淪的感慨。一些文人則看到煬帝享樂生活中的旖旎淫靡的色彩，對其加以渲染，成為津津樂道的傳奇小說；《大業拾遺記》、《開河記》、《迷樓記》、《海山記》等皆是此類。其中，《大業拾遺記》（亦稱《隋遺錄》或《南部煙花錄》）在記錄煬帝晚年事蹟時提及迷樓；《迷樓記》則專述煬帝在迷樓中的種種情事。兩篇小說寫作時代存有爭議，賀淑芳在綜合分析前人研究成果的基礎上贊同《大業拾遺記》作於唐宣宗時之說〔註5〕，應可採信。《迷樓記》則可能是北宋的作品。

---

〔註5〕魯迅《中國小說史略》認為是宋傳奇。李劍國《唐五代志怪傳奇敘錄》、《〈大業拾遺記〉等五篇傳奇寫作時代的再討論》認為是晚唐傳奇。章培恒《〈大業拾遺記〉、〈梅妃傳〉等五篇傳奇的寫作年代》認為是北宋作品。〔日〕久保卓哉《〈大業拾遺記〉的校勘及其他》認為《大業拾遺記》是晚唐作品。參見賀淑芳：《由唐迄宋的迷樓研究——迂迴與幻象》，第53～68頁。

《大業拾遺記》中涉及迷樓有兩處。一處敘述煬帝建造迷樓的緣起及迷樓內的各種陳設布置：

> 帝嘗幸昭明文選樓，車駕未至，先命宮娥數千人升樓迎侍。微風東來，宮娥衣被風綽，直拍肩項。帝睹之，色荒愈熾，因此乃建迷樓，擇下俚稚女居之，使衣輕羅單裳，倚檻望之，勢若飛舉。又爇名香於四隅，煙氣霏霏，常若朝霧未散，謂爲神仙境不我多也。樓上張四寶帳，帳各異名：一名散春愁，二名醉忘歸，三名夜酣香，四名延秋月。妝奩寢衣，帳各異制。

這不禁使人想到陳後主建造臨春、結綺、望仙三閣，外施珠簾，內設寶床與寶帳之事。一處敘煬帝迷樓題詩：

> 他日，蕭后誣罪去之（指侍兒韓俊娥），帝不能止。暇日登迷樓，憶之，題東南柱二篇云：「黯黯愁侵骨，綿綿病欲成。須知潘岳鬢，強半爲多情。」又云：「不信長相憶，絲從鬢裏生。閒來倚樓立，相望幾含情。」

敘述迷樓的建造、陳設以及煬帝於其中的活動，內容都十分有限；不過，雖然只是簡略的鋪陳描寫，但是相對於唐代詩賦中的迷樓形象無疑已經豐滿許多。

《大業拾遺記》以大業年間煬帝荒淫情事爲核心，所以涉及迷樓之處並不多；《迷樓記》以迷樓爲名，敘述迷樓的種種則甚爲詳細。比較《迷樓記》和其他宋代文獻（尤其是類書）中關於迷樓的記載，可以發現其間的傳承、影響關係。《迷樓記》：

> ①煬帝晚年，尤沉迷女色。……②近侍高昌奏曰：「臣有友項昇，浙人也。自言能構宮室。」翌日詔而問之。昇曰：「臣乞先進圖本。」後數日進圖，帝覽，大悅。即日詔有司，供其材木。凡役夫數萬，經歲而成。……費用金玉，帑庫爲之一虛。……③帝幸之，大喜，顧左右曰：「使眞仙遊其中，亦當自迷也。可目之曰迷樓。」……④每一幸，有經月而不出。……
>
> ⑤宮女無數，後宮不得進御者亦極眾。後宮侯夫人有美色，一日，自經於棟下。臂懸錦囊，中有文。左右取以進帝，乃詩也。《自感》三首云：「庭絕玉輦跡，芳草漸成窠。隱隱聞簫鼓，君恩何處多？」「欲泣不成淚，悲來翻強歌。庭花方爛熳，無計奈春何？」

「春陰正無際，獨步意如何？不及閒花草，翻承雨露多。」《看梅》
二首云：「砌雪無消日，捲簾時自颦。庭梅對我有憐意，先露枝頭
一點春。」「香清寒艷好，誰惜是天真。玉梅榭後陽和至，散與群
芳自在春。」《妝成》云：「妝成多自惜，夢好卻成悲。不及楊花意，
春來到處飛。」《遣意》云：「秘洞扃仙卉，雕窗鎖玉人。毛君真可
戮，不肯寫昭君。」……⑥帝見其詩，反覆傷感。帝往視其屍，曰：
「此已死，顏色猶美如桃花。」……

北宋阮閱《詩話總龜》卷二十五《感事門下》：

　　①隋煬帝迷於聲色。②高昌薦浙人項昇進《新宮圖》，覽之大
悅。即日召有司具材役夫，經歲而成，帑庫為之一空。③幸之，喜
謂左右曰：「使真仙遊其中，亦當自迷也，可目之曰迷樓。」④每一
幸即經月。⑤宮女無數，後宮多不得進。有侯夫人者，有美色，忽
自縊於棟下。臂懸錦囊，左右取進，有《自感詩》三首。其一曰：「庭
絕玉輦跡，芳草漸成窠。隱隱聞簫鼓，君恩何處多？」其二曰：「欲
泣不成淚，悲來翻強歌。庭花方爛熳，無計奈春何？」其三曰：「春
陰正無際，獨步意如何？不及閒花草，翻承雨露多。」又云：「妝成
多自惜，夢好卻成悲。不及楊花意，春來到處飛。」又《遣意》云：
「秘洞扃仙卉，雕窗鎖玉人。毛君真可戮，不肯寫昭君。」⑥煬帝
見詩，反覆傷感。視其屍已死，顏色尚爾。

宋代朱勝非《紺珠集》卷九《古今詩話》「迷樓」條：

　　②煬帝時浙人項昇進《新宮圖》，帝愛之，令如圖營建揚州。
③既成，幸之，曰：「使真仙遊此，亦當自迷。」乃名迷樓。

南宋曾慥《類說》卷五十六《古今詩話》「迷樓」條：

　　②隋煬帝時浙人項昇進《新宮圖》，帝愛之，令揚州依圖營建。
③既成，幸之，曰：「使真仙遊此，亦當自迷。」乃名迷樓。

南宋祝穆《古今事文類聚續集》卷七《居處部・樓閣》「迷樓」條：

　　隋煬帝開汴河，泛艦為江都之遊。②浙人項昇進《新宮圖》，
帝愛之，即如圖營建。③既成，幸之，曰：「使真仙遊此，亦當自迷，
可目之曰迷樓。」

同書卷五《居處部・宮殿》「律詩」條：

　　隋煬帝作迷樓，④每一幸即經月。⑤宮女無數，後宮多不得進。

有侯夫人者，有美色，忽自縊於棟下，臂懸錦囊。左右取以進，有
詩五首，云：「庭絕玉輦跡，芳草漸成窠。隱隱聞簫鼓，君恩何處多？」
「欲泣不成淚，悲來翻強歌。庭花方爛熳，無計奈春何？」「春陰正
無際，獨步意如何？不及閒花草，翻承雨露多。」「妝成多自恨，夢
好卻成悲。不及楊花意，春來隨處飛。」「秘洞扃仙卉，雕房鎖玉人。
毛君真可戮，不肯寫昭君。」

以上諸多文獻中，《迷樓記》收侯夫人詩七首，《詩話總龜》、《古今事文
類聚續集》闕《看梅》二首，詩題亦不全，《紺珠集》等不收詩。其他迷樓與
煬帝情況，《迷樓記》所載也最爲詳細。從《詩話總龜》等書關於迷樓的文字
近於雷同來看，應該是本於同源；這一來源，極有可能是《迷樓記》。上引類
書選擇《迷樓記》相關部分輯錄而成條目，只是詳略不同而已。如果如此，《迷
樓記》應是北宋時期的作品。

《迷樓記》的內容與《大業拾遺記》沒有相近之處，是重新創作的小說，
而且內容比此前關於迷樓的詩文都豐富得多。一方面，繼承了唐代詩文中迷
樓作爲享樂縱慾之所的意象性質，敘述修造緣起、焚毀、種種布置等信息，
創造出一個來龍去脈清晰的奢侈華麗的迷樓形象。另一方面，與《大業拾遺
記》一樣，運用大量宮怨詩歌沖淡了唐代詩文中的那種弔古興懷的情緒，而
極力描繪煬帝在迷樓中的種種風流韻事。這些情事所涉及的人、物、詩歌，
多是小說作者全新創作的結果。如其中說煬帝感歎「今宮殿雖壯麗顯敞，苦
無麴房小室，幽軒短檻。若得此，則吾期老於其中也」，故建迷樓，與羅隱《迷
樓賦》所云「煬襲文後，天下無事。謂春物繁好，不足以開吾視。謂春風懶
慢，不足以欣吾志。斯志既熾，斯樓乃峙」，以及《大業拾遺記》所記載的煬
帝見到文選樓上宮女的飄逸如仙的姿態而建迷樓，互不吻合。侯夫人七首絕
命詩，也不能當成信史看待。但是這些小說作者的全新創作，無疑豐富了迷
樓的文學信息，也使其表現出新的藝術面貌。

另外值得注意的是迷樓的位置。《大業拾遺記》中的迷樓是煬帝幸昭明文
選樓後所建，應當位於揚州；其他上引文獻所記載的迷樓，也都是煬帝令人
依圖營建於揚州；而《迷樓記》中的迷樓則不同。《迷樓記》云：

大業九年，帝將再幸江都。有迷樓宮人抗聲夜歌云：……

後帝幸江都，唐帝提兵號令入京，見迷樓，太宗曰：「此皆民
膏血所爲也！」乃命焚之。經月，火不滅。

煬帝將再幸江都而有宮人夜歌，則此時煬帝必然不在江都（揚州）。「唐帝提兵號令入京」之「京」，也顯然是長安而非揚州。小說中這一信息，與此前的記述都不能相合。由此可以知道，在《迷樓記》作者的認知裏，迷樓並不位於揚州。由此也可以輔證《迷樓記》是上引《古今詩話》等書的資料來源。因爲《迷樓記》早出，後人在採用其資料時有所甄別，去掉了明顯有誤的「迷樓不位於揚州」的內容。如果《迷樓記》晚出，作者當不會無視「煬帝令揚州依圖營建迷樓」的記載而妄改爲長安。

《迷樓記》中的部分荒謬不經之處，早爲宋人注意到而不作採納，其他的很多內容，則描繪出迷樓的新的面目。明代馮夢龍《醒世恒言》中有小說《隋煬帝逸遊召譴》，本於《大業拾遺記》、《迷樓記》等唐宋小說，關於迷樓的部分沒有什麼新的創作，這裡略過不提，不過從明代人仍熱衷於整理、創作與煬帝和迷樓有關的小說，可以看出迷樓經久不息的魅力。

## 三、方志中的迷樓

宋代及以後，方志十分盛行，內容不斷趨於完備，迷樓也開始進入方志編纂者的視野之中。不同於文學對典故的加工和再創作，方志的編纂是爲了輯錄資料並不斷接近事物的歷史本身，所以十分重視迷樓的具體位置、流傳關係等內容。

最早涉及迷樓具體位置的，是北宋蘇轍的《揚州五詠》之四《摘星亭》，詩題下有自注「迷樓舊址」四字。一如前述，雖然偶有異議，但絕大多數資料指向迷樓位於揚州，至於具體地點，未能說明。蘇轍則明言摘星亭即迷樓舊址，成爲現存的坐實迷樓所在的最早、最重要的證據。

其後，南宋的《輿地紀勝》與《方輿勝覽》中都有對迷樓的記載。《輿地紀勝》卷三十七《淮南東路·揚州·風俗形勝》「迷樓九曲珠簾十里」條：

> 《新平山堂記》又《廣陵志》云：「煬帝時浙人項昇進《新宮圖》，帝愛之，令揚州依圖營建。既成，幸之，曰：『若使眞仙遊此，亦當自迷。』」又《南部煙花錄》云：「煬帝於揚州作迷樓。」今摘星樓基即迷樓舊址。

同卷《景物上》「迷樓」條：

> 鮮于侁《廣陵雜詩》序云：「迷樓，煬帝所建以內嬪嬙也，上有四帳。」或云摘星樓。

《方輿勝覽》卷四十四《淮東路‧揚州‧古蹟》「迷樓九曲」條：

> 《廣陵志》：「揚州建新宮成，帝幸之，曰：『若使眞仙遊此，亦當自迷。』」

所引《新平山堂記》和《廣陵志》文字，與《古今詩話》等大致相同，當亦本於《迷樓記》。「或云摘星樓」，大約是根據蘇轍的詩注。

到明代時，迷樓位置更爲確定。據各方志，迷樓已經被認定位於揚州府城西北七里之處、觀音禪寺所在即其舊址了。嘉靖《惟揚志》卷三十八《雜志‧寺觀》「觀音禪寺」條：

> 在縣西北七里大儀鄉。元至元年間建。洪武二十年，僧惠整重建。一名功德山。古摘星亭故址。俗名觀音閣。

卷七《公署志‧遺跡》「摘星亭」條：

> 在城西北角。《舊志》云：「即迷樓舊址北。」後曰摘星亭，又曰摘星樓。

《舊志》即《寶祐志》，其認爲摘星亭即迷樓舊址，大約也源於蘇轍詩自注。此後方志對這一觀點多從之不疑。萬曆《揚州府志》卷二十三《方外志上‧寺觀》「觀音禪寺」條：

> 縣西北大儀鄉。元至元間建。高宗本《志》：「即古摘星亭故址。」俗傳爲迷樓舊址。

康熙二十四年《揚州府志》卷十九《寺觀志》「觀音寺」條：

> 在縣西北七里大儀鄉。元至元間建。一名功德山。即隋迷樓及故摘星亭故址。

從嘉靖《惟揚志》到康熙二十四年《揚州府志》，迷樓遺址上新建摘星樓與摘星亭，復又新建觀音禪寺，成爲定論。不過，也有對此持質疑者。清光緒年間的《增修甘泉縣志》卷九《寺觀》「觀音山寺」條：

> 觀音山寺，在縣西北大儀鄉。元至元間僧申律建。明洪武二十年僧惠整重建，題之曰「功德山」。爲蜀岡三山之一，勢尤聳特。高宗本《維揚志》云：「即古摘星亭址」。俗傳爲隋迷樓故址者，僞也。《寶祐志》作摘星寺。今皆呼爲觀音閣。

未說明觀音禪寺不是迷樓舊址的原因。其下按語云：

> 《太平清話》：「摘星寺，迷樓故址也。其地最高，金陵、海陵諸山，歷歷皆在履下」云云。據此，是宋時已有摘星寺，且亦共傳

為迷樓故址矣。

如果將上引記載作一合理的排列與解釋，可能如此：北宋蘇轍時揚州有摘星樓、摘星亭與摘星寺，至南宋王象之寫作《輿地紀勝》時，已只剩摘星樓基。摘星樓與摘星亭或者位於《寶祐志》所載之摘星寺中。元時於摘星樓故址上建觀音禪寺，明初重建。這與以上所引各書記載均能吻合。因為蘇轍認為摘星亭即迷樓舊址，所以後人以為觀音禪寺即迷樓所在。

如果如此，則首先值得考慮的是，《寶祐志》與蘇轍所言「摘星亭即迷樓舊址」是否可信。《輿地紀勝》中，王象之既斷言「今摘星樓基即迷樓舊址」，又有所懷疑地說「或云摘星樓」，十分有趣。之所以斷言摘星樓基即迷樓舊址，根據應該是蘇轍詩自注。大約在南宋時，雖然根據唐宋詩文、《迷樓記》、《古今詩話》等資料而認為迷樓是煬帝時所建行宮，但對於其具體位置，已難確定。所以一面斷言，一面又存疑。晚唐時羅隱已經只能看到迷樓的「餘基」，上引《輿地紀勝》又云「摘星樓基」，可知至遲在《輿地紀勝》寫成之時，摘星樓亦已成遺跡。數百年前的遺跡，口耳相傳之後是否仍確鑿可信，頗值得懷疑。祝穆《方輿勝覽》較《輿地紀勝》晚出十數年，可能參考了《輿地紀勝》的相關內容〔註6〕，但是祝穆並不將迷樓與摘星亭、摘星樓牽連在一起，這應該是延續了王象之的懷疑而對「摘星樓即迷樓舊址」這一觀點不加認同的結果。即使是一些明清方志，如上引萬曆《揚州府志》云摘星亭「俗傳為迷樓舊址」，也不十分確定摘星亭與迷樓的位置關係。那麼，蘇轍認為摘星亭即迷樓舊址，根據何在呢？迷樓的位置一直難以斷定，根據種種傳聞異辭和小說虛構，其信息才得以不斷補充。這些新增的信息，可信度十分可疑。尤其是數百年來不得而知的具體位置，究竟如何坐實為宋代的摘星亭這一實存建築上，難以置信。較為可信的解釋是，蘇轍根據傳聞，認定所詠的摘星亭是迷樓舊址，從而增加《揚州五詠》中九曲池、平山堂、蜀井、摘星亭、僧伽塔的史實性。後世方志編纂時則以此為根據，不斷以宋、明存在的建築來標示迷樓所在。

其次，也要考慮摘星亭與摘星樓的關係。蘇轍認為摘星亭就是迷樓舊址，王象之則說是摘星樓，似乎摘星樓與摘星亭位於一處。是否如此？《輿地紀勝》、《方輿勝覽》云「摘星樓在城西角」，未提及摘星亭位置。《大明一統志》云「摘星樓在府城西角」、「摘星亭在府城北七里」，則兩者顯然不在

---

〔註6〕參見李勇先：《〈輿地紀勝〉研究》，成都：巴蜀書社1998年，第95～131頁。

一處。《大明一統志》又云「迷樓在府城西北七里」，這一說法，被嘉靖《惟揚志》等所沿用，是蘇轍詩注以外的另一重要證據，斷定嘉靖《惟揚志》所載的「縣西北七里大儀鄉」的觀音禪寺即迷樓舊址。但是迷樓、摘星亭、摘星樓三者不在一處，「迷樓在府城西北七里」一說不知何據，大約是修志者綜合摘星樓在城西、摘星亭在城北七里這兩點而折中的結果吧。如果確實如此，則即使懸置蘇轍詩注是否可信這一點不論，也很難梳理出能與各方志記載皆合的可信的迷樓傳承關係。

## 四、小　結

　　煬帝晚年奢侈縱慾，所到之處，多修有離宮別苑，其中最有名的，大概就是迷樓。在對迷樓敍述、認知與再敍述的過程中，其本來面目已經被模糊和淡忘，根據後人的需要而割裂地在各種語境之中流傳、演變。一方面，文學中的迷樓由諷喻古今政事的素材轉為風流之所，與典故本身漸去漸遠，乃是創造；另一方面，史學中的迷樓因方志的編纂而不斷坐實其所在，意欲接近典故的歷史真實，乃是還原。

　　《隋書》、兩《唐書》、《資治通鑒》等不見迷樓的記載，大概是因為正史中的地點與建築，必須與人物、事件相聯才會被提及，所以對於煬帝在揚州所建造的眾多行宮，除了煬帝大宴群僚的臨江宮、死後與趙王楊杲同殯的西院流珠堂等，其他都籠統地稱為江都宮。到安史之亂以後，國事突變，詠古詩大量出現，其中與煬帝有關的題材成為借古詠今的詩歌母題。在這樣的情況下，迷樓、汴河、隋堤、楊柳等自然成為文人筆下的一個意象、一個符號，寄寓著對煬帝亡國和國局時事的感慨。而且作品中運用典故，有益於讀者通過精簡的詞句聯想起複雜的背景和人事，自然也就能極大地提升作品的內涵和藝術魅力。但也因為精簡，意象本身的歷史信息十分有限，很多詩文中只是透露出「揚州有與煬帝有關的迷樓」這一信息而已。更重要地，在意象的傳承中，原有的歷史信息會不斷被丟棄，而又在小說中根據需要隨意增入新的信息。這些信息來自於後世的想像和創作，正如劉勰《文心雕龍·史傳》所批評的，「俗皆愛奇，莫顧實理，傳聞而欲偉其事，錄遠而欲詳其跡，於是棄同即異，穿鑿傍說，舊史所無，我書則傳，此訛濫之本源，而述遠之巨蠹也」，這些新創作的迷樓形象往往互相衝突。進入宋代以後，出現大量的類書，輯錄同一類事物的相關資料，編成條目，反映出人們對各種題材的典型範例

有著強烈的興趣和寫作需要。迷樓作爲眾人熟知的典故，也理所當然地進入類書中，影響著後人對迷樓的認知和再次敘述。同時，由唐至宋，由言志的詩到抒情的詞，士人心態發生極大變化，或許是一部分士人對時政關注度和責任感降低，詩詞中借古諷今的意蘊減少。如溫庭筠《題池亭》殘句：「卓氏壚前金線柳，隋家堤畔錦帆風」，毫不以隋堤錦帆爲亡國之意象，這與白居易等人的詩完全不一樣。迷樓也在這種變化中更趨於風流、香豔，甚至發展爲青樓的代名詞。隨著歷代對其的文學加工與創作，迷樓離本來面目越來越遠，不過也正是因爲有這樣的再敘述、再創作，迷樓才獲得了恒久的生命力。

　　宋代方志興起後，不論是總志或是地方志，收集一地的地理、名勝、古蹟、詩文、著作等資料都十分齊全。特別是地方志，爲增加本地的文化內涵與底蘊，常常不加揀擇，既收入有史可據的確鑿資料，也收入種種傳聞異辭，從而把文學中的迷樓與揚州的某一具體建築或遺跡聯繫起來。如杜牧的《揚州》詩有「煬帝雷塘土，迷藏有舊樓」句，方志中常引用以說明揚州有迷樓。但從詩意來看，迷藏乃是捉迷藏之遊戲；在荒草叢生的隋宮上，遊戲時還能見到煬帝舊樓。這舊樓不過是煬帝行宮的概指，已經完全文學意象化，無須也不可能坐實爲迷樓。退一步言，如果是迷樓，顯然其位於雷塘，這與所有涉及迷樓具體位置的資料都不相合。因此，方志中輯錄各種資料，意圖接近歷史眞實時，如果不加揀擇和考辨，反而容易導致結果與目的的漸趨遠離。最初提出迷樓具體位置的蘇轍詩注，王象之、祝穆等人對其在疑與不疑之間，尚保持審愼態度而有所保留地加以記載。到南宋的《寶祐志》就已經採信此說，並被其後方志不加辨析地不斷襲用。即使如此，明清方志中關於迷樓、摘星樓、摘星亭、觀音禪寺等的記載也常常互相牴牾，有時甚至折中而行。所以，與其說是方志中的記載使迷樓的位置與繼承關係更爲明晰，不如說是提供了更多的牴牾和歧見，更爲加重了後人的疑惑。現在，我們雖然能夠通過對各種資料的追蹤與分析，盡己所能地瞭解到文學與歷史語境中的迷樓，但是這一認知距離迷樓的本相有多遠，已經不可得知了。

# 揚州讀史小箚

## 一、「開元三年有熊晝入廣陵城」補說

《舊唐書》卷三七《五行志》載：

> （開元）三年，有熊白晝入廣陵城。月餘，都督李處鑒卒。

《新唐書》卷三五《五行志二》亦載：

> 開元三年，有熊晝入揚州城。

「揚州城」即「廣陵城」，《新唐書》此條當是據《舊唐書》刪改而成。由於兩唐書的巨大影響力，後世多沿襲此說。元代馬端臨《文獻通考·物異考十七》：「元宗開元三年，有熊晝入揚州城。」〔註1〕清代汪中《廣陵通典》卷七：「玄宗開元三年，有熊白晝入城。月餘，長史李處鑒卒。」〔註2〕已逝揚州學者李廷先《唐代揚州史考》引《新唐書》此條，並言：「當時揚州距海近，多林藪，有熊並不足怪。」〔註3〕許建平據《舊唐書》此條補郁賢皓《唐刺史考》卷一二三「揚州（兗州、邘州、廣陵郡）」之闕。〔註4〕

不過，唐代張鷟《朝野僉載》卷六有更詳細的記載，與兩唐書不同：

> 開元三年，有熊晝日入廣府城內，經都督門前過，軍人逐十餘里，射殺之。後月餘，都督李處鑒死。自後長史朱思賢被告反，禁身半年，才出即卒。司馬宋草寶、長史竇崇嘉相繼而卒。

---

〔註1〕（元）馬端臨：《文獻通考》卷三一一，北京：中華書局，1986年，第2438頁。

〔註2〕（清）汪中著，田漢雲點校：《廣陵通典》，揚州：廣陵書社，2004年，第105頁。

〔註3〕李廷先：《唐代揚州史考》，南京：江蘇古籍出版社，2002年，第101頁。

〔註4〕許建平：《〈唐刺史考〉闕誤補正》，《杭州師範學院學報》1999年第1期。

　　《太平廣記》卷一四三曾引《朝野僉載》此條。「廣府城」即廣州城，與兩唐書「廣陵城」、「揚州城」顯然有別。郁賢皓據此條，係李處鑒於《唐刺史考全編》卷二五七「廣州（南海郡）」，並認爲《舊唐書‧五行志》誤作「入廣陵城」。〔註5〕嚴傑認爲，開元時揚州爲大都督府，由親王遙領，長史主持大都督府之政事，所以揚州城內不應有都督；此條是《舊唐書》採用《朝野僉載》而有誤，《新唐書》沿襲《舊唐書》之誤。〔註6〕其說甚是。宋人已認識到開元時揚州無都督這一點，故《新唐書》刪去「月餘，都督李處鑒卒」八字。汪中一面引《舊唐書》之文，一面卻又稱李處鑒爲「長史」，恐有臆改之嫌。

　　近來讀書，見一二資料，亦證《朝野僉載》「廣府城」可信，而糾其所記人名之誤，可補郁、嚴二位先生之說，故補贅於此。

　　明嘉靖年間所修《廣平府志》卷八《古蹟志》「唐宋慶禮慶賓墓」條：

> 在邯鄲縣西二十五里岩崳村。《舊志》以此爲宋璟墓。相傳爲盜竊發。本府知府秦民悅訪於故老，得民家所藏唐宋慶禮、慶賓墓誌石，並慶賓所受敕詞小碣一通，其詞曰：「臨事明允，頃居令長，雅聞聲稱，控帶百越，朝宗萬里，端察之任，舉才攸屬，可守廣州都督府司馬，散官如故。仍馳驛赴任，主者施行。開元二年九月十一日。」正當時殉葬之物。……誌石乃納於壙，敕詞碣置於府愛古軒壁。〔註7〕

　　由敕詞可知，開元二年前，宋慶賓任廣州都督府司馬一職，因爲「臨事明允，頃居令長，雅聞聲稱，控帶百越，朝宗萬里，端察之任，舉才攸屬」，故「守廣州都督府司馬，散官如故」。

　　宋慶禮、宋慶賓二人的「誌石乃納於壙」，但在 2007 年青島至蘭州高速公路邯鄲段施工期間，在位於陳岩崳村北的邯鄲西出口地段再次出土。宋慶賓墓誌題爲《□唐故朝請大夫行廣州都督府司馬嶺南五府按察使判官上柱國宋君墓誌銘》。〔註8〕出土地點、墓主身份與嘉靖《廣平府志》所記皆合。

---

〔註5〕郁賢皓：《唐刺史考全編》卷二五七，合肥：安徽大學出版社，2000 年，第3157 頁。

〔註6〕嚴傑：《唐五代筆記考論》，北京：中華書局，2009 年，第 113～114 頁。

〔註7〕（明）翁相修，（明）陳棐纂：《廣平府志》，《天一閣藏明代方志選刊》影印本，1981 年。

〔註8〕喬登云：《唐工部尚書宋慶禮墓誌銘考辨》，《唐史論叢》（第十六輯），西安：陝西師範大學出版社，2013 年。下引《宋慶禮墓誌》亦見此文。

宋慶賓於開元二年前後爲廣州都督府司馬，而據《朝野僉載》，開元三年廣州都督府司馬爲宋草賓。宋慶賓、宋草賓一字之差，而爲同一職務幾乎同時。《宋慶禮墓誌》又載：「（宋慶禮）以開元七年閏七月十五日薨於廨舍，⋯⋯公與二弟朝請大夫廣州司馬慶賓⋯⋯及公茲逝，花萼已先。」「花萼」比喻兄弟，表明開元七年前宋慶賓已經去世，與《朝野僉載》「司馬宋草賓、長史竇崇嘉相繼而卒」相合。

依此，可證《朝野僉載》「開元三年，有熊晝日入廣府城內」記載不誤，而兩唐書傳抄之時，先誤「廣府」爲「廣陵」，再改「廣陵」爲「揚州」，輾轉成謬；亦知《朝野僉載》所記司馬「宋草賓」乃「宋慶賓」之誤。

## 二、杜詩中的「西陵」

以前讀杜詩，常常只求其大意，所以一知半解、囫圇吞棗的地方很多。比如《解悶》（其二）云：「商胡離別下揚州，憶上西陵故驛樓。爲問淮南米貴賤，老夫乘興欲東遊。」當時只重視首句，認爲它反映了唐代中晚期大量胡商在揚州經商、生活的歷史事實。至於該詩寫作的時地、詩中的「西陵」在何處等等，從沒想過要去深究。

最近讀陳道貴先生《杜詩考辨二則》〔註9〕，其中第二則就是對「西陵」問題的討論，受益不少。陳先生首先指出了歷來關於「西陵」的兩種觀點：一般認爲指的是越州西陵驛，錢謙益《錢注杜詩》、朱鶴齡《杜工部詩集輯注》、浦起龍《讀杜心解》、楊倫《杜詩鏡銓》、蕭滌非《杜甫詩歌選注》、陳貽焮《杜甫評傳》等都持此說。不過，也有人提出過異議，黃生、盧元昌就認爲「西陵」應該是揚州之地。在此之外，陳先生根據「西陵」的異文（《杜工部草堂詩箋》《九家集注杜詩》《錢注杜詩》《杜詩詳注》等均注：「『西』，一作『蘭』。」）提出新見，認爲蘭陵（南蘭陵）「雖不屬淮南道之揚州，但地域相連，僅一江之隔。⋯⋯如取異文『蘭』，則『蘭陵』與杜詩所稱之『揚州』『淮南』，在地域上比較接近，其詩所寫之境較爲統一；而所謂『故驛樓』，也符合此地自南朝以來頗爲著名的史實。『西』與『蘭（蘭）』文字差異較大，當非形近而誤。或許後世注家對越州西陵多出唐人筆底，遂疑而改『蘭』爲『西』，造成杜甫此詩之異文」。

這三種看法中，第一種引證豐富，言之鑿鑿，諸家多採其說，似乎最爲

〔註9〕《古典文學知識》2016年第2期，第155〜156頁。

可取。但正如黃生等人所分析的，「錢引《水經注》及《會稽志》、《浙江通志》，證此西陵在會稽。……愚意西陵之名，或不止一處。詳此篇上文曰『揚州』，下文又曰『淮南』，則西陵當在維揚，乘興東遊，亦即此地，無緣遠及會稽之西陵也」〔註10〕，從詩意來看，西陵確實應該在揚州。陳道貴先生的新解中，對黃生之說沒有辯駁，而對「蘭陵」異文的解釋又多屬推測。南蘭陵在常州武進，經曲阿（丹陽）、潤州（鎮江），過長江方能至揚州，兩地相距約一百公里，而不是「地域相連，僅一江之隔」。杜甫聽到商胡要到揚州去，卻回想起了蘭陵，然後又讓商胡問問揚州（淮南）的米價，這種「揚州－蘭陵－揚州」的思維跳躍，也不合理。而且，異文「蘭」字只見於注中，與之相比，各家顯然還是更為認可「西陵」。

我認為黃生等人根據詩意推斷西陵在揚州，是十分合理的。只是他們沒有找到充分的文獻依據，來回答「揚州有西陵嗎」「揚州的西陵在哪」這一類的問題。幸而，2013 年在揚州發掘出土了隋煬帝的墓誌，為合理解釋揚州「西陵」提供了新的可能。

隋煬帝墓誌的釋文已經有數種發表，這裡引錄的是發掘者公佈的最新釋文：「隋故煬帝墓誌　惟隋大業十四年太歲……一日帝崩於揚州江都縣……扵流珠堂其年八月……西陵荊棘蕪……永異蒼悟……貞觀元（元或九）年……朔辛……葬煬……禮也……方……共川……」〔註11〕不管是發掘者，還是其他對隋煬帝墓誌進行釋文的學者，對「西陵荊棘」的釋讀都沒有異議。

「西陵」的「陵」顯然不是指帝王陵墓，因為唐初改葬隋煬帝時，沒有將其按帝陵的規格下葬，墓中出土的墓誌即可證明這一點。「陵」有「大阜」之意，《詩·小雅·天保》：「如山如阜，如岡如陵」，「陵」即高出地表的山峰。揚州地區地勢較為平坦，只有城北蜀岡為較高處。蜀岡呈東西走向，最高處分東峰、中峰、西峰。東峰相傳為隋煬帝迷樓所在，今為觀音禪寺。中峰為棲靈塔所在，唐代詩人多喜歡登塔賞景；歐陽修為揚州太守時，曾在此建平山堂，據言登上平山堂，鎮江金山、焦山亦可歷歷在目。隋煬帝墓則在蜀岡西峰頂部，結合陵有山峰之意，可知墓誌中的「西陵」就是指蜀岡西峰。

---

〔註10〕（清）黃生撰、徐定祥點校：《杜詩說》，合肥：黃山書社，1994 年，第 480頁。

〔註11〕束家平：《揚州曹莊隋煬帝墓的發掘與收穫》，洪軍主編：《隋煬帝與揚州》，揚州：廣陵書社，2015 年，第 11 頁。

　　唐代揚州西陵（蜀岡西峰）附近是否有驛站呢？有的。唐代趙嘏《廣陵道》詩云：「鬥雞臺邊花照塵，煬帝陵下水含春。青雲回翅北歸雁，白首哭途何處人。」鬥雞臺、煬帝陵都在唐揚州子城西的蜀岡西峰，旁邊即是「廣陵道」。更直接的證據是比杜甫稍晚的權德輿（759～818）《宮人斜絕句》：「一路斜分古驛前，陰風切切晦秋煙。鉛華新舊共冥寞，日暮愁鵁飛野田。」隋煬帝巡幸揚州時，把死去的隨行宮女葬在蜀岡西峰南側的斜坡上，其地稱「宮人斜」，與隋煬帝陵距離很近。從權德輿的詩中，我們可以知道宮人斜旁邊就是古驛站。

　　總之，根據《解悶》（其二）的詩意，詩中的「西陵」應該在揚州。而隋煬帝墓誌中明確提到「西陵」，這個西陵（蜀岡西峰）旁又有古驛站，與杜詩完全吻合。所以，杜甫所說的「西陵」，應該就是揚州的蜀岡西峰。

## 三、「霞映兩重城」與揚州唐羅城無關

　　關於唐代揚州的城池形制，文獻記載很少。杜牧《揚州三首》其三云：

　　　　街垂千步柳，霞映兩重城。

　　詩中的「兩重城」，現在一般認為是指蜀岡上下的子城和羅城。方志中沒有提到唐代揚州的兩重城，《雍正揚州府志·城池》只云：「唐為揚州，城又加大，有大城又有牙城，南北十五里一百一十步，東西七里三十步，蓋聯蜀岡上下以為城矣。」其他各志或者與此略同，或者付之闕如。20世紀40年代在揚州進行實地踏查的日本學者安藤更生認為，唐代揚州既有較大的城（羅城），亦有小城（子城），所謂「重城」就是指這種狀態。〔註12〕以後經過多次的調查和考古發掘，基本確定了唐子城和羅城的範圍，安藤更生的這一看法被普遍接受。

　　重城一詞有多種涵義。一指城牆，如李商隱《夕陽樓》詩：「花明柳暗繞天愁，上盡重城更上樓。」一指城市，如高駢《寄鄮杜李邃良處士》詩：「小隱堪忘世上情，可能休夢入重城」。一指外城中又有內城的城池形制。安藤更生的看法，是將杜牧詩中的「重城」理解為城池形制，這當然沒有問題。不過，重城具體所指這一點仍可商榷。首先，子城和羅城各在蜀岡上下，稱為「重城」恐不妥當，而只能如方志所云是「聯蜀岡上下以為城」。其次，是對

---

〔註12〕〔日〕安藤更生著，汪勃、劉妍譯：《唐宋時期揚州城之研究》，收入董學芳主編：《揚州唐城考古與研究資料選編》（內部資料），2009年，第172頁。

杜牧之詩的理解。詩的前三聯云：「街垂千步柳，霞映兩重城。天碧臺閣麗，風涼歌管清。纖腰間長袖，玉佩雜繁纓。」唐代一步約合今之 1.514 米，則「千步」約 1500 米，與子城南北門間的大街長度正相略同。「臺閣」漢時指尚書臺，後亦泛指政府機構。隋唐時蜀岡上城池爲江都宮和官衙所在，與「臺閣」相合。從《揚州三首》的全詩看，杜牧所詠的乃是蜀岡上城池及其周邊的隋煬帝遺跡，與羅城並無關係。

據史籍所載，南朝時揚州蜀岡上有「重城」。《宋書·文五王傳》：劉宋大明三年（459 年），竟陵王劉誕據廣陵城叛亂，孝武帝命沈慶之率兵討伐，「於桑里置烽火三所」，「若克外城，舉一烽；克內城，舉兩烽；禽誕，舉三烽。」沈慶之率眾攻城，「克其外城，乘勝而進，又克小城」。可知南朝劉宋時蜀岡上的廣陵城有內、外兩城無疑。東晉太和四年（369），大司馬桓溫曾築廣陵城，結合《安徽通志·輿地志》中太平府「府城創於吳黃武間，東晉太和七年桓溫重築，並建子城於內」的記載，則揚州蜀岡上有重城，其時代有可能早至東晉太和年間。

隋煬帝時揚州城也有宮城、東城之分。《隋書·司馬德戡傳》：司馬德戡隨從煬帝至江都，「領左右備身驍果萬人，營於城內。」《宇文化及傳》：「司馬德戡總領驍果，屯於東城」，與宇文化及等人相約叛亂。大業十四年（618）三月一日夜，「奉義主閉城門，乃與虔通相知，諸門皆不下鑰。至夜三更，德戡於東城內集兵，得數萬人，舉火與城外相應。帝聞有聲，問是何事。虔通僞曰：『草坊被燒，外人救火，故喧囂耳。』中外隔絕，帝以爲然。……至五更中，德戡授虔通兵，以換諸門衛士。虔通因自開門，領數百騎至成象殿，殺將軍獨孤盛。……虔通進兵，排左閣，馳入永巷，問：『陛下安在？』有美人出，方指云：『在西閣。』從往執帝。」《裴虔通傳》：裴虔通「與司馬德戡同謀作亂，先開宮門，騎至成象殿，殺將軍獨孤盛，擒帝於西閣。」據此可知，隋煬帝時的揚州城分爲宮城、東城等部分。東城爲驍果軍等扈從所居，有草坊等。宮城爲煬帝、妃嬪等所居，內有成象殿、左閣、西閣、永巷等。宮城有門，夜間上鎖以隔絕內外。唐臨淄縣主《與獨孤穆冥會詩》記弒殺煬帝之事，云：

> 江都昔喪亂，闕下多構兵。豺虎恣吞噬，干戈日縱橫。逆徒自外至，半夜開重城。膏血浸宮殿，刀槍倚簷楹。〔註13〕

〔註13〕 （宋）李昉等編：《太平廣記》卷三四二，北京：中華書局，1961 年，第 2710 頁。

所謂「半夜開重城」，正是隋煬帝時揚州蜀岡上城池被稱作「重城」的確證。

如果六朝以來的揚州城池布局爲唐代所延續，則唐代蜀岡上的城池稱爲「重城」並無不妥。而且，把視野擴大到六朝隋唐時代的各個城市，可以看到重城的結構是極爲常見的。南北朝的例子，如《資治通鑑》宋少帝景平元年（423）：「叔孫建自滑臺西就奚斤，共攻虎牢。虎牢被圍二百日，無日不戰，勁兵戰死殆盡，而魏增兵轉多。魏人毀其外城，毛德祖於其內更築三重城以拒之，魏人又毀其二重。德祖唯保一城，晝夜相拒。」隋唐時期的例子，如《資治通鑑》隋恭帝義寧元年（617）胡注所引：「（李）密稱魏公，改年，於時倉猶自固守，既而密遣翟讓將兵夜襲倉城，官軍擊退之；明日，又引眾攻倉，連戰三日，陷外城，官軍猶捉子城。」唐高祖武德元年（618）：「初，北海賊帥綦公順帥其徒三萬攻郡城，已克其外郭，進攻子城。」按胡三省之注，大城稱爲羅城，小城稱爲子城，節度使等所居之城稱爲牙城。史籍中，唐代有子城內設立牙城之例，見於鄆州等處。〔註14〕而考古所見六朝建康城的都城內有宮城，宮城爲皇室所居，文武百官等居住在宮城外的都城中。隋代東都洛陽城有宮城、皇城、郭城，形成三城相互套合的格局。成都、寧波等唐代地方性城市也頗多重城結構。所以，唐代揚州城既有羅城，又有子城，子城內又有一重城，是完全可能的。杜牧「霞映兩重城」之句，大約就是描繪彩霞映照著蜀岡上城池的那種美景吧。

## 四、《揚州重修城壕記》非崔與之所作

南宋時，揚州爲國之北門，城池修築達十餘次之多。其中，嘉定八年至九年（1215～1216），崔與之在揚州修城、濬濠，把土築夾城改爲磚砌，文獻中記載尤爲詳備。除《宋史》卷四〇六本傳言及外，還有《雍正揚州府志・城池》注引崔與之《重修城壕記》：

> 守揚州，登城臨眺形勢，謂濠河湮隘，褰裳可涉，守禦非宜，
> 乃度遠近，準高下，程廣狹，量深淺，爲圖請於朝，許之。河面闊
> 十有六丈，底殺其半，深五分廣之一。環繞三千五百四十一丈，壕

---

〔註14〕關於六朝隋唐時期子城、羅城的相關文獻資料，參見郭湖生：《子城制度》，原載日本京都大學人文科學研究所《東方學報》第 57 冊（1985 年），第 665～683 頁，後收入氏著《中華古都——中國古代城市史論文集》（增訂版），臺北：臺北空間出版社，2003 年，第 145～164 頁。

外餘三丈，護以旱溝。又外三丈，封積土以限淋淤。又廣地七丈，以受土，使與危堞不相陵。復作業城五門，爲月河，總百十七丈，而南爲裏河，又八十七丈。西北曰堡城寨，周九里十六步，相去餘二里，屬以夾城，如蜂腰。地所必守，左右尤淺隘，濬之槪如州城壕，計七百三十一丈，且覺女牆以壯其勢。外壕既深，水勢趨下，市河涸不可舟，有警，芻餉難爲力，又加深廣，造輿梁五。經始於八年八月，迄於九年九月，工一百一十五萬四百二十五，費朝家緡錢三十四萬八千七百五十六、米石二萬一千八百四十七，州家激犒爲緡錢五萬一千六百，節縮有道，勸懲有章，公私不以爲病。

府志中這段文字，讀來頗有不協之感。一則文不完整，「守揚州」數字起得突兀，前當仍有文字。二則崔與之爲修城主事之人，「節縮有道，勸懲有章，公私不以爲病」云云，有自誇之嫌，與行文語氣不合。

查府志所引原文，應該是《宋丞相崔清獻公全錄・言行錄》。該書是輯錄崔與之相關資料而成，收有崔與之的公私詩文和後人撰寫的言行錄、行狀等。《言行錄》在「公私不以爲病」其後有雙行小字注文「揚州重修城壕記」，表明該段文字出處。大約是由於注文沒有標明作者，所以《雍正揚州府志》編撰者徑直認爲《揚州重修城壕記》是崔與之所作。後來之人也從之不疑。

然而，洪諮夔《平齋文集》收有《揚州重修城壕記》一文。〔註15〕文長不錄。其文先述揚州城市變遷與形勢之勝，次記崔與之修城之詳細經過，最後記參與修城各級官員與軍隊名稱。稍作對比即可發現，《言行錄》相關文字本於洪諮夔此文，而又略有改動。

嘉定七年（1214），崔與之至揚州後，辟置幕府，洪諮夔亦在其中，擔任幕僚長達五年之久。《宋史》卷四〇六《洪諮夔傳》：「崔與之帥淮東，辟置幕府，邊事纖悉爲盡力。」因爲有這層關係，在崔與之主持修城濬濠功成之後，洪諮夔撰文記錄其事，誇讚崔與之「擊楫東來，恩信孚浹，軍民歸命，恃爲長城，識者以經濟事業望之，斯役特細耳」云云，也就順理成章了。

---

〔註15〕 （宋）洪諮夔：《平齋文集》卷九，《四部叢刊續編》影印本。

# 《揚州府圖說》述考

　　揚州最早的地方志，據記載是東漢王逸所撰的《廣陵郡圖經》。其後有隋代《江都圖經》、宋代《揚州圖經》《紹熙廣陵志》《嘉泰廣陵續志》《寶祐惟揚志》、明代《洪武揚州府志》《成化惟揚新志》等等，歷代相沿不絕。從這些方志的名稱以及後代志書所述可以知道，當時修纂時，在全面收集揚州的各種資料之外，為了「展閱之了然」，還繪製有相應的輿圖。可惜這些方志都散佚不見，今天已經無法見到了。

　　現在所能見到的最早的揚州城圖是明代《嘉靖惟揚志》卷一的《古今圖》。萬曆時，也有兩種繪有揚州城圖的志書，即《萬曆揚州府志》與《萬曆江都縣志》。稍後天啓年間的《籌海圖編》卷六也有《揚州府境圖》。除此之外，現存的《揚州府圖說》，描繪明代揚州府所轄的諸州縣，乃難得一見的珍本，為我們瞭解當時人的地理認識提供了極為寶貴的圖像資料，也有助於我們更好的理解揚州地方志中的記載，具有極為重要的價值。

## 一、《揚州府圖說》的概況

　　《揚州府圖說》，據筆者所知，至少有三家機構有收藏，分別是美國國會圖書館、北京圖書館、鎮江博物館。三者又各有不同。

　　美國國會圖書館收藏者，一冊，彩繪本，疊裝，每頁寬36、高36.5釐米。〔註1〕共十二幅圖，每圖配有圖說一篇。其目錄如下：（1）揚州府圖說，（2）揚州府圖，（3）江都縣圖說，（4）江都縣圖，（5）瓜洲圖說，（6）瓜洲圖，（7）儀眞縣圖說，（8）儀眞縣圖，（9）泰興縣圖說，（10）泰興縣圖，（11）高郵州圖說，（12）高郵州圖，（13）興化縣圖說，（14）興化縣圖，（15）寶應縣圖

---

〔註 1〕李孝聰：《古地圖史料與大運河歷史文化遺產保護》，《中國名城》2008 年第 2 期。

說，（16）寶應縣圖，（17）泰州圖說，（18）泰州圖，（19）如皋縣圖說，（20）
如皋縣圖，（21）通州圖說，（22）通州圖，（23）海門縣圖說，（24）海門縣
圖。其中，《揚州府圖》闕右半部分，圖說闕左半部分。（圖一、圖二）

圖一　美國國會圖書館藏《揚州府圖說》之《江都縣圖》

圖二　美國國會圖書館藏《揚州府圖說》

北京圖書館收藏者，彩繪本，12 幅合裱 1 幅，長 889.3、寬 31.5 釐米。〔註2〕子目同美國國會圖書館收藏者。

鎮江博物館收藏者，絹本，彩繪。相應的圖和圖說合裱爲對折的冊頁，圖寬 51、高 31 釐米，圖說寬 51、高 29～30 釐米。〔註3〕子目也與美國國會圖書館收藏者相同。

三者中，鎮江博物館所藏最特殊，除了材質是絹本以外，其內容包括多個府縣的圖與圖說，分裝爲兩冊，一冊爲揚州府、淮安府和徐州的地圖二十九幅，一冊爲鳳陽府、滁州、和州的地圖二十三幅。這些州府地域相鄰，在明代均屬於南直隸所管轄。據此，我們似乎可以推斷，《揚州府圖說》應該是某一圖志的其中一部分。

## 二、《揚州府圖說》的繪製時代

關於美國國會圖書館所藏《揚州府圖說》的繪製時間，代表性的看法有：

王重民認爲是明代的寫本，大約在萬曆年間：「(《揚州府圖說》)稱明爲『國朝』。《通州圖說》云：『往甲寅，倭夷犯順。』此指嘉靖三十三年事也。」「兹以《通州圖說》所記年月，並寫本字體推之，蓋纂寫於萬曆間也」。〔註4〕

北京圖書館善本特藏部輿圖組認爲是清康熙年間的繪本：「揚州府圖說，繪本，未注比例，清康熙年間。」〔註5〕李孝聰亦認爲美國國會圖書館所藏者是康熙年間的彩繪本。〔註6〕

美國學者梅爾清在所著《清初揚州文化》書末的徵引文獻中認爲是明朝萬曆時刻本：「《揚州府圖說》，萬曆年間刻本」。在正文中又說「在萬曆年間印刷的揚州地圖上，標有相當數量的寺院和河道」，並注釋「佚名《揚州府圖

〔註2〕北京圖書館善本特藏部輿圖組編：《輿圖要錄——北京圖書館藏 6827 種中外文古舊地圖目錄》，北京：北京圖書館出版社，1997 年，第 317 頁。

〔註3〕劉建國、徐鐵城：《鎮江博物館藏明代絹本南京（部分）府縣地圖》，《文物》1985 年第 1 期。

〔註4〕王重民：《中國善本書提要》，上海：上海古籍出版社，1983 年，第 193 頁。

〔註5〕北京圖書館善本特藏部輿圖組編：《輿圖要錄——北京圖書館藏 6827 種中外文古舊地圖目錄》，北京：北京圖書館出版社，1997 年，第 317 頁。從《輿圖要錄》前言及說明文字推斷，北京圖書館所藏《揚州府圖說》可能是複印自美國國會圖書館。

〔註6〕李孝聰：《古地圖史料與大運河歷史文化遺產保護》，《中國名城》2008 年第 2 期。

說》，萬曆時稿本」。〔註7〕「印刷」「刻本」之說顯然有誤。而認爲成於萬曆年間，則與王重民的觀點相同。

認爲繪製於清康熙年間的兩家，並沒有說明判斷的依據。誠如王重民所說，《揚州府圖說》中提到的「國朝」是指明朝，僅此一點，即可否定繪製於清代之說。當然，王重民通過字體推斷「蓋纂寫於萬曆間也」，也還是缺乏堅實的證據。

不過，劉建國對鎮江博物館所藏包括《揚州府圖說》在內的絹本府志地圖進行了研究，通過圖中所繪水利設施、城池的時代以及圖說文字提及的歷史事件，認爲成圖年代在明萬曆二十二年至二十六年之間（1594～1598）。〔註8〕其說大體可信。

我們如果將美國國會圖書館和鎮江博物館所藏的《揚州府圖說》進行比較，可以發現兩者內容極爲相近，而又有一定的差異。（圖三、圖四）差異的地方主要有三：第一，兩者的圖和圖說尺寸不一樣。第二，兩者圖中內容也略有區別，前者內容更加豐富。如前者在圖中標注文字外，皆加紅色方框，後者則無。又如《瓜洲圖》，前者左上角標有「四里鋪」「關王廟」，在瓜洲城內標有「漕儲道」「稅課局」，城南標有「大馬頭」「通江閘」，在「屯船塢」西標有「閘官廳」，後者皆無。第三，圖說文字亦小有差異，前者更加詳明。如《通州圖說》，前者有「往甲寅倭夷犯順，由狼山直搗城下，楚捍頗重」，後者「往甲寅」作「嘉靖間」，且無「楚捍頗重」四字。兩相對比，可以認爲美國國會圖書館和鎮江博物館所藏的《揚州府圖說》，前者更詳細精準，應該比後者時代稍早，是後者的母本或更接近共同母本的一個版本。再參考劉建國《明代絹本南京（部分）府縣地圖初探》一文中的考證，我們認爲美國國會圖書館所藏《揚州府圖說》的繪製時間當在明萬曆二十二年至二十六年之間或者稍後。

〔註7〕（美）梅爾清著、朱修春譯：《清初揚州文化》，上海：復旦大學出版社，2004年，分見第224頁、第154頁。

〔註8〕劉建國：《明代絹本南京（部分）府縣地圖初探》，《文物》1985年第1期。

圖三　美國國會圖書館藏《揚州府圖說》之《瓜洲圖》

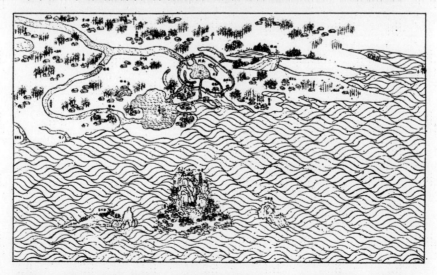

圖四　鎮江博物館藏《揚州府圖說》之《瓜洲圖》（摹本）

## 三、《揚州府圖說》的特點

《揚州府圖說》的特點鮮明，以下略舉其大端。

第一，內容豐富全面。《揚州府圖說》內含十二幅地圖，包括揚州府所管轄的全部州縣。第一幅爲揚州府總圖，其後爲各州縣分圖。若將諸圖拼合的話，觀覽者對揚州府就可以有一個直觀而全面的瞭解。而且，每幅圖配以「圖說」，介紹相應州縣的歷史沿革、水利設施、重要事件等，其中包含有一些珍貴的資料。《海門圖說》云：「其縣治薄蝕江海，迄國朝凡四徙，猶岌岌焉。」《明史》卷四十《地理志》則只記載了兩次：「舊治禮安鄉圮於海，正德七年（1512）徙治餘中場，嘉靖二十四年（1545）八月遷於金沙場以避水患。」圖說中還記載揚州「商賈陳祿其間，謠俗最號侈然」，通州「俗稱之曰北蘇州」，泰州「科第仕宦視他州邑獨稱雄焉」，這一類的記載，都有助於我們瞭解當時各州縣的風俗人情。州縣諸圖，則舉凡山川、城池、官衙、佛寺、祠廟、樓閣、河流、湖泊、閘壩、橋樑、水驛等等，都繪於圖中，內容可謂詳贍。

第二，繪製方法獨特。諸圖全部爲彩繪，不同的顏色表示不同類型的事物。以美國國會圖書館所藏《揚州府圖說》爲例，陸地爲淡黃色，水域爲淺藍色，山脈爲靛藍色，城牆爲灰色，建築爲白牆黃瓦、黃牆黛瓦、紅牆黛瓦，等等。同時，結合平面與立體兩種繪圖形式，層次分明，城池、水系等爲平面式，其間的山脈、官衙、城樓、民居、塔廟、樹木等則爲立體式。平面式構圖，便於較爲準確地表達城池、陸地、水域等的位置、相對關係，立體式繪圖則更形象，可以突出城門、官衙、寺廟等的整體面貌和細部特徵。兩者各有優點，而《揚州府圖說》的繪法可以說是兼取其長，在一幅圖中盡可能展現出了最豐富的要素，給人知識的同時，也是美的享受。如《江都縣圖》，城北至西而東依次爲平山堂、司徒廟、大明寺、觀音閣、上方寺、高廟，山巒起伏，連綿不絕，建築、樹木點綴其間，恍如山水國畫一般，給人一種直觀的印象。

第三，圖說表達了作者的主張。一般而言，地方志主要收集一地的各類資料，而纂修者較少發表自己的看法。與此相比，《揚州府圖說》的作者在圖說部分花費很大的筆墨來表明自己的見解主張。明代嘉靖以後，江淮等地區的人們多苦於倭寇的侵擾，又飽受水患之災，所以圖說部分多涉及二者。如《瓜洲圖說》云：「嘉靖末，數罹倭患，乃築城。……最號險要。且也江海哨聚之侶，駕峨舸而狎驚濤，其來麇集，其去鳥散。此在職江防者，得其人則

爲鎖鑰區，失其人則爲崔苻之藪也。」揚州府之瓜洲、泰興、如皋、海門，均爲嘉靖末年防倭寇而築。作者在圖說中，不但具體記錄了瓜洲等城的城周、城門、閘壩，而且提出「職江防者，得其人」的意見，顯然對當時揚州府軍政形勢有相當的瞭解。又如《泰興縣圖說》云：「其地近江，恒有江溢之患。江溢則販田且溺，傷人無算，至慘烈矣。嘗謂通、泰、海門、如皋之災在海，高郵、興化、寶應之災在湖，泰興之災在江。今河海皆幸有堤，而泰興江堤修築之議尚可緩頻而譚乎？」《高郵州圖說》云：「民田多瀕湖，每因地高下修堤防障之。其不可堤者，盡棄爲潢洿。潢洿之地，視田恒什六。或遇歲稍潦，堤復善潰，則不稼之區，悉龍蛇之窟矣。加之黃河以北、天長以東諸水不時漲溢，故郵之水患無歲寧。今日所急者，惟堤防耳。不然，則今歲蠲租，明歲放賑，徒辜聖明之惠，無裨小民之困。」對揚州府下轄州縣的水患形勢進行了總結，並提出了自己修堤防潦的主張。

## 四、《揚州府圖說》的瑕疵

《揚州府圖說》作爲明代萬曆時的作品，也並非十全十美，其中的瑕疵不少，這裡僅從繪製手法和內容兩方面各舉一例。

繪圖手法上，《揚州府圖說》並非嚴格按照計里符號式地圖的方法來繪製。很明顯的，美國國會圖書館所藏者都是寬、高大體相同，整圖呈近正方形。其繪圖比例與《嘉靖維揚志》《萬曆揚州府志》等官修志書中的明代揚州城圖較爲詳盡。而同樣內容的圖，鎮江博物館所藏者則是圖寬度遠遠大於高度。這就導致圖中各地理事物的相對位置、距離等發生了較大的變化。

內容方面，也存在著一些錯誤。如隋煬帝陵，《江都縣圖》將其繪在城北的上雷塘、下雷塘北側，爲一個較大的土墩，旁邊注明爲「隋煬墓」。《嘉靖惟揚志》中的《隋唐揚州圖》所繪位置大體相當，但在雷塘之西。清代大學者阮元尋找隋煬帝陵的重要依據即《隋唐揚州圖》，由其確認的、揚州太守伊秉綬書碑的，就是現在槐泗的隋煬帝陵。而 2013 年發現了揚州曹莊隋煬帝墓，經過發掘和研究，確定了曹莊就是隋煬帝的終葬之地。也就是說，無論是《揚州府圖說》還是《嘉靖惟揚志》所繪的隋煬帝陵位置，都不準確。

當然，《揚州府圖說》存在的瑕疵，是完全可以理解的，我們不用苛責前賢。《揚州府圖說》圖文並茂，而實際上又圖重於文，在揚州地方文獻和中國古代方志史中，都有其獨特的價值。

# 崔致遠研究二題

　　中韓兩國是地緣相近、文化相通的友好鄰邦。自古以來，兩國之間的往來就十分頻繁。在中韓友好交往史上，新羅崔致遠（857～924？）可謂具有特殊影響的代表人物。唐咸通九年（868），崔致遠奉父命渡海入唐求學，經過六年的艱苦努力，考中賓貢進士。乾符三年（876），在唐入仕，被調授爲溧水縣尉。廣明元年（880）冬，崔致遠來到東南重鎮揚州，入淮南節度使高駢幕府。在揚州的四年間，崔致遠勤於筆耕，撰寫了大量公私文翰，歸國後結集爲《桂苑筆耕集》二十卷。中和五年（885）春，崔致遠回到新羅，受到憲康王重用，不久遭人妒忌而被外放爲地方官。最終隱居伽倻山海印寺以終老。

　　關於崔致遠的研究，韓國起步很早，成果很多。中國大陸和臺灣的研究相對較少。雖然近一二十年來，學術交流日益頻繁，成果不斷湧現，但是很多問題仍然沒有得到重視，基本史實也還沒有完全釐清。二〇一五年五月，筆者赴韓國參加以崔致遠爲主題的學術會議，與韓國研究者多有交流。然而限於會議間隙、筵席之上時間倉促，常有言不盡意之感。故歸國後，就交流所涉及的一二問題，草此小文，略述己意，並以求教於方家。

## 一、人臣無境外之交？——從崔致遠說到淮南與新羅的往來

　　中和四年（884），崔致遠向幕主高駢請求回國。高駢不但允許，而且特加優待，賜予行裝錢、月料錢、衣物等，並任其爲「淮南入新羅兼送國信等使」，故崔致遠在返國途中作《祭巉山神文》時，自稱爲「淮南入新羅兼送國信等使、

前都統巡官、承務郎、殿中侍御史、內供奉、賜緋魚袋崔致遠」〔註1〕。然而，兩年後，崔致遠編集《桂苑筆耕集》上奏給憲康王時，其自稱則爲「淮南入本國兼送詔書等使、前都統巡官、承務郎、侍御史、內供奉、賜紫金魚袋臣崔致遠」〔註2〕。所謂「國信」，應該是淮南道高駢給新羅國國王的外交書函。而崔致遠又稱是「送詔書」，這就引起一個問題——淮南道是否可以直接和新羅國往來？

中國自古以來就重視「君君臣臣」之道。臣之爲臣，有其必須堅守的本分，其中一點就是「人臣無境外之交」的春秋之義。按理，淮南道是不能直接與新羅國往來的。金榮華教授爲此提出一個解釋，認爲崔致遠前後兩次自稱中，有三點不同：一是「國信」變成了「詔書」；二是從七品下的「殿中侍御史內供奉」變成了從六品下的「侍御史內供奉」；三是四品五品官員所佩的「緋魚袋」變成了三品以上官員所佩的「紫金魚袋」。之所以如此，是高駢爲崔致遠向朝廷奏請來的，時間當在中和五年正月。〔註3〕而一些韓國史籍則徑直認爲崔致遠是奉唐僖宗之命歸國：「崔致遠，新羅人。……光啓元年，奉帝詔東還」〔註4〕。

崔致遠並非受唐僖宗之命返回新羅，此點至爲明顯，由崔致遠「淮南入新羅」使者的自稱即可看出。可以輔證的還有崔致遠所作諸文的結銜，以下略舉兩例：

> 桂苑行人崔致遠。(《大華嚴宗佛國寺毗盧庶那文殊普賢像贊並序》)〔註5〕

> 桂苑行人、侍御史崔致遠。(《有唐新羅國兩朝國師教諡大朗慧和尚白月葆光之塔碑銘並序》)〔註6〕

「桂苑」指揚州，《桂苑筆耕集》中「揚都粵壤，桂苑名區」〔註7〕之句可證。故可知崔致遠是淮南至新羅的使者無疑。

---

〔註1〕崔致遠撰、黨銀平校注：《桂苑筆耕集校注》卷二〇，北京：中華書局，2007年，第735頁。

〔註2〕崔致遠撰、黨銀平校注：《桂苑筆耕集校注》序，第13頁。

〔註3〕金榮華：《崔致遠在唐事蹟考》，載《中韓交通史事論叢》，臺北：福記文化圖書公司，1985年（民七十四），第14～16頁。

〔註4〕奇大升：《高峯先生續集》卷二《天使許魏問目條對》，韓國文集叢刊本。

〔註5〕崔濬玉：《國譯孤雲先生文集》（下），（韓國）寶蓮閣，1982年，第293～294頁。

〔註6〕崔濬玉：《國譯孤雲先生文集》（下），第145頁。

〔註7〕崔致遠撰、黨銀平校注：《桂苑筆耕集校注》卷二，第55頁。

而高駢代崔致遠向唐僖宗請求送詔書和官職，這一點也頗值得可疑。首先，與崔致遠同歸的金仁圭、堂弟崔棲遠都是新羅派遣到淮南道的使者。崔致遠稱金仁圭爲「新羅國如淮南使、檢校倉部員外郎、守翰林郎、賜緋銀魚袋金仁圭」〔註8〕，又稱「某堂弟崔棲遠比將家信，迎接東歸，遂假新羅國入淮海使錄事職名，獲詣雄藩」〔註9〕。那麼，禮尚往來，高駢以崔致遠爲淮南道至新羅國的使者，就是順理成章了，完全無需請求朝廷的詔書。其次，崔致遠《桂苑筆耕集》收錄了其準備返國到山東候風期間所作的各種詩文，時間下限在中和五年春。這些詩文事無鉅細地記載了高駢允許歸國、賜予行裝衣物等各種事情。如果高駢確實爲崔致遠向唐僖宗請求了詔書和官職等，崔致遠《桂苑筆耕集》應該收錄有表達謝意的文狀。然而，實際上是沒有此類文字。而且，《祭巇山神文》中有「去歲初冬，及東牟東」之語，可知該文作於中和五年春。若中和五年正月崔致遠獲得了唐僖宗賜予的詔書和官職，何以文中仍自稱送國信等使、賜緋魚袋？

筆者以爲，崔致遠爲淮南道至新羅國的使者，乃是唐晚期淮南與新羅相互往來中的一環。據日僧圓仁《入唐求法巡禮行記》所載，浙東明州、揚子江口、楚州、海州、登州等五處有往新羅的海道。〔註10〕揚子江口與楚州均爲淮南道所轄，故淮南成爲新羅與唐朝廷往來的重要中間站。《舊唐書》卷二一一《東夷傳·新羅》載：元和「十一年（816）十一月，其入朝王子金士信等遇惡風，飄至楚州鹽城縣界，淮南節度使李墉以聞」。這還是新羅使者遭遇海風的特殊情況。隨著黃巢軍動盪中原、皇帝屢次逃出京師，相對安定的淮南在新羅與唐朝之間的重要性就愈加突出。唐僖宗避居四川後，據崔致遠《上太師侍中狀》載：「中和二年（882），入朝使金直諒爲叛臣作亂，道路不通，遂於楚州下岸，邐迤至揚州，得知聖駕幸蜀，高太尉差都頭張儉監押送至西川。」〔註11〕約在次年，新羅憲康王又派遣探候使朴仁範赴成都問安。從崔致遠《新羅探候使朴仁範員外》〔註12〕中可以看出，新羅王此次不但向僖宗

---

〔註 8〕崔致遠撰、黨銀平校注：《桂苑筆耕集校注》卷二〇，第 735 頁。

〔註 9〕崔致遠撰、黨銀平校注：《桂苑筆耕集校注》卷二〇，第 725 頁。《尚書·禹貢》：「淮海惟揚州」，故「新羅國入淮海使」指的是到揚州的使者。

〔註10〕韓國磐：《南北朝隋唐與百濟新羅的往來》，《歷史研究》1994 年第 2 期。

〔註11〕金富軾：《三國史記》卷四六，朝鮮京城：近澤書店，1941 年，第 465～466 頁。

〔註12〕崔致遠撰、黨銀平校注：《桂苑筆耕集校注》卷十，第 278 頁。

獻表忠誠，也與淮南通交：「況奉貴國大王，特致書信相問。」因為路途遙遠、盜賊橫行，朴仁範抵達揚州後，即欲折返新羅。高駢則認為：「倘員外止到淮壖，卻歸海徼，縱得上陳有理，其如外議難防，無念東還，決為西笑。聖主方深倚望，賢王佇荷寵榮，道路亦通，舟舡無壅，勿移素志，勉赴遠行。峽中寇戎或聚或散，此亦專令防援，秘應免致驚憂。且過鬱蒸，可謀征邁，館中有關，幸垂示之。」既勸其堅持完成使命，又表示願意提供各種援助。

揚州在中晚唐時期，地位愈為重要，取得了「揚一益二」「天下之盛揚為首」的地位，繁華為天下之最。而新羅使者屢次至揚州，並受到各種優待和幫助，對淮南道情況亦應頗為知曉。中和四年（884），新羅直接派使淮南，以崔致遠堂弟崔棲遠為「錄事」，應當也考慮到了崔致遠在高駢幕府任職這一情況。而隨著黃巢起義、高駢與朝廷關係惡化，淮南道實際已經脫離朝廷控制，成為事實上的割據藩鎮。在王朝末期，「人臣無境外之交」的春秋之義已經難以施行，故新羅與淮南直接往來亦屬自然。等到高駢失政，為部將所殺，淮南陷入混亂，這種人臣外交也就隨之終結了。

## 二、崔致遠佛教思想芻論

崔致遠在唐生活長達 16 年，深受三教融合思想的薰陶，歸國後積極傳播唐文化，對朝鮮半島的儒學、佛教、道教、風流道都產生了較大的影響。儒學方面，崔致遠自稱「儒門末學」，勤於儒道，對新羅儒學思想地位的形成做出了重要貢獻。高麗顯宗時被追諡為文昌侯，配享孔廟，後人甚至稱譽其為「東國儒宗」、「百世之師」，備受尊崇。道教方面，崔致遠在唐期間就與道士有所接觸，並為高駢寫了大量齋詞，歸國後又著有道教口訣，成為朝鮮半島內丹學的鼻祖。佛教方面，崔致遠為新羅王室、寺廟撰寫了大量願文、傳、贊、碑銘，與大德名僧也多有交往，「最後帶家隱加耶山海印寺，與母兄浮圖賢俊及定玄師結為道友，棲遲偃仰以終老焉」〔註13〕。如果要全面考察崔致遠的思想，三教融合無疑是最顯著的特徵。崔致遠的思想變化與其所處的環境和人生經歷有著極大的關係，不同時期對儒、釋、道三教思想也有不同的接受。作為中舉入仕的「尼父生徒」，崔致遠如何接受釋、道二教的思想並加以融會、實踐，這些思想又對其本人、又通過其對朝鮮半島文化產生了怎樣的影響，這都是值得深入探討的問題。以下僅就崔致遠佛教思想部分作一初步的討論。

〔註13〕金富軾：《三國史記》卷四六《崔致遠傳》，奎章閣本。

　　崔致遠的家世不詳，但據《大崇福寺碑》，其父崔肩逸曾爲人撰寫碑銘，可能是有一定佛學修養的儒學之士。〔註14〕崔致遠離家入唐時，崔肩逸誡之曰：「十年不第進士，則勿謂吾兒，吾亦不謂有兒往矣。勤哉，無墮乃力！」〔註15〕則崔致遠求學的目的十分明確，就是考中進士，入仕爲官。崔致遠並未辜負其父的期望，經過六年苦學，終於金榜題名。其後浪跡東都洛陽，筆作飯囊，寫有詩賦共一百餘首。調任溧水縣尉後，祿厚官閒，公私所作詩文等也頗多，後結集爲《中山覆簣集》五卷。遺憾的是這些作品現在幾乎都已散佚失傳，難以據之瞭解崔致遠早期宗教思想的面貌了。

### 表一　崔致遠與佛教有關的部分作品

| 序號 | 作 品 名 稱 | 寫 作 時 間 |
|---|---|---|
| 1 | 奏請僧弘鼎充管內僧正狀 | 中和（881～885）初 |
| 2 | 謝許弘鼎充僧正狀 | 中和（881～885）初 |
| 3 | 求化修大雲寺疏 | 中和（881～885）初 |
| 4 | 天王院齋詞 | 中和二年（882） |
| 5 | 新羅國初月山大崇福寺碑銘並序（大崇福寺碑） | 光啓二年（886） |
| 6 | 王妃金氏爲考繡釋迦如來像幡贊並序 | 光啓二年（886） |
| 7 | 上宰國戚大臣等奉爲憲康大王結華嚴經社願文 | 光啓二年（886） |
| 8 | 王妃金氏奉爲先考及亡兄追福施穀願文 | 光啓三年（887） |
| 9 | 有唐新羅國故康州智異山雙溪寺教諡眞鑒禪師大空塔碑銘並序（眞鑒禪師碑） | 光啓三年（887） |
| 10 | 大華嚴宗佛國寺毗盧遮那文殊普賢像贊並序 | 光啓三年（887） |
| 11 | 大華嚴宗佛國寺阿彌陀佛像贊並序 | 光啓三年（887） |
| 12 | 有唐新羅國兩朝國師教諡大朗慧和尚白月葆光之塔碑銘並序（朗慧和尚碑） | 大順元年（890） |
| 13 | 贈希朗和尚（六首） | 大順二年（891）至景福元年（892）前後 |
| 14 | 有唐新羅國故曦陽山鳳岩寺教諡智證大師寂照之塔碑銘並序（智證大師碑） | 景福二年（893） |

〔註14〕崔致遠著、李祐成校譯：《新羅四山碑銘》，首爾：亞細亞文化社，1995 年，第 114 頁。
〔註15〕崔致遠撰、黨銀平校注：《桂苑筆耕集校注》，北京：中華書局，2007 年，第 13 頁。

| 15 | 海印寺妙吉祥塔記 | 乾寧二年（895） |
|---|---|---|
| 16 | 新羅伽倻山海印寺結界場記 | 乾寧五年（898） |
| 17 | 海印寺善安住院壁記 | 光化三年（903） |
| 18 | 唐大薦福寺故寺主翻經大德法藏和尚傳（法藏和尚傳） | 天復四年（904） |
| 19 | 利貞和尚贊 | 天復四年（904） |

廣明元年（880）冬，崔致遠溧水縣尉任滿後進入高駢幕府，專掌筆硯，寫作了大量表狀公文，其中有數篇涉及僧正、佛寺等（表一），透露出崔致遠對佛教的最初認識。先看關於任命弘鼎為淮南道僧正的兩份狀文。《奏請僧弘鼎充管內僧正狀》云：

> 右件僧，跡洗四流，心拘八政，演法於有緣之眾，致功於無遮之言。伏自翠華遠省於風謠，丹詔屢徵於月捷。凶渠未滅，銳旅猶勤。弘鼎常令僧三十人晝夜轉念功德，張開覺道，教化闍城。所願早覆梟巢，便回鸞駕。雖不關於至理，實自發於精誠。〔註16〕

《謝許弘鼎充僧正狀》云：

> 右件僧，臣先具狀申奏，請充當道管內僧正，仍賜紫衣，伏奉敕旨依允者。伏以弘鼎久勤轉念，輒具薦論，能資十地之因，遽荷九天之寵。元戎獲請，喜三教之並行；法侶歡呼，驚一佛之或出。唯冀永持功德，上報慈悲。苟不能蕩火宅之餘災，則何以稱水田之華服。必可潛燃慧炬，助滅妖氛。〔註17〕

這是崔致遠代高駢寫給朝廷的兩篇狀文。文中記述在黃巢起義軍攻入長安後，弘鼎率領三十名僧人日夜轉念功德，教化百姓，並為唐僖宗祈願，希望早滅黃巢、鸞駕還京。在僖宗敕旨任弘鼎為僧正後，第二篇狀文再次表達「永持功德，上報慈悲」、「潛燃慧炬，助滅妖氛」的精誠之心。其中，首先值得注意的是「喜三教之並行」一句。唐代雖然推重儒學，但也大力扶持佛、道二教。而且，六朝以來融合三教的傾向到唐代已經逐漸成為社會思想的主流。所以雖然有韓愈等人排佛、反佛，但在當時的影響並不顯著，更多的士人則對佛、道採取包容、親近的態度。崔致遠深受時代風氣影響，也很早就形成了三教融合的思想。

---

〔註16〕崔致遠撰、黨銀平校注：《桂苑筆耕集校注》，第93頁。
〔註17〕崔致遠撰、黨銀平校注：《桂苑筆耕集校注》，第95頁。

其次，從狀文中可以看出，僧人固然要追尋「至理」，而對於皇帝的精誠亦十分重要。這種見解當然與兩篇狀文的性質和目的有關，但一定程度上反映了崔致遠的認識。同樣的看法也見於《天王院齋詞》：

> 唐中和二年太歲壬寅正月望日，具銜某敬請僧某乙設齋於法雲寺天王院，謹白言舍利佛、大慈大悲觀音菩薩：伏以欲界將傾，魔軍競起，九野塵昏於劫爐，四溟波蕩於狂飆。諸侯志慕於宋公，星無三徙；聖主德齊於漢帝，日未再中。不知天養鴟梟，地容螟蟊，力鬥之群凶得便，義徵之眾旅摧威。某也手握兵符，心抱將略，欲展焚枯之力，願成拯溺之功。是以景仰三歸，勤行十善，深憑護念，敢啓邀迎。宇內瘡痍，略假醫王之術；世間疲瘵，遍希慈父之恩。……伏願舍利佛、大慈大悲觀世音菩薩，教既東流，跡能西降，遠救閻浮之地，暫離兜率之天。問疾語言，不競維摩之說；稱名功德，可逃羅剎之災。唯願共汎慈航，齊揮智劍，寢驚濤於苦海，掃妖氣於昏衢。則乃慧燈照天帝之心，法鼓破波臣之膽。靜銷諸惡，暫開方便之門；廣庇眾生，無惜慈悲之室。〔註18〕

崔致遠代作的這篇齋詞，表達了幕主高駢希望拯救時局、掃除群凶的壯志，同時渴望舍利佛、觀世音菩薩普施「慈父之恩」，靜銷諸惡，廣庇眾生。佛教是出世的，為信眾廣施方便解脫法門，同時又與統治者有千絲萬縷的聯繫，體現出入世的一面。兩篇狀文中，崔致遠都以儒學為基本立場，特別強調了佛教在護持統治、教化眾生方面的積極作用。

在《求化修大雲寺疏》中，崔致遠把佛教的這種功用說得更為明確：

> 夫教列為三，佛居其一。其如妙旨則暗裨玄化，微言則廣諭凡流。開張勸善之門，解摘執迷之網。……所願廣運慈航，徐搥法鼓，深資功德，靜剗妖魔，百官榮從於鷺旌，萬乘遄歸於象闕。次願太尉廓清寰宇，高坐廟堂，演伽葉之真宗，龍堪比德，舉儒童之善教，麟不失時。克興上古之風，永致大同之化。〔註19〕

「教列為三，佛居其一」，仍是「三教之並行」的一以貫之。不過在崔致遠看來，三教並非完全同等。「其如妙旨則暗裨玄化，微言則廣諭凡流」一句

---

〔註18〕崔致遠撰、黨銀平校注：《桂苑筆耕集校注》，第518～519頁。
〔註19〕崔致遠撰、黨銀平校注：《桂苑筆耕集校注》，第561～562頁。「其如」，疑當作「真如」。「搥」，黨先生原作「槌」，誤。

中，「其如妙旨」、「微言」指關於佛教的種種理論，「玄化」即聖德教化。也就是說，佛教的精妙佛理暗合儒家思想，僧人運用這些妙旨可以助益於教化百姓。所要達到的目標，從近處講，是平定黃巢亂軍，僖宗及百官重回長安，太尉高駢建功立業；從遠處講，是「克興上古之風，永致大同之化」，即重興堯舜禹三代之風，達到儒家所謂理想的大同世界。

崔致遠在唐朝接受的思想中，本質的部分是儒學。他屢屢自稱「尼父生徒」、「儒門末學」，頗有積極用世之志。在高駢幕府期間，雖然寫有不少關於道教、佛教的齋詞，不過多是公務之作，其中體現出的三教並行而以儒學爲最終旨歸的趣向，仍然是十分明顯的。崔致遠的道教思想明顯受到高駢的影響。高駢既是崔致遠的上官，也是其思想、詩文方面的師友。在政治失意後，高駢開始不理軍政，專心神仙道教之事。在應天節、三元節等道教齋節時，崔致遠爲高駢撰寫了大量齋詞，也結交了不少道士。〔註 20〕通過這些活動，崔致遠不斷增進對道教的認知。與此相比，現在幾乎沒有關於崔致遠在揚州期間與僧人私相往來的記載。可以說，這一時期，崔致遠還是以儒學士人的視角來對待佛教和僧徒，強調的是佛教對社會的實際功用，其對佛教理論並無多少體悟。

中和四年（884），崔致遠離開揚州啓程歸國，次年返回新羅。歸國的原因是多方面的，其中最重要的是高駢的失意與部分同僚的排擠。然而，當崔致遠以「淮南入新羅兼送國信等使」的身份回到新羅之後，卻迎來了憲康王的重用，得到更大的施展抱負的機會。在憲康王、眞聖女王兩朝，崔致遠先後任侍讀兼翰林學士守兵部侍郎知瑞書監事、富城郡太守、泰山郡太守等職，除了代憲康王、眞聖女王撰寫給唐朝皇帝的上表等，還奉王命爲王室、佛寺、高僧大德撰寫了大量的願文、像贊、碑銘（表一）。

新羅與唐朝的情況有所不同。唐朝社會的主流雖然是儒、釋、道融合，但治國方面仍主要以儒學思想爲主。新羅則是儒、釋並重，初期的王室佛教十分發達，後期則盛行由入唐求法僧傳回的禪宗。崔致遠在這一時期，既爲王室撰寫願文、像贊，也爲禪宗高僧撰寫碑銘，佛學修養不斷精進。尤其是

---

〔註 20〕崔致遠《桂苑筆耕集》中收錄了不少道教齋詞，又有《留別女道士》詩。另外，中韓都有學者認爲崔致遠在唐期間曾入終南山修道，恐怕是過分的推測。相關觀點和介紹見高國藩：《論崔致遠的詩》，載韓國中國學會：《國際中國學研究》（創刊號），1998 年，第 60 頁。

在「四山碑銘」中，崔致遠與這些高僧同聲相應、同氣相求，通過彰顯禪宗高僧在安邦濟民方面發揮的巨大作用，大力宣揚儒、釋同歸的思想。〔註 21〕《大崇福寺碑》開篇即云：

> 臣聞，王者之基祖德而峻孫謀也，政以仁爲體，禮以孝爲先。仁以推濟眾之誠，孝以舉尊親之典。莫不體無偏於夏範，遵不匱於周詩。聿修芟秕稗之譏，克祀潔蘋蘩之薦。俾惠渥均霑於庶匯，德馨高達於穹旻。然勞心而扇暍泣辜，豈若拯群品於大迷之域；竭力而配天饗帝，豈若奉尊靈於常樂之鄉。是知敦睦九親，實在紹隆三寶。矧乃玉毫光所燭照，金口偈所流傳。靡私於西土生靈，爰及於東方世界。則我太平勝地也，性茲柔順，氣合發生。山林多靜默之徒，以仁會友；江海協朝宗之勢，從善如流。〔註22〕

崔致遠首先就指出，王者爲政治民，在於「政以仁爲體，禮以孝爲先」，如此才能濟眾尊親。不過，像武王那樣爲暍人扇熱解暑（扇暍），像大禹那樣憐恤罪人（泣辜），在百姓陷入危困之後再施以仁德，不如先把百姓從「大迷之域」中解救出來。從這一點來講，「紹隆三寶」，光大佛教，正可以達到儒家所追求的「敦睦九親」、和諧百姓的境界。

而且，僧侶既精於佛教至理，也秉承「仁」、「善」。《朗慧和尚碑》云：

> （憲康王）因垂益國之問，大師引出何尚之獻替宋文帝心聲爲對。太傅王覽謂介弟南宮相曰：「三畏比三歸，五常均五戒，能踐王道，是符佛心。大師之言至矣哉！吾與汝宜惓惓。」〔註23〕

朗慧和尚曾入唐求法，返回新羅後創立聖住山禪門，但也「少讀儒家書」〔註24〕，所以在憲康王（太傅王）下令垂問時，朗慧和尚以何尚之應對宋文帝的話作答。據梁《高僧傳》所載：宋文帝時，蕭摩之上啓請製起寺及鑄佛像，文帝對啓文不滿意，命何尚之加以增損。何尚之引慧遠「釋氏之化，無所不可。適道固自教源，濟俗亦爲要務」之言，並曰：「夫禮隱逸則戰士怠，貴仁德則兵氣衰。若以孫吳爲志，苟在吞噬，亦無取堯舜之道，豈唯釋教而

〔註21〕關於崔致遠「四山碑銘」的思想，可參看拜根興、李豔濤：《崔致遠「四山塔碑銘」撰寫旨趣論》，載杜文玉主編：《唐史論叢》（第15輯），西安：陝西師範大學出版社，2012年，第265～277頁。

〔註22〕崔致遠著、李祐成校譯：《新羅四山碑銘》，第256～258頁。

〔註23〕崔致遠著、李祐成校譯：《新羅四山碑銘》，第182～184頁。

〔註24〕崔致遠著、李祐成校譯：《新羅四山碑銘》，第194頁。

已耶」。文帝悅，曰：「釋門有卿，亦猶孔氏之有季路。」〔註25〕何尚之的看法是適道與濟俗並重，既採取儒家之道，也採取佛家之教。朗慧以同樣的話作答，憲康王也大為認可。「三畏比三歸，五常均五戒，能踐王道，是符佛心」，就是把儒家和佛教同等看待，符合佛心的同時也實踐了王道。崔致遠為朗慧和尚撰寫碑銘，其中種種行跡當然源自和尚弟子所提供的材料，而拈出朗慧的回答與憲康王的回應一事，大概是因為這一問答深契己心吧。而且通過一定的主張影響帝王的治國理念，這也是崔致遠等士人一貫的追求。

在《真鑒禪師碑》和《智證大師碑》中，崔致遠更明確地地闡述了自己對儒、釋關係的看法。《真鑒禪師碑》開宗明義地說：

> 夫道不遠人，人無異國。是以東人之子，為釋為儒，必也西浮大洋，重譯從學，命寄刳木，心懸寶洲，虛往實歸，先難後獲。亦猶採玉者不憚崑丘之峻，探珠者不辭驪壑之深。遂得慧炬則光融五乘，嘉肴則味饜六藉。競使千門入善，能令一國興仁。而學者或謂身毒與闕里之設教也，分流異體，圓鑿方枘，互相矛楯，守滯一隅。嘗試論之。說詩者，不以文害辭，不以辭害志，《禮》所謂「言豈一端而已，夫各有所當」。故廬峰慧遠著論，謂如來之與周孔，發致雖殊，所歸一揆，體極不兼應者，物不能兼受故也。沈約有云：「孔發其端，釋窮其致。」真可謂識其大者，始可與言至道矣。〔註26〕

「道不遠人，人無異國」是崔致遠的不朽名句，從中可以感覺到，崔致遠是站在超越教派和國家的「至道」的角度來看待儒學和佛教的。從獲取儒學或佛理的方式而言，新羅留學生和留學僧都要「西浮大洋，重譯從學，命寄刳木，心懸寶洲，虛往實歸，先難後獲」；從目的和功用而言，佛教是「競使千門入善」，儒學是「能令一國興仁」。所以當有人認為儒學和佛教分流異體、互相矛盾時，崔致遠引了六朝時期佛教的代表人物慧遠和士大夫的代表人物沈約的話來批駁。慧遠在士大夫中影響甚大，其所著之論即《沙門不敬王者論》，「凡有五篇：……四曰體極不兼應：謂如來之與周孔，發致雖殊，潛相影響；出處咸異，終期必同。故雖曰道殊，所歸一也。不兼應者，物不能兼受也。」〔註27〕儒學、佛教雖然形式（發致、出處）不同，但終極目標

---

〔註25〕釋慧皎撰、湯用彤校注：《高僧傳》，北京：中華書局，1992年，第261～262頁。

〔註26〕崔致遠著、李祐成校譯：《新羅四山碑銘》，第125～129頁。

〔註27〕釋慧皎撰、湯用彤校注：《高僧傳》，第220～221頁。

（所歸）卻是一致的。沈約受齊竟陵王、梁武帝等影響，也精於佛理，其語出自《內典序》：「雖篆籀異文，胡華舛則，至於協暢心靈，抑揚訓義，固亦內外同規，人神一揆。墳典丘索，域中之史策，本起下生，方外之紀傳，統而為言，未始或異也。……且中外群聖，咸載訓典，雖教有殊門，而理無異趣。故真俗兩書，遞相扶獎，孔發其端，釋窮其致。」〔註28〕表達了與慧遠一樣的看法。崔致遠在繼承這些思想的基礎上，再次確認了儒學和佛教都是「至道」的一部分，可以等量齊觀。《智證大師碑》亦云：

　　　　五常分位，配動方者曰仁心；三教立名，顯淨城者曰佛。仁心
　　即佛，佛目能仁。〔註29〕

　　「仁心即佛，佛目能仁」，如果將這種看法稍作展開，可以說，在崔致遠看來，儒、釋、道就是即儒即釋即道的關係，三者都合於「至道」。

　　崔致遠將儒、釋、道三者同樣看待，既是受三教並行思想的影響，也是對新羅社會現實的迎合，更是自身佛教思想自然發展的結果。在為王室撰寫的願文中，主要頌揚佛教的無邊法力和慈悲恩惠，而在為禪門高僧撰寫的碑銘中，在表彰高僧不畏艱難求取無上心法、濟世救俗普渡眾生的行跡之外，則更鮮明地闡發自己的思想見解和政治主張，並希望通過這些影響上至新羅王、下至百姓的整個新羅社會。禪門高僧在上輔君王、下安百姓方面起到的巨大作用，正給崔致遠以某種希望。在末世，只要能踐王道、救百姓，無論是新羅固有的風流道等傳統文化，還是由唐朝傳入的儒、釋、道，都應該充分倡導和利用。崔致遠就是在這樣的情勢下，懷著經世致用之心，深入瞭解了以禪門高僧為代表的佛教，深化了自己的佛學思想。

　　崔致遠晚年政治失意，時事沉淪，無以挽救，最終退出仕途。從這一時期的作品中也可以看出其思想的變化。在返回新羅的最初十年，崔致遠在各類作品中反覆強調儒、釋、道三者在治國和教化方面的共通作用，倡導新羅傳統文化和儒、釋、道的融會。而在失意隱退以後，則主要是談論佛理，抒發自己的種種宗教體驗。

　　海印寺是崔致遠晚年歸隱之地，現在能確定寫作年代的最後幾篇作品（表一）都與海印寺有關。海印寺由順應、利貞兩位大師所創建（802），是新羅

---

〔註28〕沈約著、陳慶元校箋：《沈約集校箋》，杭州：浙江古籍出版社，1995年，第177頁。
〔註29〕崔致遠著、李祐成校譯：《新羅四山碑銘》，第205頁。

華嚴宗的重要道場之一。崔致遠任防虜大監天嶺太守時曾作有《贈希朗和尚》詩六首，這是希朗和尚在海印寺講《華嚴經》，崔致遠未能前去聽講而作的寄贈之作。〔註 30〕在詩中，崔致遠一面盛讚希朗和尚講經之功德，一面也分享了自己對佛理的感悟。其第六首曰：

> 三三廣會數堪疑，十十圓宗義不虧。
>
> 若說流通推現驗，經來未盡語偏奇。〔註31〕

「三三」者，即三世之說。過去、現在、未來三世各有三世，合爲九世。「十十」者，即十玄之說。十玄門同一緣起，無礙圓融，隨有一門，即具一切。〔註32〕崔致遠在此既推重《華嚴經》的妙義和奇語，但又有所持疑。

數年後，已經歸隱的崔致遠似乎對「十十圓宗義」有了更深的領悟。在爲華嚴宗實際開創者法藏和尚撰寫的傳文中，他仿法藏和尚《華嚴三昧觀》中「十心」的體例，將其身世行跡分爲族姓、遊學、削染、講演、傳譯、著述、修身、濟俗、垂訓、示滅十科。其案語云：

> 愚也雖慚郢唱，試效越顰，仰彼圓宗，列其盈數，仍就藏所著《華嚴三昧觀》直心中十義而配譬焉：一族姓廣大心，二遊學甚深心，三削染方便心，四講演堅固心，五傳譯無間心，六著述折伏心，七修身善巧心，八濟俗不二心，九垂訓無礙心，十示滅圓明心。深悲兩心，互準可見。〔註33〕

不按時間、事蹟先後次序，而把傳主的生平與其佛學理論聯繫起來列爲十科，這在佛教傳記作品中大概僅此一見。崔致遠之所以如此創新，源於其對華嚴宗和法藏和尚佛理的深刻理解和共鳴。在該傳的跋文中，崔致遠又特意記述了撰寫傳文時的種種「顯應」，並辨析夢覺與佛教的關係：

> 及修斯傳，自責增懷，傷手足虔，含毫不快。欻聞香氣，郁烈有餘，斷續再三，尋無來所。誰料贏君歸載，變成荀令坐筵。時有客僧持盈，亦言異香撲鼻，春寒剔嚏，因爾豁然。僕既勇於操觚，

〔註30〕《贈希朗和尚》的撰寫時間，可參看金程宇：《讀崔致遠佚詩箚記》，《古籍研究》2005 年卷下，第 33 頁。

〔註31〕崔濬玉：《國譯孤雲先生文集》（下），首爾：寶蓮閣，1982 年，第 54 頁。

〔註32〕法藏：《華嚴經探玄記》卷一，《大正新修大藏經》第三十五卷《經疏部三》，第 123 頁。

〔註33〕崔致遠：《唐大薦福寺故寺主翻經大德法藏和尚傳》，《大正新修大藏經》第五十卷《史傳部二》，第 280～281 頁。

僧亦忻於闡鼃。斯豈掇古人芳跡，播開士德馨之顯應乎？傳草既成，又獲思夢，睹一緇叟執一卷書而曉愚曰：「永徽，是永粲元年也。」劃爾形開。試自解曰：「此或謂所撰錄，永振徽音，長明事蹟，始於今日，故舉元年者耶？」然而深恐諛聞，莫排疑網。適得藏大德遺像供養，因削二短簡，書「是非」二字為籤，擲影前。取裁再三，「是」字獨見。心香所感，口訣如聞。古德既陰許非非，今愚乃陽增病病，不為無益，聊以自寬。或人不止囅然，且攎胡曰：「子所標證，説春夢可乎哉？」愚徐應曰：「是身非夢歟？」曰：「是。」「然則在夢而欲黜夢，其猶踐雪求無跡，入水願不濡者焉？書不云乎，有大夢，然後有大覺，如睡夢覺，故名佛也。抑且王者以乾坤謫見，每慎方來；庶人以晝夜魂交，能防未兆。譬形端影直，豈心正夢邪？人或不恒，巫醫拱手。苟冥應悉為虛妄，念大亦涉徒勞耶？聞昔尼父見周公，高示得傳説。信相金鼓，普眼山神，皆託靈遊，能融妙理。故兩朝僧史，亦一分夢書。」〔註34〕

撰寫傳文時有異香傳來，香氣甚至有醫治春寒劇嚏的奇效。傳文完成後，又有老僧入夢來糾正錯謬。尤其是在猶疑不定的情況下書「是非」二字為籤，擲於法藏和尚遺像前，「是」字獨見。似乎冥冥中真有天意。當有人懷疑此夢時，崔致遠又特別說明人生正如一場大夢，只有夢醒覺悟才能成佛；佛教傳揚妙理，也常常借助於「靈遊」。花費如此多的筆墨，將自己的行為、受到的「現驗」與佛教如此緊密地聯繫在一起，這在崔致遠以往的作品中是絕對沒有的，從中透露出的是其對佛教深切的認同和體悟。

站在佛教的立場來理解佛教、體悟佛理，在各方面都自覺地向其比附和歸依，這表明崔致遠在經過數十年的認識、實踐之後，其佛教思想已經成熟，而與浮圖賢俊、定玄結為道友，棲遲偃仰以終老，也就是順理成章的事了。

概而言之，崔致遠生長在新羅和唐朝的晚期，縱觀其一生，每次轉機之後，不久就又陷入窮途。正如金富軾所言：「致遠自西事大唐，東歸故國，皆遭亂世，屯邅蹇連，動輒得咎」〔註35〕，最後只能無復仕進，歸隱山林。這是崔致遠個人的不幸，也是時代的不幸。不過，人生的不幸也是另一種財富。崔致遠飽歷世俗風雨，收穫的是在思想上的圓融成熟。在揚州期間，崔致遠

〔註34〕崔致遠：《唐大薦福寺故寺主翻經大德法藏和尚傳》，第286頁。
〔註35〕金富軾：《三國史記》卷四六《崔致遠傳》。

主要是從公務的角度接觸佛教，所以對佛教的理解並不深入。返回新羅後，與華嚴宗和禪宗各派都多有交往，從高僧的事蹟中，崔致遠獲得了共鳴，認識到佛教在治理國家和教化百姓方面所具有的重要作用。他在《鸞郎碑序》中說：「國有玄妙之道曰風流，設教之源，詳備仙史。實乃包含三教，接化群生」〔註36〕，已經清楚地闡明了自己的思想和政治主張。對其而言，儒、釋、道、風流道等，既是宗教哲學，更是治世理念。通過全面的融攝總合，崔致遠成爲新羅晚期思想文化的集大成者。然而，國運時事並非個人之力所能扭轉，思想理念亦並非總能拯救現實，崔致遠最後無奈隱退，由用世轉爲出世。從廣闊的歷史文化視野來看，歷仕兩國數朝，出入於儒、釋、道和新羅傳統文化之間，有融會，有實踐，崔致遠的這一人生軌跡與思想脈動，很好地描繪了一幅中古士人的文化面相。

---

〔註36〕金富軾：《三國史記》卷四《新羅本紀》。

# 關於崔致遠的奉使入唐問題

## 一、崔致遠奉使入唐的相關記載

　　崔致遠奉使入唐一事，見於《三國史記》卷四十六本傳。作為討論的起點，茲不憚煩冗，轉引如下：

> 唐昭宗景福二年，納旌節使、兵部侍郎金處誨沒於海，即差槥城郡太守金峻為告奏使。時致遠為富城郡太守，祗召為賀正使。以比歲饑荒，因之盜賊交午，道梗不果行。其後致遠亦嘗奉使如唐，但不知其歲月耳。故其文集有《上太師侍中狀》，云：「……今某儒門末學，海外凡材，謬奉表章，來朝樂土，凡有誠懇，禮合披陳。伏見元和十二年，本國王子金張廉風飄至明州下岸，浙東某官發送入京。中和二年，入朝使金直諒為叛臣作亂，道路不通，遂於楚州下岸，邐迤至揚州，得知聖駕幸蜀，高太尉差都頭張儉監押送至西川。已前事例分明。伏乞太師侍中俯降臺恩，特賜水陸券牒，令所在供給舟船熟食及長行驢馬草料，並差軍將監送至駕前。」此所謂太師侍中，姓名亦不可知也。〔註1〕

　　傳文中明確記載了崔致遠歸國後曾有兩次奉使入唐之事，第一次作為賀正使準備入唐，因為盜賊阻路而未能成行。第二次出使時遇到特殊情況，寫有《上太師侍中狀》，請求「太師侍中」給予幫助，不過出使的具體時間和該太師侍中究竟是誰，這兩點都不清楚。

---

〔註 1〕〔高麗〕金富軾《三國史記》卷四六，朝鮮京城：近澤書店，1941 年，第 465～466 頁。

可以為此輔證的是崔致遠的「桂苑行人」、「桑丘使者」之號。《大華嚴宗佛國寺毗盧庶那文殊普賢像贊並序》云：「於是求虎頭妙手，寫螺髻睟容。⋯⋯有來為桂苑行人、去作桑丘使者致遠，承命揚言而贊之」，文末署名「桂苑行人崔致遠」。〔註2〕又，《上宰國戚大臣等奉為憲康大王結華嚴經社願文》署名「桂苑行人崔致遠」，《有唐新羅國兩朝國師教諡大朗慧和尚白月葆光之塔碑銘並序》（《白月葆光塔碑》）云：「桂苑行人、侍御史崔致遠」，《王妃金氏為考繡釋迦如來像幡贊並序》署名「桑丘使者崔致遠」〔註3〕。「桂苑」代指揚州，「行人」即使者，「桑丘」代指新羅。〔註4〕從「來為桂苑行人、去作桑丘使者」的記載看，崔致遠以淮南入新羅使者的身份回國後，又曾作為新羅使者出使唐朝。

此外，崔致遠所作《有唐新羅國故鳳岩寺教諡智證大師寂照之塔碑銘並序》（《智證大師碑》）署名為「入朝賀正兼延奉皇花等使、朝請大夫、前守兵部侍郎、充瑞書院學士、賜紫金魚袋臣崔致遠」。很多研究者認為「入朝賀正兼延奉皇花等使」的結銜與崔致遠「不知其歲月」的奉使入唐一事有關。

## 二、以往的研究成果及其再檢討

研究者對崔致遠第一次未能成行的奉使之事沒有疑義。有爭議的是其後「不知其歲月」的第二次奉使入唐。梁太濟、方曉偉、張日圭等中韓學者都對這一次出使進行過考證。

梁太濟的觀點，要點有二。第一，崔致遠《智證大師碑》結銜為「入朝賀正兼延奉皇花等使、朝請大夫、前守兵部侍郎、充瑞書院學士、賜紫金魚袋臣崔致遠」。碑文中提到唐朝對新羅景文王、憲康王的太師、太傅贈官，冊贈一事發生於唐乾寧四年（897），因此碑文的開始撰寫不可能早於 897年。由碑文中「將諧汗漫之遊」和「影伴八多」推知碑文最後定稿不會早於

---

〔註2〕 崔濬玉編《國譯孤雲先生文集》（下），首爾：寶蓮閣，1982 年，第 293～294頁。

〔註3〕 崔濬玉編《國譯孤雲先生文集》（下），第 312、145、302 頁。

〔註4〕「桂苑」和「行人」在古代文獻中都有多重含義，本文選擇「揚州」和「使者」的理解。「桂苑」指揚州，可由《桂苑筆耕集》中「揚都粵壤，桂苑名區」之句證實。「行人」作使者解，先秦以來史籍中屢見，也正與「桑丘使者」同義相對。「桑丘」代指新羅，如《東文選》卷一一二《祖師禮懺兼發願文》：「洎九峰列派於桑丘，抑五葉連芳於松嶠」。桑丘也是中國戰國時代的地名，不過崔致遠「桑丘使者」顯然與之無關。

906 年。崔致遠所撰《唐大薦福寺故寺主翻經大德法藏和尚傳》(《法藏和尚傳》) 的結銜中有「朝請大夫」之職，該傳寫成於唐天福四年 (904)，而《智證大師碑》的結銜中亦有「朝請大夫」，由此推知崔致遠奉使入唐在 904 年至唐朝滅亡的 907 年之間。第二，《三國史記》錄有《上太師侍中狀》，通過對 904 年至 907 年間唐朝平盧、淮南、浙東三地形勢和人事的綜合考察，符合太師侍中身份的只有浙東錢鏐，所以崔致遠應該是由浙東登岸入唐。〔註5〕

我認為梁太濟對《智證大師碑》的理解有值得商榷之處。碑文中稱「贈太師景文大王」、「贈太傅獻康大王」，據崔致遠代孝恭王所作《謝恩表》，新羅得知唐追贈景文王太師和憲康王 (金晸) 太傅之事在唐乾寧四年 (897) 七月後〔註6〕。梁太濟據此認為崔致遠作《智證大師碑》的時間不可能早於 897 年。關於這一點，崔致遠《大華嚴宗佛國寺毗盧庶那文殊普賢像贊並序》云：「畫像者，贈太傅獻康大王」，此贊文末尾有明確寫作日期「光啓丁未正月八日」〔註7〕，光啓丁未年即 887 年。而崔致遠代眞聖女王所作《謝賜詔書兩函表》亦云：「臣亡兄贈太傅臣晸，生知老教，雅善秦言」〔註8〕，此表的撰寫在眞聖女王禪位 (乾寧四年六月) 前。由此可以推而言之，根據《智證大師碑》中「贈太師景文大王」、「贈太傅獻康大王」而認為碑文寫作時間不早於 897 年，有失妥當。

梁太濟認為「太師侍中」為錢鏐。然而，據《資治通鑑》卷二六〇：乾寧二年 (895)，「加鎮海節度使錢鏐兼侍中」，《新五代史》卷六七：光化元年 (898)，「移鎮海軍於杭州，加鏐檢校太師」，可知錢鏐任檢校太師兼侍中是在 898 年。此年正月，崔致遠作《新羅伽倻山海印寺結界場記》，夏天有贈希朗和尚詩，十一月因罪免官，不久歸隱〔註9〕，似乎不曾入唐。

方曉偉也對這一問題進行了考證，認為崔致遠於唐景福二年 (893) 底至乾寧元年 (894) 初奉使入唐。所據除了《智證大師碑》外，還有高麗李仁老《破閑集》收錄的顧雲 (？～894) 贈別詩《孤雲篇》和崔致遠《旅次唐城，

---

〔註5〕梁太濟《崔致遠及其筆下的唐和新羅關係》，見《中國江南社會與中韓文化交流》，杭州：杭州出版社，1997 年，第 99～100 頁。樊文禮、梁太濟《崔致遠再次踏上唐土的時間和地點》同持此論，所論更詳，見金健人主編《韓國研究》(第四輯)，北京：學苑出版社，2000 年，第 96～109 頁。

〔註6〕崔濬玉編《國譯孤雲先生文集》(下)，第 95～96 頁。

〔註7〕崔濬玉編《國譯孤雲先生文集》(下)，第 293～294 頁。

〔註8〕崔濬玉編《國譯孤雲先生文集》(下)，第 105 頁。

〔註9〕參見方曉偉《崔致遠思想和作品研究》，第 280～281 頁。

有先王樂官將西歸，夜吹數曲，戀恩悲泣，以詩贈之》、《泛海》兩詩。方氏根據《智證大師碑》中「影伴八冬」之語認爲此碑作於 893 年，此時崔致遠爲「入朝賀正兼延奉皇花等使」；而顧雲 894 年卒於長安虞部員外郎任上，既然有贈崔致遠的送別詩，則崔致遠奉使入唐只能在 893 年至 894 年間。又認爲淄青平盧節度使兼押新羅渤海兩蕃使，崔致遠作爲新羅使者，登岸後應該至青州申領過所，由此推斷太師侍中爲淄青平盧節度使崔安潛。〔註 10〕

　　首先看方曉偉補充舉證的三首詩。顧雲贈別詩一條，《破閑集》云：

　　　　文昌公崔致遠，字孤雲，以賓貢入中朝擢第，遊高駢幕府。時天下雲擾，簡檄皆出其手。及還鄉，同年顧雲賦《孤雲篇》以送之，云：「因風離海上，伴月到人間。徘徊不可住，漠漠又東還。」公亦自敍云：「巫峽重峰之歲，絲入中華；銀河列宿之年，錦還故國。」〔註 11〕

　　從文意看，這首詩是崔致遠從揚州返回新羅時顧雲所贈，雖然有「又東還」三字，但意謂來而又去，非指再次。崔致遠自敍之語中，巫峽重峰之歲即十二歲，銀河列宿之年即二十八歲，正與崔致遠十二歲入唐求學、二十八歲從揚州回到新羅的經歷吻合。所以這首詩不能作爲崔致遠歸國後再次入唐的證據。而且更重要的是，這首詩實際上與顧雲、崔致遠都無關。《文苑英華》卷一五六收有于武陵《孤雲》詩：

　　　　南北各萬里，有雲心更閑。

　　　　因風離海上，伴月到人間。

　　　　洛浦少高樹，長安無舊山。

　　　　徘徊不可駐，漠漠又東還。〔註 12〕

　　此詩也見於《王荊公唐百家詩選》、《全唐詩話》、《全唐詩》等書，文字或有小異，而作者均爲于武陵；不見於《貴池先哲遺書·顧雲詩》。〔註 13〕據《唐才子傳》，于武陵「大中時嘗舉進士」，故知其爲唐宣宗（847～860）

〔註 10〕方曉偉《崔致遠思想和作品研究》，揚州：廣陵書社，2007 年，第 43～47、275～277 頁。

〔註 11〕〔高麗〕李仁老《破閑集》卷中，見蔡鎭楚編《域外詩話珍本叢書》（第八冊），北京：北京圖書館出版社，2006 年，第 30～31 頁。

〔註 12〕〔宋〕李昉等編《文苑英華》卷一五六，北京：中華書局，1966 年，第 736 頁。

〔註 13〕陳尚君《全唐詩續拾》卷三四補輯有顧雲詩二首，一爲《三國史記》卷四六所載《送崔致遠西遊將還》，一爲《破閑集》所載《孤雲篇》，並疑兩詩爲同一首詩之斷片。《孤雲》詩之補輯及所疑均不確。

時人〔註14〕，略早於崔致遠。又從《孤雲》詩意來看，確實是詠雲之作。《破閑集》附會爲顧雲贈別詩，乃是因爲詩題「孤雲」與崔致遠所號恰巧相同。〔註15〕爲了與顧雲、崔致遠送別之事相契合，《破閑集》刪去了于武陵詩的首聯和頸聯。然而若加辨析，仍有不協之處。「因風離海上，伴月到人間」，「徘徊不可住」，指浮雲則可以，指崔致遠渡海入唐則並不妥帖；從唐朝與新羅的關係而言，也不會以「人間」指代大唐，以「海上」指代新羅。〔註16〕

崔致遠的兩首詩，《旅次唐城，有先王樂官將西歸，夜吹數曲，戀恩悲泣，以詩贈之》云：

> 人事盛還衰，浮生實可悲。
> 誰知天上曲，來向海邊吹。
> 水殿看花處，風欄對月時。
> 攀髯今已矣，與爾雙淚垂。

這是崔致遠在新羅「唐城」遇到先王樂官的贈詩，並沒有提及與奉使入唐有關的內容。《泛海》云：

> 掛席浮滄海，長風萬里通。
> 乘槎思漢使，採藥憶秦童。
> 日月無何外，乾坤太極中。
> 蓬萊看咫尺，吾且訪仙翁。

---

〔註14〕關於于武陵的詳細考證，可以參見傅璇琮主編《唐才子傳校箋》（第三冊）「于武陵」條（梁超然撰寫），中華書局，1990年，第424～428頁；《唐才子傳校箋》（第五冊補正）「于武陵」條（陳尚君撰寫），北京：中華書局，1995年，第412～414頁。

〔註15〕將提及「孤雲」的詩附會爲和崔致遠有關，還有一例，見於高麗李奎報《白雲小說》：「崔致遠孤雲有破天荒之大功，故東方學者皆以爲宗。其所著《琵琶行》一首載於《唐音遺響》，而錄以爲無名氏，後之疑信未定。或以『洞庭月落孤雲歸』之句證爲致遠之作，然亦未可以此爲斷。」《琵琶行》詩亦見於《全唐詩》卷七八五，題爲《琵琶》，作者無名氏。全詩極力鋪陳琵琶的感染力，以「滿坐紅妝盡淚垂，望鄉之客不勝悲。曲終調絕忽飛去，洞庭月落孤雲歸」作結，顯然「孤雲」與崔致遠毫無關係。後之「或以『洞庭月落孤雲歸』之句證爲致遠之作」者，即穿鑿附會也。

〔註16〕韓國學者李黃振也認爲《孤雲篇》乃是子虛烏有的僞作，因此不能以《孤雲篇》作爲考證崔致遠再入唐的線索或根據，也不能用以考究崔致遠的生平。見李黃振：《顧雲贈崔致遠的詩〈孤雲篇〉眞僞考辨——兼談中韓研究史中關於〈孤雲篇〉和崔致遠再入唐時間的論及》（韓國首爾大學《人文論叢》第65輯，2011年）。

據《三國史記》崔致遠本傳記載：

> 致遠自西事大唐，東歸故國，皆遭亂世，屯遭蹇連，動輒得咎，
> 自傷不偶，無復仕進意，逍遙自放。山林之下，江海之濱，營臺榭，
> 植松竹，枕藉書史，嘯詠風月。〔註17〕

依《泛海》「蓬萊看咫尺，吾且訪仙翁」詩意，更可能是這一時期逍遙自放於江海之濱的作品。無論如何，不能看出這兩首詩與崔致遠奉使入唐有關。

方曉偉又考證了太師侍中其人，認爲是崔安潛。然而，崔安潛被唐昭宗任命爲平盧節度使之事，據《新唐書》卷一一四載：（龍紀元年，889）「青州王敬武卒，詔拜（崔安潛）平盧節度使，檢校太師兼侍中。會敬武子師範專地，不得入而還。」《資治通鑑》卷二五八所記更詳：「（龍紀元年）冬十月，平盧節度使王敬武薨。子師範，年十六，軍中推爲留後，棣州刺史張蟾不從。詔以太子少師崔安潛兼侍中，充平盧節度使。蟾迎安潛至州，與之共討師範」，大順二年（891）二月，「師範慰諭士卒，厚賞重誓，自將以攻棣州，執張蟾，斬之。崔安潛逃歸京師」。崔安潛以太師侍中身份爲平盧節度使，事在889～891年間，且因王師範拒納而未入青州。這與方氏所考崔致遠奉使入唐在893年至894年間相互矛盾。

韓國學者張日圭認爲《上太師侍中狀》與李克用有關。乾寧二年（895）8月，河東節度使、檢校太傅、同平章事李克用守太師兼中書令，充邠寧四面諸軍行營都統。邠州和寧州在唐都城長安之北，張氏認爲崔致遠奉使應經過李克用治下區域。又由於897年6月崔致遠代真聖女王撰有《讓位表》，所以奉使入唐只能在895年8月至897年6月間，《上太師侍中狀》也作於此時。〔註18〕

李克用確實有太師侍中之銜，然其主要統治區域爲河東，並非進入兩京的必經之道。乾寧二年（895）五月，李茂貞等率軍入長安，唐昭宗倉皇逃出，李克用遂以討伐李茂貞之名大舉南下，八月底護送昭宗回到長安，旋即出討邠寧王行瑜，攻破邠州後返回河東。崔致遠若於此時出使，似不會繞過已回到長安的唐昭宗而向在邠寧作戰的李克用求助。另外，據《資治通鑑》卷二五七載，光啓三年（887）六月，「罕之據河陽，全義據東都，共求援於河東。李克用以其將安金俊爲澤州刺史，將騎助之，表罕之爲河陽節度使，全義爲

---

〔註17〕〔高麗〕金富軾《三國史記》卷四六，第466頁。
〔註18〕張日圭《崔致遠的社會思想研究》，首爾：新書苑，2008年，第427～432頁。

河南尹。」此時李克用對東都洛陽也應有一定影響力。不過次年（888）張全義即投向朱溫，繼續爲河南尹，保有洛陽約二十年。由此無法窺知崔致遠奉使途中會與李克用有所交往。

## 三、崔致遠奉使入唐之事的蠡測

以往的考證雖然都存在問題，但卻留下了很多啓示。尤其是張日圭氏，將視野從沿海地區擴大到崔致遠奉使可能途經的內陸地區，可謂慧眼獨具。在此基礎上，我想提出自己的看法。

首先，《智證大師碑》中的結銜「入朝賀正兼延奉皇花等使」與崔致遠第二次奉使入唐無關。《智證大師碑》敘述碑文的寫作緣起和過程，云：

> 賜謚智證禪師，塔號寂照，仍許勒石，俾錄狀聞。……至乙巳歲，有國民媒儒道，嫁帝鄉，而名掛輪中，職攀柱下者，曰崔致遠，捧漢後龍緘，齎淮王鵠幣，雖慚鳳舉，頗類鶴歸。上命陪臣清信者陶竹陽授門人狀，賜手教曰：「縷褐東師，始悲西化。繡衣西使，深喜東還。不朽之爲，有緣處至。無怯外孫之作，將酬大士之慈。」臣也雖東箭非材，而南冠多幸。方思運斧，遽值號弓。……每憂傷手，莫悟伸拳。……影伴八冬，言資三復。〔註19〕

乙巳歲即中和五年（885），此年崔致遠由唐朝返回新羅，受憲康王之命撰寫智證大師碑碑文，次年正準備開始寫作時憲康王去世（遽值號弓），又由於碑文寫作難度很大，所以崔致遠經過八年時間反覆修改，才在893年底最終完成。而《三國史記》本傳明確記載893年崔致遠被召爲入唐賀正使，雖然未能成行，不過崔致遠已經任賀正使等官職，所以在《智證大師碑》中以「入朝賀正兼延奉皇花等使」爲結銜，於情理可通。這一結銜反映的是此年未能成行的賀正之事，與此後「不知其歲月」的第二次奉使之事沒有關係。

其次，《上太師侍中狀》云：「今某儒門末學，海外凡材，謬奉表章，來朝樂土，凡有誠懇，禮合披陳。」基本可以排除該狀文是崔致遠代他人所作的可能性。如果確實如《三國史記》本傳所載，除了893年未能成行的一次賀正外，崔致遠還曾出使唐朝，而且到達唐朝後寫作了《上太師侍中狀》，那麼此次出使必須符合如下的三個條件：出使唐朝往返需要頗長時間，崔致遠

---

〔註19〕〔新羅〕崔致遠著、李祐成校譯《新羅四山碑銘》，首爾：亞細亞文化社，1995年，第89～92頁。

應有數月乃至數年時間不在新羅國內〔註 20〕；抵達唐朝某地區，其長官任太師侍中，這個地區既可能是登陸的平盧、淮南、浙東等沿海區域，也可能是登陸後「至駕前」所要途經的某地區；此次出使遇到特殊情況，需要上書太師侍中，請求按照以往特殊的舊例監送至駕前。以此標準翻檢史籍，發現較可能的情況是，崔致遠於乾寧三年（896）至四年（897）間出使唐朝，太師侍中爲朱溫。

根據相關史料，可以推知崔致遠回到新羅後的大致行跡。中和五年（885）起任侍讀兼翰林學士等職，至光啓三年（887）年出爲富城郡太守，十一月撰《王妃金氏爲先考及亡兄追福施穀願文》，大順元年（890）爲泰山郡太守，撰《白月葆光塔碑》。這數年間，崔致遠在地方郡守任上，且與《三國史記》所記奉使之事在景福二年（893）以後這一點不符。乾寧二年（895）七月撰《海印寺妙吉祥塔記》，四年（897）六月代眞聖女王撰《讓位表》，其間一年有餘，行跡不詳，乾寧五年（898）年正月撰《新羅伽倻山海印寺結界場記》，夏天贈希朗和尚詩，十一月被免職，不久吟風嘯月，歸隱終老。〔註 21〕從時間上看，乾寧二年七月至四年六月間有出使的可能。

又，關於朱溫，《舊唐書》卷十九載：中和三年（883）五月，「以檢校尙書右僕射、華州刺史、潼關防禦等使朱溫檢校司空，兼汴州刺史、御史大夫，充宣武節度觀察等使」。《舊五代史》卷一載：文德元年（888），「昭宗制以帝檢校侍中，增食邑三千戶」，大順元年（890）六月，「命帝爲宣義軍節度使，充河東東面行營招討使」，乾寧三年（896），「遣使就加帝檢校太師，守中書令」。至此時，朱溫有檢校太師、侍中之銜，而其轄下的宣武、宣義軍分別治

---

〔註20〕根據韓國學者權悳永《古代韓中外交史——遣唐使研究》，新羅使者從慶州至長安，經北路登州道，往返需要六個月；經南道水路，往返需五至六個月。（轉引自拜根興《〈古代韓中外交史——遣唐使研究〉評介》，載《唐朝與新羅關係史論》，第 297 頁。）當然，這是非常順利的情況。如崔致遠從揚州返回新羅，中和四年（884）秋出發，中和五年春三月抵達，單程即長達半年。另外，如果遇到戰亂等情況，耗時則更長。崔致遠《桂苑筆耕集》卷二《請巡幸江淮表》曰：「今則諸道發表章則半載始回，微貢獻則經年未達。」因爲兵亂，唐僖宗逃亡四川，唐朝國內諸道與朝廷的聯繫變得如此艱難。可以設想，若是類似情況下的國外使節，其奉使之途必然更加複雜困難。

〔註21〕崔致遠歸國以後的情況，可以參見方曉偉《崔致遠思想和作品研究》，第 269～284 頁。其中，崔致遠代新羅王撰《起居表》，時間爲 897 年或 898 年正月，方氏因無法詳細考證，姑且繫於 897 年。不過無論是哪一年，都不影響本文之討論。

於汴州、滑州，爲運河和黃河的重要樞紐。新羅使者無論從山東或江南登陸，必經過其中一處入朝。

又，據《資治通鑑》卷二六〇記載：乾寧三年（896）七月，因爲李茂貞再次作亂，唐昭宗「至華州，以府署爲行宮；……茂貞遂入長安」，光化元年（898）八月，「車駕發華州，壬戌，至於長安」。其間兩年多的時間，昭宗以華州爲行在，政局十分混亂。此時情形與崔致遠《上太師侍中狀》中所提及的「中和二年，入朝使金直諒爲叛臣作亂，道路不通，遂於楚州下岸，邐迤至揚州，得知聖駕幸蜀」頗爲相似，當時是高駢「差都頭張儉監押（入朝使金直諒）送至西川」。

綜合以上三方面情況，可以作一推測：崔致遠奉使抵達唐土以後，經由太師侍中朱溫治下的汴州或滑州入朝。因爲李茂貞作亂，昭宗暫居華州，事態非常，所以崔致遠上書朱溫，請求按照以往特殊情況下的舊例處理，「特賜水陸券牒，令所在供給舟船熟食及長行驢馬草料，並差軍將監送至駕前」。這種推測，與《三國史記》等記載以及唐末的政治形勢皆能吻合。

## 四、小　結

如果筆者的上述推測能夠成立，那麼無疑將使崔致遠回國後的行跡更加清晰，其在唐與新羅兩國交往史上的重要地位也將愈加突出。而且，當我們把視野擴大到整個中古時期東亞各國間的互動交流，崔致遠的經歷和思想所具有的代表性和國際性也就更顯獨特。

崔致遠生於新羅，入唐求學，中賓貢進士後在唐入仕。回到新羅後，積極傳播唐文化，對朝鮮半島的儒學、佛教、道教、風流道都產生了較大的影響，可謂新羅晚期思想文化的集大成者。而他先是作爲淮南入新羅的使者——「桂苑行人」，後又兩次作爲新羅入唐的使者——「桑丘使者」，在唐與新羅兩國間扮演了穿針引線的角色。這種在政治、文化兩方面都成爲交流使者，並在兩國都留下重要影響的特例，唯有孤雲崔致遠。作爲中古時代東亞的「國際人」，崔致遠的價值正在於此。

# 中編（考古編）

# 儀徵團山、廟山漢墓墓主人身份蠡測

## 一、廟山漢墓概況

　　1990 年 5 月，儀徵張集茶場的磚瓦廠在團山取土時，陸續發現 4 座西漢墓。南京博物院和儀徵博物館籌備辦公室隨即對其進行了搶救性發掘，其成果即發表於《考古學報》1992 年第 4 期的《儀徵張集團山西漢墓》。根據該報告：這 4 座墓從團山近頂部由北向南排成一行，皆爲豎穴土坑木槨墓，墓坑內填夯實的五花土，槨的頂處和四周填青膏泥。隨葬器物有釉陶器、灰陶器、漆器、銅器、玉器、料器等，其中，漆耳杯上刻有「王」、「中廚」、「二」、「三」等文字，1 號墓出土的銅印上陰刻篆書「郘晏」印文（圖一）。這 4 座墓大小有序，排列成行，間距相同或相近，墓葬形制相似，墓向基本一致，墓主皆爲女性，隨葬器物也大多相同，應該是同一時期經過統一規劃的，墓主身份應基本相同。從墓葬大小、隨葬器物多寡優劣及墓葬地勢高下等來看，墓主間又有一定的等級差別。

圖一　「郘晏」印

在團山東南有廟山，頂部有一個人工堆積的覆斗形封土堆。廟山東南有舟山，團山和舟山比較對稱地分佈在廟山兩側。爲了進一步瞭解廟山和團山的墓葬情況，1990 年 7 月，發掘單位約請江蘇省地震局分析中心利用地球磁場精密測量（GPM）技術進行了勘探，發現廟山封土堆下有一長方形土坑，南北長約 32、東西寬約 18、深約 11 米，其下部有一木質材料結構的墓葬，木質材料結構之間有一條明顯的分界線，分爲 18×18 米和 14×18 米兩部分，可能爲正藏和外藏。團山 4 座墓的東西兩側，還各有一行墓葬，行距幾乎相同，墓與墓的間距也幾乎相等。舟山上也發現過一座漢墓，從隨葬的釉陶鼎、大罐來看，器形風格與團山 1 號墓同類器相同。

綜合以上信息，發掘者推定廟山大墓應是西漢諸侯王陵墓，團山和舟山的墓葬是其妻妾或僚屬的陪葬墓。對於廟山漢墓墓主人的身份，原發掘報告梳理了西漢時期先後以廣陵（揚州）爲都的荊王（劉賈）、吳王（劉濞）、江都王（劉非、劉建）、廣陵王（劉胥）的相關資料。劉賈，高祖六年（前 201）封爲荊王，十一年（前 196）爲英布所殺；其墓相傳在鎮江市鼓樓崗。劉濞，高祖十二年（前 195）封爲吳王，景帝前元三年（前 154）叛亂，兵敗後渡江至丹徒，被殺；據記載，其墓在鎮江丹徒縣練壁，唐代時已坍入江中。劉建，武帝元朔二年（前 127）嗣位爲江都王，元狩二年（前 121）反，自殺，國除；劉建爲王僅數年，修建大型陵墓的可能性不大。劉胥，元狩六年（前 117）封爲廣陵王，宣帝五鳳四年（前 54）自殺；其墓在高郵天山。排除以上諸王後，推測廟山漢墓可能爲江都王劉非的陵墓。這一看法頗有道理。但是，2009～2011 年間，南京博物院與盱眙縣文廣新局對盱眙大雲山漢墓區進行了搶救性發掘，結果表明大雲山才是西漢江都王陵園所在，其中 M1 墓主人爲江都王劉非。〔註 1〕這一結論否定了原發掘報告對廟山漢墓墓主人身份的推測。

近年來，揚州與儀徵又發掘了一些西漢高等級墓葬，部分資料已經發表，爲我們重新探討廟山漢墓墓主人身份提供了新的線索。

## 二、團山漢墓的墓主人身份

先看團山漢墓墓主人的身份。發掘者推測爲西漢諸侯王的妻妾。有研究者提出不同觀點，根據 1 號墓出土的銅印認爲墓主人是掌管江都王宮廷宴筵

---

〔註 1〕南京博物院、盱眙縣文廣新局：《江蘇盱眙縣大雲山漢墓》，《考古》2012 年第 7 期。

的女官，1 號墓中出土的漆耳杯上刻有「王」、「中廚」、「外廚」，可做旁證。〔註2〕這一觀點十分新穎，但對印文和墓主人身份的認識還有值得商榷之處。

原發掘報告將團山 1 號墓出土的這枚銅印印文釋讀爲「邰晏」。羅福頤《漢印文字徵》收錄有十枚含有「邰」字的漢印，《漢印文字徵補遺》補錄一枚，字形皆是左舍右邑，與團山 1 號墓銅印相同。〔註3〕但是引用者常將「邰」徑直改爲「舒」，〔註 4〕「邰」，《說文解字》：「地名。從邑，舍聲」。段玉裁注：「《玉篇》引《春秋》：『徐人取邰』，杜預云：『今廬江舒縣』。按，僖三年三《經》皆作『舒』，未審希馮何據。」〔註5〕《廣潛研堂說文答問疏證》「邰鄝即楚人滅舒蓼之舒蓼」條：「《玉篇》引僖三季『徐人取邰』，今《傳》作『舒』，希馮當有所本。蓼，《穀梁》作『鄝』，是邰、鄝皆正字也」。〔註6〕春秋時，在江淮間活動著一批偃姓小國，總稱群舒，後被楚國所滅。1983 年在江蘇丹徒北山頂春秋墓中出土的編鍾上有「舍王」銘文，有學者釋「舍」爲「邰」（舒）。〔註 7〕出土的徐國青銅器銘文中有「余太子」等，「余」是「徐」的本名，早期尚不加「邑」旁。〔註8〕參考這一點，那麼釋「舍」爲「邰」（舒）是比較可信的。漢代印文中屢見「邰」字，可能源於春秋時江淮間群舒的國名或地名。《漢印文字徵》收有一枚「邰始昌」印，又有「王邰」、「王邰君印」、「李邰君印」、「李邰私印」、「義邰」等印，與團山 1 號墓銅印結合起來考慮，「邰」可能爲姓，或者爲名。

「晏」，《說文解字》：「天清也。從日，安聲」。段玉裁注：「晏之言安也。古晏安通用。」〔註9〕《漢印文字徵》收錄有「袁晏」、「劉晏」、「北宮晏印」、

---

〔註 2〕顧筼：《揚州出土的「妾莫書」與「舒宴」印小議——兼論西漢時期的女官制度》，《東南文化》2007 年第 5 期。

〔註 3〕a·羅福頤：《漢印文字徵》卷六，北京：文物出版社，1978 年。
　　　b·羅福頤：《漢印文字徵補遺》卷六，北京：文物出版社，1982 年。

〔註 4〕a·邵磊：《西漢私印斷代探述》，《南方文物》2001 年第 3 期。
　　　b·劉超：《漢代女性印章初探》，《徐州工程學院學報》（社會科學版），2009 年第 6 期。

〔註 5〕〔漢〕許慎撰、〔清〕段玉裁注：《說文解字注》，上海：上海古籍出版社，1981 年，第 300 頁。引文中「希馮」即《玉篇》的撰者顧野王。

〔註 6〕〔清〕承培元：《廣潛研堂說文答問疏證》卷三，光緒《廣雅叢書》本。

〔註 7〕學界對「舍」字的釋讀有不同看法，有研究者認爲應釋爲「徐」。參見劉興《丹徒北山頂舒器辨疑》對周曉陸、張敏、曹錦炎等人相關觀點的梳理，《東南文化》1993 年第 4 期。

〔註 8〕董楚平：《吳越徐舒金文集釋》，杭州：浙江古籍出版社，1992 年，250～251 頁。

〔註 9〕〔漢〕許慎撰、〔清〕段玉裁注：《說文解字注》，上海：上海古籍出版社，1981

「苴晏私印」等，「晏」字皆作人名。〔註10〕將團山1號墓銅印第二字釋爲「宴」，並進而認爲與宮廷宴筵有關，顯然有誤。「晏」、「宴」二字相差甚大，不該誤釋。

而且，漢代女性用印有一定的制度，從已知的二十餘枚漢代女性印章來看，印文可大致分爲三類：第一類，皇后夫人等名號＋（「之」）＋「璽」／「印」。有「皇后之璽」〔註11〕、「朔寧王太后璽」〔註12〕、「右夫人璽」、「左夫人印」、「泰夫人印」、「部夫人印」〔註13〕等。第二類，「妾」＋名＋（「印」）。考古出土的有「妾辛追」〔註14〕、「妾嬽」〔註15〕、「妾媛」〔註16〕、「妾莫書」〔註17〕、「妾婷」〔註18〕、「妾勝適印」〔註19〕等，傳世的有「妾徵」、「妾剽」、「妾未治」、「妾因諸」、「妾曹」、「妾徽」、「妾繻」等〔註20〕。其中，「妾嬽」與「曹嬽」、「妾媛」與「傅媛」、「妾婷」與「劉婷」同出，據此推測，「妾」字表示女性身份，印文中人名不含姓氏，應爲墓主人之名。第三類，姓＋（「氏」）＋名。有「竇綰」、「竇君須」〔註21〕、「趙藍」、「曹嬽」、「傅媛」、「劉婷」、「凌氏惠平」〔註22〕、「淳于嬰兒」、「郜晏」等。這一類的印，除了有些與第二類印同出外，「竇綰」、「竇君須」爲出土於滿城2號漢墓的雙面銅印的印文，「妾勝適印」、「淳于嬰兒」爲出土於盱眙大雲山12號漢墓的雙面銅印的印文，「趙藍」與「右夫人璽」同出於廣州南越王墓東側室，出

年，第304頁。

〔註10〕 羅福頤：《漢印文字徵》卷七。

〔註11〕 秦波：《西漢皇后玉璽和甘露二年銅方爐的發現》，《文物》1973年第5期。

〔註12〕 西南博物院等：《陝西陽平關修築寶成鐵路中發現的「朔寧王太后」金印》，《文物參考資料》1955年第3期（文物工作報導之一）。

〔註13〕 廣州市文物管理委員會、中國社會科學院考古研究所、廣東省博物館：《西漢南越王墓》，北京：文物出版社，1991年，第222、249頁。

〔註14〕 湖南省博物館、中國社會科學院考古研究所：《長沙馬王堆一號漢墓》，北京：文物出版社，1973年，第129頁。

〔註15〕 長沙市文化局文物組：《長沙咸家湖西漢曹嬽墓》，《文物》1979年第3期。

〔註16〕 濟南市考古研究所：《濟南市臘山漢墓發掘簡報》，《考古》2004年第8期。

〔註17〕 揚州市博物館：《揚州西漢「妾莫書」木槨墓》，《文物》1980年第12期。

〔註18〕 徐州博物館：《徐州韓山西漢墓》，《文物》1997年第2期。

〔註19〕 李則斌、陳剛：《江蘇大雲山江都王陵10號墓墓主人初步研究》，《東南文化》2013年第1期。

〔註20〕 劉超：《漢代女性印章初探》，《徐州工程學院學報》（社會科學版），2009年第6期。

〔註21〕 中國社會科學院考古研究所、河北省文物管理處：《滿城漢墓發掘報告》（上），北京：文物出版社，1980年，第274頁。

〔註22〕 連雲港市博物館：《江蘇連雲港海州西漢墓發掘簡報》，《文物》2012年第3期。

土「凌氏惠平」的連雲港海州區雙龍漢墓三號棺中同出一具女屍。由此可知，這一類的印都是墓主人的私印。團山 1 號墓出土的銅印即屬於此類。

現在所知的漢代女性印章中，還沒有發現涉及女官的印文。團山 1 號墓出土的耳杯上刻有「王」、「中廚」、「外廚」等，表明墓主人與諸侯王有著某種聯繫，卻不能證明是掌管江都王宮廷宴筵的女官。而且，刻有「中廚」、「外廚」的耳杯在團山 2 號墓、3 號墓中也有出土，大小、形制等均與 1 號墓出土的相同。4 號墓出土的耳杯胎已朽，不知原來有無刻文。如果依據刻文認為 1 號墓墓主人是掌管江都王宮廷宴筵的女官，那麼 2 號墓、3 號墓等墓主人身份應該與之相同，這顯然不合情理。之所以有這樣的誤解，應與把印文第二字釋讀為「宴」的先入之見有關。

通過對印文的重讀，可以認為原報告的釋讀無誤。「郚晏」應該是墓主人的姓名，而非女官名。我們仍認為團山 1～4 號墓墓主人為諸侯王妻妾。

## 三、廟山漢墓墓主人身份蠡測

團山 1～4 號漢墓沒有出土明確紀年的文物。原發掘報告根據墓葬結構、陶禮器組合、銅印、泥半兩錢等，推測墓葬時代不晚於漢武帝元狩五年（前 118）。2004 年，在揚州楊廟鎮清理一座西漢墓，墓主人為劉毋智。墓中出土的漆耳杯底部烙戳「郚陽侯家」、刻畫「吳家」銘文，根據銘文和「劉毋智」印推測，墓主人可能是吳王劉濞的家人或本家親族，墓葬時代在公元前 195 年至前 154 年之間。〔註 23〕劉毋智墓的發現，對我們瞭解西漢吳國高等級墓葬有重要作用。對比劉毋智墓和團山漢墓的隨葬品可以發現：劉毋智墓Ⅰ式鼎與團山 4 號墓鼎、劉毋智墓Ⅰ式盒與團山 2 號墓盒、劉毋智墓薰爐與團山 1 號墓薰爐相同，劉毋智墓Ⅰ式勺、Ⅱ式勺分別與團山 1 號、2 號、4 號墓勺相似。〔註 24〕也就是說，團山 1～4 號墓的時代可以更明確為西漢吳國時期（前 195～前 154）前後。

團山 1～4 號墓共出土有 20 件耳杯，其中 14 件杯底皆烙印「東陽」二字。據史書記載，自劉賈荊國至劉非江都國，皆領有東陽郡。《漢書·高帝紀》：高祖六年（前 201），以故東陽郡、鄣郡、吳郡五十三縣，立劉賈為荊王。《史記·荊燕世家》：高祖十二年（前 195），立劉濞為吳王，王荊國故地。

---

〔註 23〕 揚州市文物考古研究所：《江蘇揚州西漢劉毋智墓發掘簡報》，《文物》2010 年第 3 期。

〔註 24〕 揚州市文物考古研究所：《江蘇揚州西漢劉毋智墓發掘簡報》。

《漢書・景十三王傳》：景帝前元二年（前 155）立劉非爲汝南王。吳、楚反時，非上書自請擊吳。吳已破，徙王江都，治故吳國。子劉建自殺後，國除，地入於漢，爲廣陵郡。原發掘報告認爲「東陽」銘文字體呈早期漢印文字風格。再結合團山漢墓隨葬品反映出的戰國晚期和西漢早期的某些特徵，筆者認爲應該可以確定墓葬的時代爲西漢早期，應不會晚至武帝時期。

高郵天山劉胥墓的木構建築爲東西 14.28、南北 16.65 米，而據勘查的廟山漢墓墓坑達到東西 18、南北 32 米。如果勘查不誤，那麼廟山漢墓的規模要遠大於劉胥墓。劉胥爲王 64 年，又處於武帝盛世和宣帝中興之時，故能修建大型陵墓。劉賈、劉建等在位時間皆爲數年，又是被殺或國除，似乎沒有這種可能。與之相比，劉濞在位 42 年，吳國境內有銅山，招天下亡命者鑄錢，東煮海水爲鹽，因此百姓無賦，國用饒足，完全有可能修建比劉胥墓更大的陵墓。

種種因素都指向廟山漢墓墓主人可能爲吳王劉濞。但是，一則劉濞死於江南，史籍記載其墓在鎮江丹徒，二則劉濞叛亂失敗後吳國國除，三則漢朝廷允許劉濞歸葬的可能性很小〔註25〕，所以，墓主人又似乎不可能爲劉濞。

根據上述對廟山、團山漢墓的分析，結合揚州地區西漢高等級墓葬的發掘和研究成果，筆者推測廟山漢墓爲吳王劉濞王后之墓。理由有如下幾點：

第一，劉毋智墓是揚州地區發現的重要的西漢吳國墓葬，距離廟山漢墓僅約 4.5 公里。而且劉毋智墓與團山漢墓隨葬的同類器物多有相同或相似的，兩者應有一定關係。劉集聯營位於廟山西北約 1 公里，亦發現相當數量的土坑豎穴木槨墓，根據墓葬形制和隨葬品推測，其時代爲西漢早期。綜合這些來看，廟山及附近一帶可能是吳國王陵區。

第二，根據團山漢墓隨葬品，可以確定墓葬時代爲西漢吳國時期，廟山漢墓爲其主墓，時代應大致相同。從廟山漢墓形制、規格、隨葬品看，應是諸侯王一級的大墓。劉濞爲文帝時的宗室老人，受賜几杖，不朝，是諸侯王中最爲國力雄厚而又跋扈者。其王后完全可能修建廟山漢墓規格的陵墓。

第三，從團山 1～4 號墓墓主人的年齡來看，1 號墓爲成年女性，2～4 號墓爲青年女性。據此推斷，廟山漢墓的墓主人應是成年或老年。劉濞 21 歲封王，63 歲身死國滅，其王后的年齡是比較符合的。

〔註25〕參見《史記・楚元王世家》：「漢已平吳楚，孝景帝欲以德侯子續吳，以元王子禮續楚。竇太后曰：『吳王，老人也，宜爲宗室順善。今乃首率七國，紛亂天下，奈何續其後！』不許吳，許立楚後。」

　　第四，大雲山江都王陵墓區 M1（劉非墓）和 M2（劉非王后墓）封土的整體解剖表明，M2 的封土疊壓在整體封土之下，且封土面積小於兩墓共有的封土範圍。從層位關係看，修築 M1 和 M2 的整體封土時，先行完成 M2 的小封土，而後在 M1 墓主人下葬後，對包括 M2 封土在內的整個山頂進行大規模的封土堆築活動，最終形成整個封土。〔註 26〕也就是說，劉非王后死後，修築了 M2，堆築了較小的封土。劉非死後，葬於其西南側 M1，並修築了覆蓋 M1、M2 兩墓的巨大封土堆。如果劉濞王后先死，應該營造墓葬，堆築封土。只是劉濞最後死於江南，未能在其王后墓附近修建陵墓，所以也就沒有最終形成類似於江都王劉非及其王后的陵墓布局和封土形式。這是有可能的。

　　團山 1～4 號墓南北向等距離有序排列，這與大雲山江都王陵區內陪葬的 M3～M6、M11～M14 的布局十分相似。後者的詳細資料尚未正式公佈，但據已刊布的《大雲山江都王陵平面圖》〔註 27〕：M3～M6 中，M3 規模最大，M4、M5 次之，M6 再次之；M11～M14 中，M11、M12 規模最大，M13 次之，M14 再次之。這與團山 1～4 號墓所體現出來的等級差別也十分相似。這些情況表明團山漢墓應該是以廟山漢墓為中心的諸侯王陵園的一部分，這一陵園是經過一定的整體規劃的。如果廟山漢墓為劉濞王后陵墓，那麼團山、舟山都處於陵區之內，團山 1～4 號墓墓主人就是劉濞的後宮妃嬪。劉濞為王時間甚長，對陵園有所設計，先於劉濞去世的王后葬於陵園中心區的廟山，後宮和僚屬葬於團山、舟山等附近區域。由於叛亂失敗，劉濞自己最終未能葬於這一陵園內。

　　以上僅是一種推測。由於史籍中未見到關於劉濞王后的記載，廟山漢墓亦未發掘，所以廟山、團山漢墓的墓主人究竟是誰還不得而知，有待於以後的考古工作來解答。

---

〔註 26〕南京博物院、盱眙縣文廣新局：《江蘇盱眙縣大雲山漢墓》。
〔註 27〕南京博物院、盱眙縣文廣新局：《江蘇盱眙縣大雲山漢墓》，圖一。

# 江蘇揚州雙山漢墓墓主身份探討

　　江蘇揚州市西北甘泉山一帶，分佈著大量兩漢時期的墓葬。其中，甘泉山之北不足一公里處，有東西相鄰的土山，當地人稱雙山，實際是兩座漢墓的封土堆。1975 年和 1980 年，南京博物院先後發掘清理了西邊和東邊的墓葬，編號爲甘泉一號墓、二號墓。〔註 1〕（圖一）一號墓被盜嚴重，出土了銅雁足燈等少量遺物，二號墓亦被盜，出土了虎紐瑪瑙印、錯銀銅牛燈、鎏金博山爐、金勝、漆九子奩、銅雁足燈、玉翁仲等，後又在堆放二號墓盜洞填土的土堆裏發現了著名的「廣陵王璽」金印。

　　作爲揚州地區的高等級東漢墓，雙山漢墓的墓主身份一直受到關注，相關探討也有一些。甘泉一號墓墓主，發掘簡報中推測與東漢第一代廣陵王劉荊有一定關係，應是劉荊家族中的某個成員。有學者進一步認爲，一號墓是劉荊王后之墓，但未加以論證。〔註2〕二號墓墓主，發掘者根據銅燈銘文、金印等推定是廣陵王劉荊。後有學者根據墓葬形制和隨葬品特徵，推測是東漢晚期的某一代廣陵王，「廣陵王璽」金印爲東漢晚期或使用至東漢晚期的可能性都存在。〔註3〕

　　筆者認爲，對雙山漢墓墓主的探討，其實並不僅僅是單個墓葬的問題，更牽涉到對揚州地區其他東漢墓的時代以及「廣陵王璽」等重要文物內涵的認識。所以不揣淺陋，將自己關於這一問題的拙見陳述如下，未敢自是，敬祈教正。

〔註 1〕　a.南京博物院：《江蘇邗江甘泉東漢墓清理簡報》，《文物資料叢刊》4，北京：
　　　　　　文物出版社，1981 年。
　　　　　b.南京博物院：《江蘇邗江甘泉二號漢墓》，《文物》1981 年第 11 期。
〔註 2〕　李健廣：《江蘇邗江甘泉順利東漢墓清理簡報》，《東南文化》2009 年第 4 期。
〔註 3〕　汪俊明：《揚州甘泉山二號墓年代獻疑》，《東南文化》2012 年第 2 期。

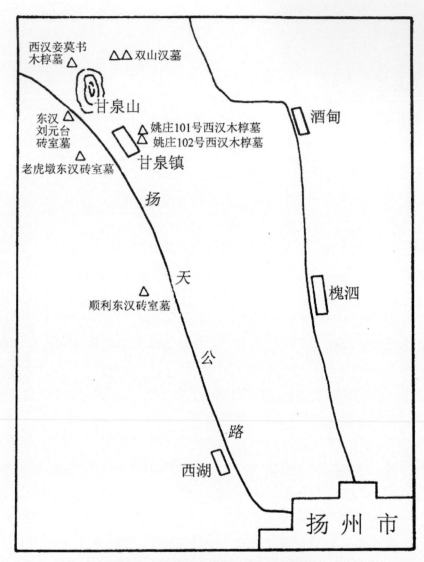

圖一　雙山漢墓位置示意圖

## 一、雙山漢墓是兩代廣陵王侯之墓

　　根據發掘簡報可知，甘泉一號墓、二號墓形制極爲相似：兩墓均爲磚室墓，由甬道、墓室、棺室組成；墓室平面爲長方形；券頂爲重券，由前、中、後三個券頂構成，前、後券頂爲南北向，中券爲東西向。

　　兩墓雖然被盜嚴重，出土遺物不多，但殘存器物所體現的器類仍大體相同，都有銅雁足燈、陶豬圈、陶屋、鎏金銅泡、銅合頁等物，銅器多鎏金。同類器物形制也較爲類似，如陶盆，均爲大口，口沿平折，淺腹，平底。尤

其是兩件銅雁足燈，更是驚人地相似：燈盞爲圓環形淺槽，燈架爲一雁足，下以圓盤作燈託，盤口沿分別鑄有篆書銘文「山陽邸銅雁足短鐙建武廿八年造比廿」、「山陽邸銅雁足長鐙建武廿八年造比十二」（圖二），顯然是同一批次的特製產品。

1　　　　　　　　　　　　2

### 圖二　銅雁足燈銘文

（1.甘泉一號墓出土　2.甘泉二號墓出土）

兩墓規模也相近，一號墓甬道長 2.5、寬 2.5、高 4.24 米，墓室長 13.1、寬 7.8～8.2 米，二號墓甬道長 2.6、寬 2、高 3.4 米，墓室長 9.6、寬 8.8 米。揚州地區發現的東漢大型磚室墓不多，甘泉山附近老虎墩東漢墓墓室前寬後窄，通長 14.04 米，最寬處 8.65 米，實際面積小於雙山漢墓，該墓據推測是東漢中期的某一代廣陵侯或者重臣之墓。〔註 4〕由此可知，雙山漢墓墓主是廣

〔註 4〕揚州博物館：《江蘇邗江縣甘泉老虎墩漢墓》，《文物》1991 年第 10 期。

陵王侯的可能性很大。

再考慮到雙山漢墓相距不遠，均位於甘泉山之北，東西相對，又出土有「廣陵王璽」金印等器物，我們完全可以確定這兩座墓的時代十分相近，應是廣陵王侯之墓。

東漢時期的諸侯王、王后的合葬形式，既受到帝陵的影響，也融入了各地的喪葬傳統，大致有三種情況：第一種，同穴合葬，其中有的同穴同室，有的則同穴異室，棺室之間有間隔；第二種，同墳異穴合葬，兩墓位於同一封土下；第三種，異墳異穴合葬，各有獨立的墳冢。〔註5〕甘泉一號墓為單人葬，人骨架已朽，可見一些朽骨痕跡。二號墓有兩個棺室，西側棺室發現少許頭骨和肢骨的殘片，應該是夫妻合葬墓。如果一號墓為廣陵王后墓，二號墓為廣陵王墓，則二號墓中另一棺室的存在就難以解釋了。而且，嚴格來說，一號墓墓室相較於二號墓要略大，王后墓大於廣陵王墓的可能性是很小的。所以，唯一合理的解釋是，甘泉二號墓是某代廣陵王侯夫妻的同穴異室合葬墓，一號墓則是另一代廣陵王侯之墓。

## 二、雙山漢墓的具體時代

甘泉二號墓出土了「廣陵王璽」金印，是確認墓主身份的關鍵遺物。據史籍所載，東漢一代封廣陵王者，唯有劉荊：「荊，上母弟也，性急刻，喜文法。初封山陽王。世祖崩，荊與東海王彊書，勸彊起兵，彊恐懼，封上其書。天子秘其事，徙荊為廣陵王。」〔註6〕至廣陵以後，劉荊仍祝詛天子，永平十年（67年），「廣陵王荊有罪，自殺，國除。」〔註7〕四年後，永平十四年（71年），明帝「封荊子元壽為廣陵侯，服王璽綬，食荊故國六縣；又封元壽弟三人為鄉侯。……元壽卒，子商嗣。商卒，子條嗣，傳國於後。」〔註8〕劉元壽只是廣陵侯卻能「服王璽綬」，主要是因為劉荊為明帝的同母胞弟，雖然有罪自殺，明帝卻十分憐惜其子。《東觀漢記》記載：永平「十五

〔註5〕劉尊志：《漢代諸侯王墓研究》，北京：社會科學文獻出版社，2012年，第360～361頁。

〔註6〕（東晉）袁宏撰、張烈點校：《後漢紀》卷一〇《孝明皇帝紀下》，北京：中華書局，2017年，第184頁。

〔註7〕（宋）范曄撰、（唐）李賢等注：《後漢書》卷二《顯宗孝明帝紀》，北京：中華書局，1965年，第113頁。

〔註8〕（宋）范曄撰、（唐）李賢等注：《後漢書》卷四二《光武十王列傳》，第1448～1449頁。

年二月，東巡狩。……三月……幸東平王宮。上憐廣陵侯兄弟，賜以服御之物，又以皇子輿馬，悉賦予之。」〔註9〕這是明帝對劉元壽兄弟的特殊恩遇，故而史書中特別載明其事。當然，這種特殊情況絕不是皇帝對待廣陵侯的常制，兩漢時身為侯而服王璽綬的，僅有廣陵侯劉元壽一例。按照漢代制度，明帝和劉元壽去世以後，這種恩遇自然也就不復存在。

又據《後漢書・馬援傳》記載：「棱字伯威，援之族孫也。……章和元年，遷廣陵太守」〔註10〕，即章帝章和元年（87 年）時，廣陵侯國已經廢除，此後也沒有復置之事。自永平十四年劉元壽封為廣陵侯，至章和元年馬棱為廣陵太守，前後不過十餘年，而劉元壽、劉商、劉條前後三代繼嗣，並傳國於後，似乎有不合理處。一種可能是，自廣陵侯劉元壽後，劉商、劉條等均為列侯，已不得再「臣吏民」。也就是說，東漢一代能「服王璽綬」、使用「廣陵王璽」金印的只有廣陵王劉荊和廣陵侯劉元壽，並不存在「廣陵王璽」金印一直延續使用到東漢晚期的可能。

雙山漢墓的墓葬形制和隨葬品特徵也印證了這一點。先看墓葬形制。揚州地區西漢和新莽時期流行木槨墓，至東漢時期為磚室墓所取代。東漢早期的磚室墓多為單室或前後室的雙室墓（或附耳室），券頂，東漢中晚期則常見前中後三室並附側室的大型多室墓，多為疊澀頂或穹隆頂。〔註11〕甘泉一號墓、二號墓均有短的甬道，墓室為單室，有前、中、後三個相連的券頂。一號墓棺室位於墓室中央，呈凹字形，二號墓墓室中段砌有三堵短牆，在兩個棺室外形成迴廊。（圖三）這些都具有典型的東漢早期的特徵。〔註12〕論者或認為二號墓內部結構為黃腸題湊式，且僅僅只存黃腸題湊之意。〔註13〕其實這恰恰反映了揚州地區漢墓從木槨墓到磚室墓的轉變過程中，磚室墓吸收或者說是殘留了一些木槨墓的元素，是東漢早期磚室墓尚未發展成熟的表現。

---

〔註9〕　（東漢）劉珍等撰、吳樹平校注：《東觀漢記校注》卷二《顯宗孝明皇帝紀》，北京：中華書局，2008 年，第 57 頁。

〔註10〕　（宋）范曄撰、（唐）李賢等注：《後漢書》卷二四《馬援傳》，第 862～863 頁。

〔註11〕　趙化成、高崇文等：《秦漢考古》，北京：文物出版社，2002 年，第 115 頁。另外，《江蘇邗江縣甘泉老虎墩漢墓》將揚州地區東漢磚室墓的演變規律總結為：「早期墓型單一，為長方形或正方形，有迴廊、短甬道，券頂，平面布局還保留著西漢木槨墓的某些特點。以後甬道一般加長，置有對稱的耳室，墓室具有明顯的前堂後寢的布局，仍以券頂結構為多，但也出現了穹窿頂，到了晚期，耳室增多，甚至在主室兩側也設置耳室。」

〔註12〕　田立振：《試論漢代的迴廊葬制》，《考古與文物》1995 年第 1 期。

〔註13〕　汪俊明：《揚州甘泉山二號墓年代獻疑》，《東南文化》2012 年第 2 期。

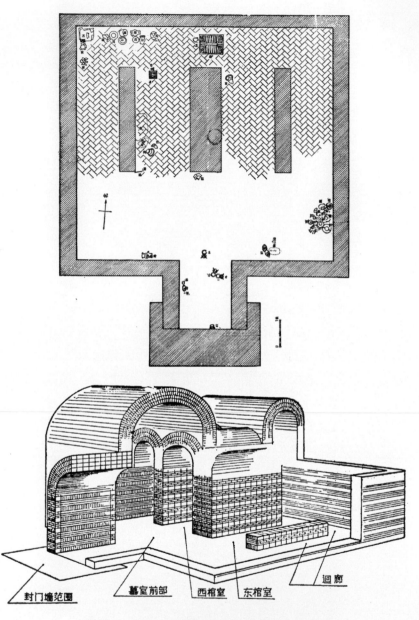

圖三　甘泉二號墓平面圖與復原圖

　　再看隨葬品。甘泉二號墓的釉陶壺等器物，具有較爲鮮明的特徵，在揚州及附近地區其他墓葬中也有類似者出土。二號墓出土釉陶壺13件，簡報將之分爲三式。Ⅰ式，侈口，束頸，口外有一周寬邊，長鼓腹，平底。肩部有蕉葉紋雙耳，腹部密佈弦紋，頸部加飾複道波浪紋。Ⅱ式，與Ⅰ式相似，而底

部有矮圈足，腹部無弦紋。III式，口部如喇叭口形，無寬邊，有矮圈足，腹部密佈弦紋。（圖四，1～3）邗江寶女墩 M104 新莽墓出土了 7 件釉陶盤口壺、8 件釉陶壺，無論從器型、最大徑位置、耳部裝飾等來看，都與甘泉二號墓相同或相似。〔註 14〕（圖四，4～6）螃蟹地七號墓時代為新莽時期，出土的 I 式釉陶壺，侈口，溜肩，鼓腹，圈足，肩部置焦葉紋雙耳，也與甘泉二號墓 III式釉陶壺相近。〔註 15〕

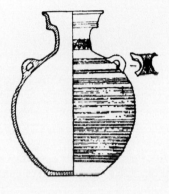

1

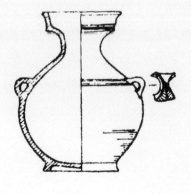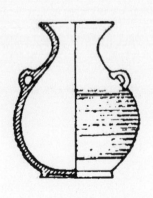

2                                    3

〔註14〕 揚州博物館、邗江縣圖書館：《江蘇邗江縣楊壽鄉寶女墩新莽墓》，《文物》1991 年第 10 期。

〔註15〕 儀徵市博物館：《儀徵新集螃蟹地七號漢墓發掘簡報》，《東南文化》2009 年第 4 期。

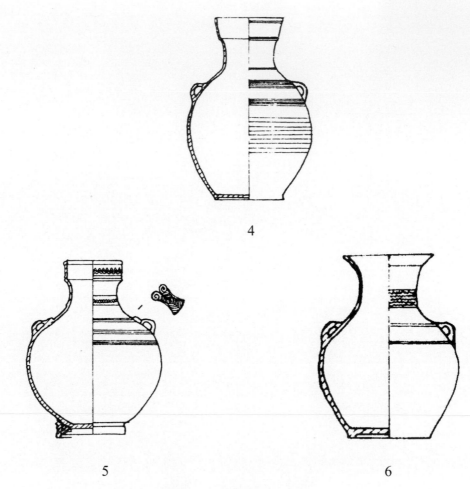

圖四　釉陶壺的比對

1.甘泉二號墓Ⅰ式釉陶壺　2.甘泉二號墓Ⅱ式釉陶壺　3.甘泉二號墓Ⅲ式釉陶壺
4、5、6.寶女墩 M104 出土釉陶壺

　　甘泉二號墓出土有三件銅博山爐，除一件缺蓋外，另兩件均通體鎏金。（圖
五，1、2）儀徵螃蟹地七號墓出土一件銅博山爐（圖五，3），蓋呈三角形，
上部鏤刻卷雲紋，似山巒疊嶂，身爲子母口，弧腹，平底，豆形足，下有承
盤，口沿下和柄部有凸棱。〔註 16〕甘泉二號墓銅博山爐與之相比，造型大體

────────────

〔註 16〕 儀徵市博物館：《儀徵新集螃蟹地七號漢墓發掘簡報》，《東南文化》2009 年第
　　　　 4 期。這種鏨刻花紋銅器，一般認爲產於廣西合浦一帶，是漢代合浦郡工官所
　　　　 造。見吳小平、蔣璐：《漢代刻紋銅器考古研究》，杭州：浙江大學出版社，
　　　　 2015 年，第 28、85 頁。

相同，而體量更大，沒有口沿、腹部等處的菱形、鋸齒等紋飾，可能是同時或稍晚時代的產品。

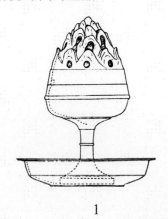
1

2

3

圖五　銅博山爐

1、2.甘泉二號墓出土　3.儀徵螃蟹地七號墓出土

　　甘泉二號墓還出土了4件青瓷罐，論者或認為其時代不可能早到東漢早期。〔註17〕確實，按照中國硅酸鹽學會《中國陶瓷史》的總結：「我國瓷器的發明不會遲於漢末，把它定為東漢晚期，應該是比較確切的。」〔註18〕但是，關於瓷器起源問題備受學界關注，卻一直未能取得完全的共識。以往一般認為浙江上虞地區出土的東漢晚期青瓷是最早的成熟青瓷，近年來這一看

〔註17〕汪俊明：《揚州甘泉山二號墓年代獻疑》，《東南文化》2012年第2期。

〔註18〕中國硅酸鹽學會編：《中國陶瓷史》，北京：文物出版社，1982年，第127頁。

法也受到質疑。〔註19〕吳小平等在對長江中游漢墓出土瓷器進行研究時，把釉陶作爲瓷器看待，將 Ba 型 I 式瓷四系罐的時代定爲西漢晚期，II 式時代爲西漢晚期至東漢初期，III 式時代爲東漢晚期。〔註20〕廣西貴港深釘嶺漢墓 M7、M8 出土了青瓷罐、青瓷雙耳罐、青瓷圈足碗，發掘簡報將其年代定爲東漢早中期。〔註21〕如果我們再考慮到一些東漢釉陶的釉與瓷釉幾乎完全相同，〔註22〕則甘泉二號墓出土的這 4 件青瓷罐究竟是成熟瓷器還是接近成熟瓷器的釉陶器，似乎仍有探討的餘地，即使是瓷器，也不能輕易否定東漢早期的可能性。

總之，綜合文獻記載和墓葬形制、隨葬品特徵來判斷，筆者認爲發掘簡報的判斷不誤，雙山漢墓的時代應該是東漢早期，而不會晚到東漢晚期。

## 三、雙山漢墓的墓主身份

在確定雙山漢墓爲廣陵王侯之墓、時代爲東漢早期後，兩墓的墓主就只能是廣陵王劉荊和其子廣陵侯劉元壽了。

甘泉二號墓中隨葬有「廣陵王璽」金印，發掘簡報將墓主確定爲廣陵王劉荊，這是比較合理的。史載劉荊「性刻急隱害」，但漢明帝對劉荊的不臣行爲一忍再忍，先「秘其事，遣荊出止河南宮」，劉荊不思悔改，方才「徙封荊廣陵王，遣之國」。〔註23〕從後來劉元壽兄弟的待遇來看，劉荊之死是格於國法，而明帝對其恩情仍在。《後漢書‧禮儀志》記載：「諸侯王、列侯、始封貴人、公主薨，皆令贈印璽、玉柙銀縷」〔註24〕，劉荊自殺身死，皇帝賜贈

〔註19〕 王昌燧、李文靜、陳岳：《「原始瓷器」概念與青瓷起源再探討》，《考古》2014年第 9 期。該文認爲：「以往學術界幾乎公認我國上虞地區出土的東漢晚期青瓷殘片達到了瓷器的標準。然而，這一標準既缺乏科學依據，又過於『苛刻』，若以此爲標準，則我國的青瓷幾近絕跡。」

〔註20〕 吳小平、蔣璐：《長江中游漢墓出土瓷器研究》，《考古學報》2016 年第 1 期。

〔註21〕 廣西壯族自治區文物工作隊、貴港市文物管理所：《廣西貴港深釘嶺漢墓發掘報告》，《考古學報》2006 年第 1 期。

〔註22〕 如湖南資興東漢墓出土陶器的釉，全是玻璃質，開冰裂紋，透明光亮，特別是釉堆聚處，釉色晶瑩，或碧綠，或銀灰，與六朝瓷釉幾乎完全相同。參見湖南省博物館：《湖南資興東漢墓》，《考古學報》1984 年第 1 期。

〔註23〕 （宋）范曄撰、（唐）李賢等注：《後漢書》卷四二《光武十王列傳》，第 1446～1448 頁。

〔註24〕 （晉）司馬彪撰、（梁）劉昭注補：《後漢書志》，北京：中華書局，1965 年，第 3152 頁。

印璽的可能性很小，但因爲死後國除，即以使用的「廣陵王璽」金印隨葬則是很可能的。

　　另外，雙山漢墓在形制上有一些細微區別，如一號墓有墓道，作斜坡狀，底寬 2.5、上寬 3、長約 45 米〔註25〕，而二號墓則沒有墓道。甘泉順利東漢墓時代約在東漢早中期，墓室前部的地層因取土擾亂，墓道情況不明。〔註 26〕東漢中期的老虎墩漢墓，在略偏於墓門西側有斜坡喇叭狀的墓道。〔註 27〕僅從有限的材料推測，可能二號墓比一號墓稍早，更多地保留了西漢新莽木槨墓的特徵，時代越往後，磚室墓的結構越複雜，加長甬道，增設耳室，磚砌方式由單一到多樣，而增加墓道可能也是表現之一。再考慮到文獻記載和「山陽邸」銘文銅雁足燈等器物，則一號墓墓主就只能是廣陵侯劉元壽了。

## 四、結　語

　　揚州在東漢時曾爲廣陵國都城，多年來，發現有一批較高等級的墓葬，雙山漢墓就是其中的代表。對其墓主身份的探討，有助於加深我們對揚州地區兩漢墓葬和相關隨葬品的認識。

　　雙山漢墓距離相近，形制相似，出土遺物有很大的共性，時代特徵也較爲明顯。根據墓葬、隨葬品、史料等綜合判斷，雙山漢墓應該是東漢早期廣陵王侯的陵墓，二號墓墓主爲廣陵王劉荆，一號墓墓主爲劉荆之子廣陵侯劉元壽。

---

〔註25〕實際清理部分約 15 米。由於墓道西鄰有一座現代磚窯，未能全部清理，發掘者推測已發掘部分約爲整個墓道的三分之一。

〔註26〕李健廣：《江蘇邗江甘泉順利東漢墓清理簡報》，《東南文化》2009 年第 4 期。

〔註27〕揚州博物館：《江蘇邗江縣甘泉老虎墩漢墓》，《文物》1991 年第 10 期。

# 隋煬帝墓誌釋文補正

　　2013 年江蘇揚州曹莊發現兩座隋末唐初時期的墓葬，出土了陶器、銅器、玉器、漆器、瓷器等各類隨葬品，其中的隋煬帝墓誌（圖一）、玉璋、十三環碟蹀金玉腰帶、鳳冠、編鍾編磬、鎏金銅鋪首等高規格文物尤其引人注目。經過發掘與專家論證，確認爲隋煬帝與蕭后之墓，並入選了當年度的十大考古新發現。《考古》2014 年第 7 期發表了《江蘇揚州市曹莊隋煬帝墓》的發掘簡報。

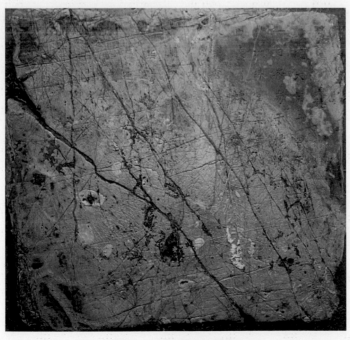

圖一　隋煬帝墓誌

作爲證實墓主人身份的最堅實、最直接的證據，隋煬帝墓誌從一開始就備受矚目。一方面是各方的一些質疑，諸如爲何隋煬帝身爲帝王卻隨葬了墓誌，爲何墓誌中國號寫作「隨」，等等。另一方面是專家學者對墓誌釋文的學術商榷，並因釋文的不同而對墓葬的具體埋葬年代等產生了不同的看法。

## 一、已有的各種墓誌釋文

發掘者公佈的釋文有四種，一是在《中國文物報》上公佈的兩篇報導中的釋文〔註1〕：

> 隨故煬帝墓誌　惟隨大業十四年太歲……一日帝崩於揚州江都縣……於流珠堂其年八月……西陵荊棘蕪……永異蒼悟……貞觀元年……朔……葬煬……禮也方……

二是《2013 中國重要考古發現》中的釋文〔註2〕，與前者的唯一區別，是改「永異」爲「永畢」。三是發掘簡報〔註3〕，釋文改作：

> 隋故煬帝墓誌　惟隋大業十四年太歲……一日帝崩於揚州江都縣……於流珠堂其年八月……西陵荊棘蕪……永異蒼悟……貞觀元年……朔辛……葬煬……

四是《揚州曹莊隋煬帝墓的發掘與收穫》中發掘者的最新釋文〔註4〕：

> 隋故煬帝墓誌　惟隨大業十四年太歲……一日帝崩於揚州江都縣……於流珠堂其年八月……西陵荊棘蕪……永異蒼悟……貞觀元（元或九）年……朔辛……葬煬……禮也……方……共川……

南京大學張學鋒教授根據發掘單位、「流星王朝的遺輝——隋煬帝墓出土文物特展」及媒體發佈的墓誌照片，對誌文進行了重新釋讀，釋文如下〔註5〕：

---

〔註1〕束家平：《江蘇揚州曹莊隋煬帝墓考古發掘成果》，《中國文物報》2014 年 2 月 28 日，第 8 版。束家平：《倏忽的輝煌　千年的爭論——江蘇揚州曹莊隋煬帝墓考古發掘獲重大成果》，《中國文物報》2014 年 3 月 14 日，第 6 版。

〔註2〕束家平：《江蘇揚州曹莊隋唐墓葬》，國家文物局主編：《2013 中國重要考古發現》，北京：文物出版社，2014 年，第 96 頁。

〔註3〕南京博物院、揚州市文物考古研究所、蘇州市考古研究：《江蘇揚州市曹莊隋煬帝墓》，《考古》2014 年第 7 期。

〔註4〕束家平：《揚州曹莊隋煬帝墓的發掘與收穫》，洪軍主編：《隋煬帝與揚州》，揚州：廣陵書社，2015 年，第 11 頁。

〔註5〕張學鋒：《揚州曹莊隋煬帝墓箚記》，載童嶺主編：《皇帝單于士人——中古中國與周邊世界》，上海：中西書局，2014 年，第 18～19 頁。

1　隨故煬帝墓誌

2　惟隨大業十四年太歲（戊寅三月丙辰十）

3　一日帝崩於揚州江都（……殯）

4　於流珠堂其年八月（……吳公臺）

5　西陵荊棘蕪（……）

6　永畢蒼梧（……）

7　（……）貞觀□（元？九？）年（……）

8　（……）朔辛（……）

9　（……）蓙煬（帝……）

10　（……）禮也方（……）

11　（……都）督府長（史……）

後來，張學鋒教授對這一釋文進行了完善，將「貞觀□年」確定爲「貞觀九年」，排除了「貞觀元年」的可能性〔註6〕。

日本學者氣賀澤保規先生在發掘者和張學鋒教授釋文的基礎上，提出了最詳細的「《煬帝墓誌》復原案」：

1　隨故煬帝墓誌

2　惟隨大業十四年太歲 戊寅三月丙午朔丙辰十

3　一日帝崩於揚州江都 宮寢殿（溫室）……殯

4　於流珠堂其年八月

5　西陵荊棘蕪 叢 ……

6　永畢蒼梧……

7　□□□貞觀九年……………………… 三月丁

8　 卯 朔辛 卯 廿五日……

9　 改 葬揚州……

10　□禮也方……

其中第八列誌文，氣賀澤先生認爲也可能是「四月丁酉朔辛酉廿五日」〔註7〕。

〔註 6〕張學鋒：《揚州曹莊隋煬帝墓研究六題》，載杜文玉主編：《唐史論叢》（第 21輯），西安：三秦出版社，2015 年，第 65～82 頁。

〔註 7〕氣賀澤保規：《隋煬帝墓誌的發現及其意義——兼論墓誌銘復原案》，載揚州文物局編：《流行王朝的遺輝：「隋煬帝與揚州」國際學術研討會論文集》，蘇州：蘇州大學出版社，2015 年，第 214～227 頁。

## 二、墓誌釋文補正

以上時賢的釋文各有所得，筆者想在此基礎上，提出一些自己的粗淺看法。

誌文第二列，「太」字下為「歲」，無可懷疑。「太歲」以下，發掘者採取審慎態度，未加以釋讀。張學鋒教授與氣賀澤保規先生的補釋較為近似，區別在於記載日期的詳細程度。該墓誌出土時為完整一塊，根據誌石大小和誌文間隔來推斷，「太歲」以下只能容納五個字（圖二）。所以，「戊寅三月丙辰十」七字顯然過長，氣賀澤保規先生的釋文更是如此。不過，參考兩家的釋文可以推斷，「太歲」以下的五字應該是「戊寅三月十」。六朝隋唐墓誌在記載日期時，一般都寫上朔日和干支，如南朝蕭齊《齊故監餘杭縣劉府君墓誌銘》：「永明元年太歲癸亥夏五月己酉朔十三日辛酉終」〔註8〕。但是直書「某月某日」的也不少見，如劉宋《宋乞墓誌》：「元嘉二年太歲乙丑八月十三日於江寧石泉里□」〔註9〕，唐代陳子昂所撰《上殤高氏墓誌銘》：「維唐垂拱二年太歲景戌七月二十日，殤子高氏卒」〔註10〕，都可以為證。

第三列，第六字為「楊」，「揚州」即揚州，金石中常見。「揚州」以下字跡漫漶，難以辨識。諸家均釋出「江都」二字。從提及隋代揚州與江都的幾方墓誌來看，除了「隋揚州江都縣令」一類的官職外，一般都單稱「揚州」「江都」「江都宮」，未見「揚州江都」的用法〔註11〕。當然，可資參考的隋代墓誌太少，也不排除隋煬帝墓誌中出現這種用法。這裡筆者認為可以暫且存疑，不釋為宜。

第六列，第二字或釋為「異」，或釋為「畢」，兩字繁體相近。從誌文照片看，該字左下部分有明顯的一撇，應該是「異」字。無論是「永畢蒼梧」還是「永異蒼梧」都不辭，所以「蒼梧」前應該句讀。氣賀澤保規先生認為

〔註8〕鎮江市博物館：《劉岱墓誌簡述》，《文物》1977年第6期。

〔註9〕斯仁：《江蘇南京市中華門外鐵心橋出土南朝劉宋墓誌》，《考古》1998年8期。

〔註10〕（唐）陳子昂：《陳子昂集》卷六，中華書局，1960年，第129頁。「景戌」即丙戌，唐人避高祖李淵之父李昞的諱，以「景」代「丙」。

〔註11〕相關墓誌，可以參見：a，李豪：《隋代揚州（江都郡）縣令》，載揚州博物館編：《江淮文化論叢》，北京：文物出版社，2011年，第122～127頁；b，黃正建：《墓誌所見隋煬帝與揚州資料試析》，載揚州文物局編：《流行王朝的遺輝：「隋煬帝與揚州」國際學術研討會論文集》，蘇州：蘇州大學出版社，2015年，第129～133頁。

「『異』字從意思來講不通」，不過檢索文獻，可以發現下面這樣的用法：其一是唐代張九齡《祭故李常侍文》：「頃密邇而寄音，今寞然而結欷，南北於遠，幽明永異，何以敘情？」〔註12〕其二是符載《爲杜相公祭崔中丞文》：「傾一卮以寫誠，痛百年之永異。」〔註13〕兩篇祭文中，「永異」都是指生死異路。舜巡狩途中死於南方，葬於南方，隋煬帝的結局與此極爲相似，所以誌文中使用了「蒼梧」的典故。與之相應，使用「幽明永異」「生死永異」之類的辭句是很合理的。

圖二　隋煬帝墓誌局部

〔註12〕（唐）張九齡撰、熊飛校注：《張九齡集校注》卷一七，北京：中華書局，2008年，第 934 頁。

〔註13〕（唐）符載：《爲杜相公祭崔中丞文》，（宋）李昉等編：《文苑英華》卷九八六，北京：中華書局，1982 年，第 5186〜5187 頁。

　　第七列，貞觀元年還是九年？一字之差，可以導致對隋煬帝墓的時代、唐太宗對隋煬帝的政治態度等問題的不同看法。筆者認爲是「元年」。首先從書法上看，歐陽詢貞觀六年（632）所書《九成宮醴泉銘》中，從字體下半部分來觀察，「九」字一撇向左下方突出（圖三），而「元」字一撇則相對稍短，末筆重心在右下（圖四）。隋煬帝墓誌中的該字，與「元」字更接近。其次，從史籍記載看，貞觀元年也更可能。《隋書・煬帝紀下》載，「大唐平江南後，改葬雷塘。」唐朝平定江南的時間是武德七年（624）。《資治通鑒》卷一九〇《唐紀六》載，武德七年三月，唐高祖派李孝恭、李靖等攻打輔公祏，「執公祏，送丹楊梟首，分捕餘黨，悉誅之，江南皆平」。又「以孝恭爲東南道行臺右僕射，李靖爲兵部尙書。頃之，廢行臺，以孝恭爲揚州大都督，靖爲府長史。」武德八年突厥進犯太原後，李靖被調去抵禦突厥。九年，李神符爲揚州大都督，將州府由江南的丹陽遷到江北的揚州。可見，大唐平定江南後，對揚州的統治機構和人事變動較大，一切尙在百廢待舉的狀態。隋煬帝墓的改葬，下詔在平定江南後，而實施和完成則可能在大都督府遷到揚州以後，這與「貞觀元年」的誌文是吻合的。

圖三　歐陽詢《九成宮醴泉銘》　　圖四　歐陽詢《九成宮醴泉銘》
　　　　　「九成宮」　　　　　　　　　　　「中元元年」

　　第八列，諸家都釋讀爲「朔辛」，氣賀澤保規先生還補釋了「廿五日」等字。但是，從照片可以很清楚地發現，「朔」後第三字是「日」。確認了這一點，再看「朔」後第一字，應該是「十」字。一長橫上面的類似一橫的部分，當是植物根系在誌石上留下的痕跡。更重要的，從誌文記載日期的一般格式

來看，都是「某月+朔日的干支+朔+某日+某日的干支」，任意舉一例，如隋《杜佑墓誌》：「即以今大業九年太歲癸酉十月辛未朔十五日乙酉，歸葬於大興縣洪原鄉小陵原，禮也。」〔註14〕這也說明「朔」後不可能是表示干支的「辛□」。「十」與「日」間之字，只能辨出上部有一橫，究竟是哪個數字，難以確定。

第九列，「塋」後一字右半清晰，左半磨泐，發掘者和張學鋒教授均釋為「煬」，氣賀澤保規先生釋為「揚」。後者的理由是，誌文第一行已經明確有「煬帝」，第三行也有「帝」，此處無需再重複「煬帝」二字。這一立論根據似乎不足。若按氣賀澤保規先生的意見是「葬揚州」的話，則「葬」後應該還有一「於」字。筆者認同發掘者和張學鋒教授的看法，應是「煬」。其後一字，自然是「帝」。

第十一列，張學鋒教授首先注意到此列文字，並釋讀為「(……都)督府長(史……)」。仔細辨識墓誌，可以發現第十一列確實有較模糊的字跡。第十行「方」字的左側有一字，上部兩豎與中間一橫都十分清晰，其下一字有明顯的三豎，發掘者釋為「共川」。然「共川」不辭，筆者認為可能是「吳州」。「吳州」即揚州，《隋書·地理志下》載：「江都郡，……後周改為吳州。開皇九年改為揚州，置總管府。」〔註15〕從隋煬帝墓誌可以釋讀的部分來看，應是使用了「哀策」的文體。〔註16〕哀策文「禮也」之後是非常對仗的文辭，其中出現揚州的舊稱「吳州」，並不奇怪。

## 三、小 結

根據上述補正，筆者整理的隋煬帝墓誌釋文如下：

1　隨故煬帝墓誌
2　惟隨大業十四年太歲（戊寅三月十）

---

〔註14〕王其禕、周曉薇：《長安新出隋大業九年〈杜佑墓誌〉疏證——兼為梳理隋唐墓誌所見京兆杜氏世系》，載杜文玉主編：《唐史論叢》（第 14 輯），2012 年，第 3 頁。

〔註15〕（唐）魏徵等撰：《隋書》卷三一《地理志下》，北京：中華書局，1973 年，第 873 頁。

〔註16〕可資參考對比的有南朝時期的《宋文皇帝元皇后哀策文》、《齊敬皇后哀策文》等，分見（梁）蕭統編、（唐）李善注：《文選》卷五八，上海：上海古籍出版社，1986 年，第 2487～2492 頁、第 2494～2498 頁。但隋煬帝墓誌是墓誌，且文辭簡短的多。

3　一日帝崩於揚州……

4　於流珠堂其年八月……

5　西陵荊棘蕪……

6　永異蒼梧……

7　□□□貞觀元年……

8　□朔十□日……

9　□莖煬（帝）……

10　□禮也方……

11　□□□吳州……

　　……

　　當然，這也只是一家之見，希望可以爲隋煬帝墓誌的進一步釋讀及相關研究提供基礎性的參考。

# 揚州出土駱潛墓誌與相關問題

　　1966 年 1 月，江蘇揚州市邗江縣陸洲村出土一方墓誌，長、寬均約 60
釐米，誌主爲唐末淮南節度使高駢的部將駱潛。（圖一）墓誌原石現藏揚州
博物館，一些單位和個人藏有拓片。《隋唐五代墓誌彙編（江蘇山東卷）》一
書收有拓片，《唐代墓誌彙編》（編號「中和〇一三」）則據周紹良先生所藏拓
片作了錄文。

圖一　駱潛墓誌拓片

　　駱潛墓誌不但記錄了其個人的世系、生平，而且反映了駱氏起源與遷徙、龐勛叛亂、唐末淮南與中央朝廷的關係等情況，可以與兩唐書、崔致遠《桂苑筆耕集》等文獻相互印證、發明，具有很高的史料價值。故筆者不揣淺陋，先轉錄並補正《唐代墓誌彙編》的錄文，在此基礎上，對駱潛生平事蹟、會稽駱氏、高駢出兵東塘等問題略作探討。

## 一、墓誌釋文

　　駱潛墓誌釋文如下：

　　　　唐故淮南進奉使檢校尚書工部郎中兼御史中丞賜緋魚袋會稽駱公墓誌銘

　　　　朝議大夫檢校左散騎常侍前大理寺卿兼御史大夫紫金魚袋薛瞻撰

　　　　曾祖璧　皇武都郡司馬

　　　　祖子卿　皇登州長史贈太子中允

　　　　父紹　皇處州司馬兼監察御史

　　　　駱氏著姓，顯於前史，與秦同祖，實帝顓頊高陽氏之裔也。祖伯翳，號大費，大費佐大禹理水有功。遠孫季延，周孝王時牧正，養馬蕃息，孝王賜以王父字，遂爲駱氏焉。後漢御史大夫平避董卓之亂，過江居吳之餘杭，時人號「餘杭公」。後子孫散居浙江之東西郡縣。南朝六代，代有英奇，峻節令名，文儒碩秀。家謀史冊，耀彩騰輝，美蔭清資，英規令望，承家者袞然不替，爲儒者卓爾備詳，非植豐碑，固難遍舉。

　　　　公名潛，字晦中，先司馬之長子也。幼而敏悟，長守謙貞，敦孔父之詩書，苞曹公之氣量，已躅曾顏之孝行，將馳沈謝〔註1〕之高名，貢律句於春官，合致身於華貫。無何，饋輓興於梁宋，孛彗起於奎婁，爲副已知，捨其盛美，遂由弘文館校書郎、徐州供軍使判官。是時傾御府於關東，徵蕃兵於北土，吏心伏懾，軍養豐饒，兵罷旌功，授衛尉寺主簿。蜀土闕其良宰，朝廷切以字人，既精選

---

於臺詞,遂升名於旬服,授成都府靈池縣令。今廣陵渤海王承天休命,鎮撫坤維,一睹風儀,再興嘉獎〔註2〕。輟強明於外邑,委糾正於都曹,式序化篠,察除苛弊,爰興版築,須督吏民,集畚鍤以先登,濬城池而最固,庭無諍訟,里有絃歌,雖考秩之未深,且攀留而預切〔註3〕。渤海王節制淮浙,統攝〔註4〕銅鹽,長懷似鵑之姿,果召如鷹之吏,才無阻滯,術有變通,知可付於牢盆,佇來儀於鐵甕,署揚州海陵監事。監乃務之大者,公實處之暇焉〔註5〕。財貨充盈,課輸集辦,加侍御史內供奉,賜緋魚袋,尋轉檢校尚書工部員外郎。渤海王親鼓上軍,將誅巨寇,徵千群之突騎,擁萬眾之舟師,加檢校尚書工部郎中、度支淮南軍前糧料應接使。欽茲委任,實仗全才,繫社稷之安危,定生民之舒慘。雖干戈罷舉,而供億無虧。加御史中丞、劍南西川第一〔註6〕班進奉使。公勤王志切,荷國恩深,涉萬里之煙波,背九重之城闕,恨江山之綿邈,施犬馬以遲留,棹澀瞿塘,水沿巴字〔註7〕,欲並申〔註8〕於前志,恨入貢於後時。因而遘疾,歿於通州之郡下,享年三十有七。公無兒任以護喪,值西江之多盜,孤幡旅櫬,涉歷歲時,至中和五年八月八日,殯於揚州揚子縣江濱鄉風亭里。漸東杭郡,無狀起兵,路絕行人,空無鳥逝。不獲祔於先公之塋側。公趣弘農楊氏,家傳懿範,德被淑儀,百幸光昭,九族敦睦。有女三人:長曰珪娘,適前鹽州兵曹參軍王濬;次曰弘娘,小曰憲娘,皆柔順自持,哀摧越禮。瞻與公同受恩於渤海王門下,熟〔註9〕公之令名懿德。公孟兄溱州良牧,含悲請誌,勒於泉戶。銘曰:

　　水鏡澄心,寒松挺質。調雅薰弦,氣融春律。人仰宏規,官曆

---

〔註2〕「獎」字,《唐代墓誌彙編》未能釋讀。
〔註3〕《唐代墓誌彙編》作「忉」。似誤。
〔註4〕《唐代墓誌彙編》作「懾」,誤。
〔註5〕「焉」字,《唐代墓誌彙編》未能釋讀。
〔註6〕《唐代墓誌彙編》脫「一」字。
〔註7〕《唐代墓誌彙編》作「宇」,誤。「巴字」謂巴江或巴峽,《文獻通考‧輿地七》:「巴江……狀如『巴』字,又曰字江。」唐徐凝《荊巫夢思》詩:「相思合眼夢何處,十二峰高巴字遙。」
〔註8〕《唐代墓誌彙編》作「忠」,誤。
〔註9〕《唐代墓誌彙編》作「孰」,誤。

清秩。命也奚言，秀而不實。才停薤唱，便掩松扃。寒暄暝色，旦暮潮聲。知留萬恨，不盡斯銘。

## 二、駱潛的生平

駱潛其人事蹟，崔致遠《桂苑筆耕集》中略稍提及，據之可知中和初年駱潛爲供軍應接使，受高駢派遣向唐朝廷進奉貢銀。〔註10〕以下根據墓誌，對其生平等再加考述。

駱潛生於官宦世家，曾祖駱璧爲武都郡司馬，祖父駱子卿爲登州長史，父駱紹爲處州司馬兼監察御史。他自己原本走的是文官路線，「敦孔父之詩書……將馳沈謝之高名，貢律句於春官」。「沈謝」是南朝劉宋謝靈運與蕭梁沈約的並稱，兩人均爲著名文學家。駱潛也想通過「律句」博取功名，從墓誌下文所言其曾任弘文館校書郎、因「精選於臺詞」而任靈池縣令來看，他的文化素養應當頗爲可觀。

但駱潛的這一文士宦途因龐勳之亂而打斷。墓誌言「饋輓興於梁宋，孛彗起於奎婁」。「饋輓」指運送糧食。「孛彗」指孛星和彗星，多代指災異，如《舊唐書·方伎傳·孫思邈》：「故五緯盈縮，星辰錯行，日月薄蝕，孛彗飛流，此天地之危診也。」〔註11〕「奎婁」爲二十八星宿名，據《史記·天官書》：「奎、婁、胃，徐州」〔註12〕，可指徐州等地之分野。唐懿宗咸通六年（865）征南詔，在徐、泗地區（即「梁宋」）募兵，其中八百人戍守桂林，約定三年期滿後即可調回。然而徐泗觀察使崔彥曾一再食言，戍兵在桂林防守六年，仍還鄉無望，遂推舉糧科判官龐勳爲首，起兵北還。龐勳率領數百人，由桂林跋涉數千里，最終攻下徐州，並以徐州爲中心四處征伐。咸通十年（869）九月，龐勳戰死，起義方才失敗。在鎮壓龐勳的過程中，唐朝廷曾徵用沙陀朱邪赤心和吐谷渾等兵，墓誌所言「徵蕃兵於北土」即指此。駱潛在鎮壓龐勳之亂中任徐州供軍使判官，因「軍養豐饒」而論功行賞，被授予衛尉寺主簿，爲從七品上之官。

〔註10〕（新羅）崔致遠撰、黨銀平校注：《桂苑筆耕集校注》卷三《謝詔獎飾進奉狀》，北京：中華書局，2007 年，第 74～76 頁。

〔註11〕〔後晉〕劉昫等撰：《舊唐書》卷一九一，北京：中華書局，1975 年，第 5095 頁。

〔註12〕〔漢〕司馬遷：《史記》卷二七，點校本二十四史修訂本，北京：中華書局，2013 年，第 1580 頁。

其後駱潛又任成都府靈池縣令之職。在這裡，他遇到了可稱爲貴人的高駢，也就是墓誌中所言的「今廣陵渤海王」。高駢鎮撫西南，移治西川，事在僖宗乾符二年（875），靈池爲其治下一縣。高駢在任上修成都府城，築羅城，加強防禦。《資治通鑒》載：乾符三年（876），「西川節度使高駢築成都羅城，使僧景仙規度，周二十五里，……自八月癸丑築之，至十一月戊子畢功。」〔註13〕駱潛在修城時，「爰興版築，須督吏民，集畚鍤以先登，濬城池而最固」，故得到高駢的嘉獎。

乾符五年（878），爲鎮壓轉戰江南的黃巢起義軍，朝廷任高駢爲鎮海軍節度使、諸道兵馬都統、江淮鹽鐵轉運使，次年，又遷淮南節度副大使知節度事，仍充都統、鹽鐵使，主管江淮軍政財賦。這就是墓誌所說的「渤海王節制淮浙，統攝銅鹽」。駱潛也隨著高駢來到淮南的治所揚州，從「付於牢盆」「署揚州海陵監事」來看，他顯然受到高駢的極大信任。因爲「財貨充盈，課輸集辦」，又獲得加官「侍御史內供奉，賜緋魚袋，尋轉檢校尚書工部員外郎」。

誌文說：「渤海王親鼓上軍，將誅巨寇，徵千群之突騎，擁萬眾之舟師……雖干戈罷舉，而供億無虧。」此是中和元年（881）夏，高駢出兵揚州東塘，欲揮師北上勤王，經百日而罷之事。此事使得高駢的威信大損，朝廷認爲他無心勤王，於次年罷去其諸道兵馬都統、鹽鐵轉運使等職。不過，高駢這時仍在向僖宗「進奉」，任駱潛爲「劍南西川第一班進奉使」。當時黃巢軍攻破都城長安，僖宗等避難逃到了成都，所以駱潛沿著長江水路，「涉萬里之煙波，背九重之城闕……棹澀瞿塘，水沿巴字」，向成都進發。墓誌言駱潛死於通州，通州在山南道（治所在襄州，今湖北襄陽）。《桂苑筆耕集》中有《謝詔獎飾進奏狀》：「右臣伏奉詔旨，以臣先□供軍應接使駱潛等進奉銀事，特賜獎飾者。」〔註14〕結合《駱潛墓誌》「棹澀瞿塘，水沿巴字」，駱潛當是死於返回揚州的途中。《謝詔獎飾進奏狀》又言：「但屬敵滋鄰境，寇阻道途，運綱而既闕之先登，贄禮而僅佇錫貢」，也與誌文相合，故駱潛的靈柩才會「涉歷歲時，至中和五年」於揚州下葬。

---

〔註13〕〔宋〕司馬光編著、〔元〕胡三省音注：《資治通鑒》卷二五二，北京：中華書局，1956 年，第 8185 頁。

〔註14〕（新羅）崔致遠撰、黨銀平校注：《桂苑筆耕集校注》，第 74～75 頁。

## 三、墓誌涉及的相關問題

駱潛墓誌還涉及到駱氏起源與遷徙江南、高駢與唐朝廷之關係等問題，體現出較高的史料價值。以下分述之。

駱潛墓誌較爲詳細地述及了駱氏的先祖，誌文中說：「駱氏著姓，顯於前史，與秦同祖，實帝顓頊高陽氏之裔也。祖伯翳，號大費，大費佐大禹理水有功。遠孫季延，周孝王時牧正，養馬蕃息，孝王賜以王父字，遂爲駱氏焉。」這一說法亦見於《史記・秦本紀》：「秦之先，帝顓頊之苗裔孫，曰女修。女修織，玄鳥隕卵，女修吞之，生子大業。大業取少典之子，曰女華。女華生大費，與禹平水土。已成，帝錫玄圭。禹受曰：『非予能成，亦大費爲輔。』帝舜曰：『咨爾費，贊禹功，其賜爾皁遊。爾後嗣將大出。』乃妻之姚姓之玉女。大費拜受，佐舜調馴鳥獸，鳥獸多馴服，是爲柏翳。舜賜姓嬴氏。」伯翳後代「大駱生非子。……非子居犬丘，好馬及畜，善養息之。犬丘人言之周孝王，孝王召使主馬於汧渭之間，馬大蕃息。孝王……邑之秦，使復續嬴氏祀，號曰秦嬴。」〔註15〕駱潛墓誌中所說的駱氏先祖事蹟與《史記》記載高度一致，或許就是源於駱氏「家諜」和《史記》等「史冊」。

駱氏郡望之一爲會稽郡。兩漢三國時期的會稽駱氏名人有駱俊、駱統父子。《三國志》載：「駱統字公緒，會稽烏傷人也。父俊，官至陳相，爲袁術所害。」謝承《後漢書》載：「俊字孝遠，有文武才幹，少爲郡吏，察孝廉，補尚書郎，擢拜陳相。值袁術僭號，兄弟忿爭，天下鼎沸，群賊並起，陳與比界，奸慝四布，俊屬威武，保疆境，賊不敢犯。養濟百姓，災害不生，歲獲豐稔。後術軍眾饑困，就俊求糧。俊疾惡術，初不應答。術怒，密使人殺俊。」〔註16〕袁術建安二年（197年）稱帝，建號仲氏，但不被承認，不久就眾叛親離，「軍眾饑困」。駱俊爲其所殺，應該就在建安二年後不久。反推之，駱俊應該主要生活在漢桓帝、靈帝、獻帝之時，屬於會稽烏傷駱氏。

大約與駱俊時代相同，駱潛的祖先「後漢御史大夫平避董卓之亂，過江居吳之餘杭」。駱平，現存的文獻資料都沒有記載他的姓名事蹟。漢靈帝中平六年（189年）董卓受大將軍何進、司隸校尉袁紹所召，率軍入京討伐宦官。入京後，董卓廢除少帝，改立獻帝，一時間權傾朝野。但是董卓生性殘暴，

〔註15〕〔漢〕司馬遷：《史記》卷五，第221～226頁。
〔註16〕〔晉〕陳壽撰、〔宋〕裴松之注：《三國志・吳書》，北京：中華書局，1959年，第1334頁。

誅殺忠良，很快受到各路諸侯的討伐，中原陷入混亂。駱平就是在這種情況下避亂來到了江南，居住在餘杭。

從史籍、駱潛墓誌等記載來看，東漢末期的獻帝之時，會稽境內應該有兩支駱氏，駱俊、駱統一支是東漢尚書郎駱雍臨之後，在烏傷已經居住數代；另一支則是新從中原避亂而來的駱平，居住在餘杭，離烏傷大約一百餘公里。

駱潛墓誌又說：「後子孫散居浙江之東西郡縣。南朝六代，代有英奇」，但是遍查文獻，我們已經幾乎看不到餘杭駱氏在歷史上留下的痕跡。駱潛曾祖以下數代，都不是特別顯赫的人物。駱潛有女三人，而沒有兒子為嗣。在他之後，餘杭駱氏就隱入到歷史的深處去了。

駱潛墓誌中還提到淮南節度使高駢出兵東塘之事。此次出兵史籍多有記載，《資治通鑑》認為是「有雙雉集廣陵府舍，占者以為野鳥來集，城邑將空之兆。高駢惡之，乃移檄四方」〔註17〕，但若只為禳災，高駢並無「移檄四方」的必要，傳檄而又不實際出兵，則其謊言必將破滅，威望亦將受損。而且從駱潛墓誌和《桂苑筆耕集》收錄的表狀文書來看，當時高駢有一系列的人事任命，如以駱潛為度支淮南軍前糧料應接使，顯然是準備有所實際行動的。出兵東塘之所以最終罷兵，高駢解釋是奉旨行事，且又受制於浙東周寶、浙東劉漢宏等周邊藩鎮勢力。關於前者，《桂苑筆耕集》卷十一《答襄陽郤將軍書》載有唐僖宗先後下給高駢的兩道詔書，其中有言：「卿手下甲兵數少，眼前防慮處多，但保淮南之封疆，協和浙右之師旅，為朕全吳越之地，遣朕無東南之憂。言其垂功，固亦不朽」，「諸道師徒，四面攻討，計度收克，且夕可期。卿宜式遏寇戎，饋輦粟帛，何必離任，則是勤王」〔註18〕，高駢因此遵旨而回師。關於後者，從駱潛墓誌也可以看出。誌文言：「浙東杭郡，無狀起兵，路絕行人，空無鳥逝。不獲祔於先公之塋側。」駱潛家本會稽，落葉歸根，葬於祖塋，乃是常理。但因浙東周寶「無狀起兵」，淮南高駢與之關係緊張，竟至於駱潛死後不能返葬故鄉。由此可見東南諸勢力互相牽制，高駢因為受到周寶的掣肘而無法出兵，是完全可能的。

---

〔註17〕〔宋〕司馬光編著、〔元〕胡三省音注：《資治通鑑》卷二五四，第 8151 頁。
〔註18〕（新羅）崔致遠撰、黨銀平校注：《桂苑筆耕集校注》，第 349 頁。

# 「廣陵泰守」八卦銘文鏡小考

## 一、「廣陵泰守」八卦銘文鏡概況

　　安徽省望江縣博物館藏有一枚八卦銘文鏡。（圖一）據介紹，該鏡出土於 1979 年，直徑 23 釐米，緣厚 0.6 釐米，邊緣呈八瓣花形。半球形圓鈕座，鈕座外周飾有八卦紋，其外有三圈篆體銘文，內圈爲「建元元年五月五日廣陵泰守河南侯造」，中圈爲「花開鶴舞，月滿鴻騫，龍門動色，人玉與言」，外圈爲「洗持以照，華容散影，時開鳳盤，花不藉龍，揚光□淮」。該鏡出土時略有損壞，但尚屬完整。〔註1〕

圖一　「廣陵泰守」八卦銘文鏡

---

〔註 1〕　宋康年：《安徽望江發現一件八卦銘文銅鏡》，《文物》1988 年第 8 期。宋康年：《安徽望江縣博物館館藏銅鏡簡介》，《東南文化》1991 年第 2 期。蘇方軍、宋康年：《望江博物館藏鏡》，《收藏》2011 年第 2 期。蘇方軍、宋康年：《安徽望江縣博物館館藏銅鏡拾珍》，《中國文物報》2012 年 2 月 29 日第 5 版。蘇方軍、宋康年：《安徽望江縣博物館藏古代銅鏡》，《華夏考古》2012 年第 4 期。幾篇文章中，對該鏡的出土時間、地點、尺寸、銘文、時代、定名等都略有出入。

## 二、以往的斷代研究及其問題

　　宋康年先生最早在《文物》上發表「廣陵泰守」八卦銘文鏡的簡訊，認為「屬唐代八卦鏡類型，銘文中『建元元年』當為偽託之作」。但後來在《華夏考古》、《東南文化》、《收藏》、《中國文物報》上刊文時，改變了這一看法，認為「建元元年（479 年）係北齊高帝蕭道成年號」，將該鏡稱為「八卦紀年鏡」，歸為「六朝銅鏡」。近來，張清文先生也在《華夏考古》發表文章，對該鏡的時代進行了重新考訂，認為鑄造於南唐交泰元年（958 年）。〔註2〕筆者認為六朝說、南唐說均難以成立，以下分別加以辨析。

　　先看六朝說。僅僅根據銘文「建元元年」，就將該鏡的時代定為南朝蕭齊時，缺乏足夠的說服力。六朝時期的銅鏡為圓形，未見使用八卦紋裝飾鏡背者。銘文多表達愛情、親情、讖緯、道教等內容，「廣陵泰守」八卦銘文鏡中圈和外圈的銘文明顯不屬於這一類。無論從鏡形還是紋飾、銘文等角度來看，南朝時期都沒有發現「廣陵泰守」八卦銘文鏡同類或相似的銅鏡。

　　再看南唐說。張清文先生認為該鏡製作於南唐時，主要是根據「建元元年五月五日廣陵泰守河南侯造」的銘文。他認為銘文中的「泰守」本是「太守」，銘文寫作「泰」字，乃是為了避南唐第二任皇帝李璟皇后鍾氏之父鍾太章的諱。「建元元年」則是因為公元 958 年，「在南唐紀年中極為混亂，一年中共用了三個年號。按史書記載，此年春正月李璟改元中興，三月又改元交泰，此際，由於南唐在對北周作戰中失利，南唐採取割地求和的策略，盡獻江北土地，包括廣陵在內的淮南各州縣均被割讓給北周。五月，李璟下令去帝號，稱國主，去交泰年號而改奉中原正朔，同年紀年方式改稱為北周顯德五年」，「此時正是廣陵初降，於是鑄鏡者別出心裁，用了『建元』這個普適的年號。」

　　這一觀點也值得商榷。首先，「泰守」即「太守」，未必是因為避諱的原因。古代「泰」「太」兩字相通，《說文解字注》說：泰，「後世凡言大而以為形容未盡則作『太』。如『大宰』俗作『太宰』、『大子』俗作『太子』、『周大王』俗作『太王』是也。謂『太』即《說文》『夳』字。『夳』即『泰』，則又用『泰』為『太』。」〔註3〕所以「太守」也可以寫成「泰守」。里耶秦

---

〔註 2〕張清文：《望江縣藏八卦銘文鏡時代重考》，《華夏考古》2016 年第 2 期。

〔註 3〕（漢）許慎撰，（清）段玉裁注：《說文解字注》，上海：上海古籍出版社，1981 年，第 565 頁。

簡中即有「泰守」的寫法：「洞庭泰守府」（〔16〕1），「……輒劾移縣，〔縣〕亟以律令具論，當坐者言名史泰守府」（〔16〕5正）。這裡的「泰守」就是太守。〔註4〕後世文獻中的這種「泰」「太」相通的用法更是屢見不鮮，不遑枚舉。

其次，南唐時並無太守（泰守）的官職設置。太守本爲戰國時對郡守的尊稱。漢景帝時，改郡守爲太守，爲一郡行政的最高長官。南北朝時設州漸多，郡的轄境日益縮小，至隋初遂廢州存郡，而郡守爲州刺史所取代。隋煬帝及唐玄宗時均曾又改州爲郡，郡置太守，旋仍復舊。此後太守已非正式官名，習慣上僅用作刺史或知府的別稱，明清則專以稱知府。〔註5〕南唐時，揚州爲東都，下轄江都、廣陵、高郵、永貞等縣。廣陵縣的長官應該稱縣令，不得稱爲「廣陵泰守」。

再次，南唐、後周都沒有使用過「建元」的年號。而且，自南唐保大十四年（956年）後周開始南征，一路攻州占縣，次年十二月，南唐知道無法守住東都揚州，「悉焚揚州官府民居，驅其人南渡江。後數日，周兵至，城中餘癃病十餘人而已」。〔註6〕也就是說，交泰元年（958年），揚州（廣陵）在後周佔領之下，城中幾乎沒有百姓，在這種情況下，很難有江心鑄鏡的可能性。即使鑄鏡，銘文中也應該使用後周「顯德五年」（958年）的年號，而不是「建元元年」。

總之，「廣陵泰守」八卦銘文鏡也不可能鑄造於南唐交泰元年（958年）。

## 三、再論「廣陵泰守」銘文鏡的時代

那麼，究竟如何看待這枚銅鏡呢？

筆者認爲，從該鏡的形狀看，爲八瓣葵花形，這種鏡形始於唐高宗、武則天時期。揚州等地曾出土爲數不少的此類形制的銅鏡，如原揚州唐城遺址博物館館藏的唐眞子飛霜紋銅鏡（圖二）〔註7〕，上海博物館收藏的唐月宮鏡（圖三）〔註8〕，均作八瓣葵花形，與「廣陵泰守」銘文鏡鏡形一致。使用八卦紋

---

〔註4〕張春龍、龍京沙：《湘西里耶秦代簡牘選釋》，《中國歷史文物》2003年第1期。

〔註5〕辭海編輯委員會編纂：《辭海》（縮印本），上海：上海辭書出版社，1999年，第2050頁。

〔註6〕（宋）司馬光編著、（元）胡三省音注：《資治通鑑》卷二九三，北京：中華書局，1956年，第9575頁。

〔註7〕揚州市文物局編：《韞玉凝暉——揚州地區博物館藏文物精粹》，北京：文物出版社，2015年，第130頁。

〔註8〕陳佩芬：《上海博物館藏青銅鏡》，上海：上海書畫出版社，1987年，圖89。

做主紋，也是中晚唐到五代時期的典型風格。揚州高郵郭集唐墓出土的八卦十二生肖鏡（圖四）〔註9〕，鏡形爲八瓣葵花形，內區飾右旋的八卦紋，外區飾首尾相接奔跑狀的十二生肖，從鏡形到紋飾都與「廣陵泰守」銘文鏡較爲接近。

從銘文看，唐代銅鏡銘文多採用四言駢文，對偶力求工整，內容一般描寫閨中生活和銅鏡本身的圖案，詞藻柔婉豔麗，詞意纏綿俳惻。〔註10〕「廣陵泰守」八卦銘文鏡中圈「花開鶴舞，月滿鴻騫，龍門動色，人玉與言」銘文，即是描寫鏡背圖案，外圈「洗持以照，華容散影，時開鳳盤，花不藉龍，揚光□淮」銘文，即是描寫閨中用鏡梳妝的生活。這與唐代銅鏡銘文的形式相吻合。從各方面考慮，該鏡是晚唐五代時期的銅鏡。

圖二　唐真子飛霜紋銅鏡

圖三　唐月宮鏡

圖四　唐八卦十二生肖鏡

〔註 9〕李則斌：《揚州新近出土的一批唐代文物》，《考古》1995 年第 2 期。
〔註10〕管維良：《中國銅鏡史》，重慶：重慶出版社，2006 年，第 239 頁。

另一方面，鏡上的「廣陵泰守」銘文確實與六朝有關。銘文中的「建元」年號，在中國古代曾使用過五次，分別是：（1）漢武帝年號（前140～前135），（2）十六國時期漢趙劉聰年號（315～316），（3）東晉康帝年號（343～344），（4）前秦苻堅年號（365～385），（5）南朝齊高帝年號（479～482）。其中，漢武帝建元時，廣陵爲江都王劉非（公元前154年～前128年在位）的國都，未置太守。前趙劉聰、前秦苻堅時，廣陵屬東晉，不奉前趙、前秦年號。東晉、南朝齊都曾使用「建元」年號，但由於史料闕如，無法檢索到晉康帝建元元年（343年）、齊高帝建元元年（479年）時的廣陵太守，所以鏡銘中究竟指的是哪一個「建元元年」，暫難確定。

五月五日鑄造銅鏡，是很早就有的傳統。《漢三國六朝紀年鏡圖說》收有一枚東漢銅鏡，銘文爲：「漢西蜀，劉氏作竟。延熹三年五月五日，□□□□日中□□，壽如東王公西王母，常宜子孫，長樂未央，士至三公，宜侯王」。〔註11〕鄂州也出土過孫吳時期的類似銅鏡，有銘文「永安四年五月五日丙午日造鏡，壽如東王公西王母，□□□宜長者吏人」。〔註12〕這種五月五日鑄鏡的傳統，經六朝一直延續到隋唐時期，唐代揚州江心鏡、百鍊鏡就是一例。《異聞錄》記載：「唐天寶三載五月十五日，揚州進水心鏡一面。縱橫九寸，青瑩耀日。背有盤龍，長三尺四寸五分，勢如生動。玄宗覽而異之。進鏡官揚州參軍李守泰曰：鑄鏡時，有一老人，自稱姓龍名護。……謂鏡匠呂暉曰：老人家住近，聞少年鑄鏡，暫來寓目，老人解造眞龍，欲爲少年制之……呂暉等遂移鏡爐置船中，以五月五日午時，乃於揚子江鑄之。」〔註13〕《國史補》亦載：「揚州舊貢江心鏡，五月五日，揚子江中所鑄也。或言中有百鍊者，六七十煉則已，易破難成，往往有自鳴者。」〔註14〕「黑石號」沉船上出水的揚州江心鏡（圖五），證實了文獻的記載，也側面印證了六朝時於五月五日鑄鏡是非常合理的。

---

〔註11〕梅原末治：《漢三國六朝紀年鏡圖說》，日本東京：桑名文星堂，1942年，第22頁，另見圖版9。

〔註12〕湖北省博物館、鄂州市博物館編：《鄂城漢三國六朝銅鏡》，北京：文物出版社，1986年，第23頁。

〔註13〕（宋）李昉等編：《太平廣記》卷二三一《器玩三》「李守泰」條引《異聞錄》，北京：中華書局，1961年，第1771頁。

〔註14〕（宋）李昉等編：《太平廣記》卷二三二《器玩四》「揚州貢」條引《國史補》，第1776頁。

圖五　揚州江心鏡

　　至於「河南侯」，檢索關於漢唐時期的文獻記載，了無所得。由於是出現於銅鏡銘文中，推測可能是鏡工，即河南侯氏。漢代銅鏡銘文中出現的工匠銘很多，如杜氏、呂氏、李氏、魯氏等等，侯氏亦爲其一。1955 年湖南長沙絲茅沖 5 區 28 號墓出土一枚東漢銅鏡，有「侯氏作」銘文。〔註 15〕1994 年，河南南陽出土一枚東漢銅鏡，銘文爲：「侯氏作鏡大毋傷，巧工刻之成文章，左龍右虎辟不祥，朱鳥玄武順陰陽，子孫備具居中央」〔註 16〕河南郡爲侯氏郡望，故城「河南侯」。

　　「廣陵泰守」八卦銘文鏡作爲晚唐五代時期的銅鏡，鏡上出現了與六朝時期有關的銘文，筆者認爲應該是製鏡人對六朝銅鏡銘文的仿製或者僞託。齊東方根據「黑石號」沉船中發現的各類銅鏡，認爲「黑石號船上大量瓷器等物品證明沉船的年代應已不再製作和流行葡萄鏡，而這裡的葡萄紋鏡可能是中晚唐時對前代和唐代早期銅鏡的仿製。可見揚州作爲民間用鏡的集散地，市場上或許還能買到早期製造的銅鏡，參照船中的隋鏡甚至漢鏡，可以

〔註 15〕湖南省博物館編：《湖南出土銅鏡圖錄》，北京：文物出版社，1960 年，第 100
　　　　頁。
〔註 16〕張卓遠、李韋男：《河南南陽市桑園路 3 號東漢墓》，《考古》2001 年第 8 期。

推測揚州市場甚至出售古鏡」。〔註17〕這一觀點是很有道理的。既然中晚唐時期揚州製作或出售的銅鏡存在模仿前代與唐代早期銅鏡的現象，那麼晚唐五代時期製作的銅鏡上有「建元元年五月五日廣陵泰守河南侯造」等銘文，也就順理成章、不足爲怪了。

〔註17〕齊東方：《「黑石號」沉船出水器物雜考》，《故宮博物院院刊》2017 年第 3 期。

# 揚州出土康周行都功版與
# 天師道相關問題

　　2016 年 3～4 月，揚州市文物考古研究所對秋實路建設工地的晚唐至宋代墓葬進行了搶救性發掘。〔註1〕其中 M5 墓葬結構保存完整，出土遺物較多，尤其是 1 件木質都功版（圖一），是目前已知唯一的唐宋時期天師道授版署職的實物。據之可知墓主人爲天師道徒康周行，這是唐昭宗乾寧四年（897）天師版署其教職的都功版，對於研究唐宋時期的龍虎山天師道具有極爲重要的價值。

## 一、都功版版文釋讀

　　根據發掘簡報可知，都功版出土於墓主人屍骨肋骨的左側，爲長方形木板，長 14.2、寬 10、厚 0.2 釐米，出土時已殘損，碎爲 5 塊。都功版上由朱線勾勒邊線，分成 10 豎欄，右數第 1 至 9 欄頂部相連爲 1 橫欄。除右數第六豎欄內有明顯的朱色痕跡外，其他各豎欄內均爲楷體墨書。簡報未提供都功版的釋文，根據照片，可以將版文釋讀如下：

　　　　係天師二十代孫臣敬（？）真稽首：今有京兆府萬年縣洪固鄉冑貴╱

　　里男官弟子康周行，年四十歲，十月廿六日生。奉道精誠，修勤╱

---

〔註1〕南京大學歷史學院文物考古系、揚州市文物考古研究所：《江蘇揚州市秋實路五代至宋代墓葬的發掘》，《考古》2017 年第 4 期，第 58 頁。

貞素，明白小心，於今有功，請遷受天師門下大都功，版署陽

平治左平炁。/

助國扶命，醫治百姓，化民領戶。從中八巳下，卿可傳授有心

之人，質對 /

三官，領理文書。須世太平，遣還本治。隨職□政，懈怠……/

（朱書）/

係 天 師門下二十代孫臣（朱書）/

版署男官祭酒臣劉得常保舉 /

版署男官祭酒臣 鄭 □□監度 /

太歲丁巳十月癸卯朔十五日丁巳，於 信 州 貴溪縣仙源 鄉招賓

里真仙觀三寶前白版 /

《正一法文傳都功版儀》收錄有「都功版文」一例：「某郡縣鄉里正一弟子王甲，年若干歲（若在道即云某觀），宿命合道，玄名契真，稟性謙和，心通妙理，遂能幼勤道業，遐暢玄風，教化有功，信誠無替，實人神共許，遠近咸聞，德濟群生，功高眾首。宜補陽平治門下大都功，即須親職，千日之後，世有忠良，可宣化者，自雲臺治以下任便補受，如法奉行。某國號某年太歲某月日，於某郡縣鄉里，觀中白版，係天師如干世孫某乙。」〔註2〕《老君音誦戒經》記錄有「用蜀土盟法，板署治職」的敕令文：「今補某乙鶴鳴、雲臺治，權時籙署治氣職，領化民戶，質對治官文書，須世太平，遣還本治。」〔註3〕將康周行墓中所出土的木板與之比對，可以發現其用途一致，在格式、用辭等方面也大體相同或相近，可知此板是用於版署天師道治職的都功版。簡報所定之名可從。

都功版版首的「係天師二十代孫臣」，在《正一法文傳都功版儀》中則置於文末，並注引南北朝時道教上清派宗師陸修靜之言：「陽平治都功版，非天師之胤不受，所以云『係天師若干世孫』」〔註4〕。係天師為道教法位，由天師世代相襲。〔註5〕「臣」下兩字較其他字稍小，第一字存疑，似為「敬」，

〔註2〕《正一法文十錄召儀》附《正一法文傳都功版儀》，《道藏》，文物出版社、上海書店、天津古籍出版社聯合出版，1988年，第28冊第490頁。

〔註3〕《老君音誦戒經》，《道藏》第18冊第216頁。

〔註4〕《正一法文十錄召儀》附《正一法文傳都功版儀》，《道藏》第28冊第490頁。

〔註5〕《老君音誦戒經》：「老君曰：吾漢安元年以道授（張）陵，立為係天師之位，佐國扶命。」見《道藏》第18冊第210頁。也有學者認為：係天師特指第三

第二字爲「眞」，應是天師道第二十代天師的名諱。

第二列「康周行」，「周行」二字較小，格式與版文中的「劉得常」等相同，均爲人名。康周行是都功版的受職者，也是 M5 的墓主。

第三列「陽平治」下一字，似是「左」，又似是「右」。《太上三五正一盟威籙》記載有道教二十四治各治與炁的對應關係：「太上正一童子一將軍籙品第一，鎮陽平治，左平炁祭酒」，「太上正一童子十將軍籙品第二，鎮鹿堂治，右平炁祭酒」〔註 6〕。《受籙次第法信儀》亦云：「陽平治，左平氣，金。鹿堂治，右平氣，木。」〔註 7〕故可知「陽平治」下應是「左平炁」。

第四列第三字爲「扶」，寫法較爲特殊，左半部分與「臨」字相同。「助國扶命」是道教表章、齋文中的常用語，如《三月一時言功章》有「臣從今年七月七日已來，承上三天無極大道、諸君丈人、天師法教，訓喻百姓，醫治百姓，助國扶命」〔註 8〕之語，與版文中的「助國扶命，醫治百姓」的用辭基本相同，因此可確定爲「扶」字。「中八」，道教二十四治分爲上八治、中八治、下八治，中八治省稱「中八」。

第六列爲朱書，仔細辨識，仍可見少量殘泐的字跡。將其摹寫後（圖二），似可識讀爲「天師門下」。如果這一識讀成立，那麼第六列極可能是「天師門下都功版」等字，是都功版的自名。

第七列「係天師門下二十代孫臣」下有明顯的朱色痕跡，可能是第二十代張天師的畫押署名。

第八、九列爲保舉師、監度師的名銜。道教授職、傳籙等儀式中，都有保舉師、監度師、傳度師。如《傳度對齋品》記載傳度的儀式：「須先佩洞神部諸階秘籙，奉行正一諸法，心志無惰，利濟有功，方詣宗壇，受中盟之秘籙，進洞玄之上品。然後請保舉、監度，投師錄奏上穹，關申三界，開壇傳授，遷職奉行。」〔註 9〕

最後一列，「太歲丁巳」即唐昭宗乾寧四年（897）。「十五日」下一字殘，

---

代天師張魯，他訂立了授籙制度，因此後世道門在授籙儀式中嵌入了固定格式的「係天師」字樣。見劉仲宇著：《道教授籙制度研究》，北京：中國社會科學出版社，2014 年，第 46～47 頁。

〔註 6〕《太上三五正一盟威籙》卷一，《道藏》第 28 冊第 426、427 頁。

〔註 7〕《受籙次第法信儀》，《道藏》第 32 冊第 220 頁。「氣」即「炁」，兩字通。

〔註 8〕《赤松子章曆》卷五《三月一時言功章》，《道藏》第 11 冊第 213 頁。

〔註 9〕〔宋〕金尤中：《上清靈寶大法》卷四二《傳度對齋品》，《道藏》第 31 冊第 643 頁。

據十月癸卯朔，可推知十五日爲丁巳，殘字爲「丁」。「三寶前」，道教習語。從南北朝起，道教即仿照佛教三寶（佛、法、僧），立道、經、師爲三寶，作爲道教徒皈依的對象。道教授職、傳籙等儀式多於三寶前舉行。

## 二、第二十代天師張敬眞與天師世系

康周行都功版中載明的第二十代天師，姓張名敬眞。其中「敬」字雖然存疑，但「眞」字應當無誤。而據各種道教文獻所載，第二十代天師爲張諶，如《天師世系》：「二十代，諶，修之長子」〔註10〕，《漢天師世家》：「二十代天師，諱諶，字子堅。唐會昌辛酉，武宗召見，賜傳籙壇宇額曰『眞仙觀』。將命官，辭歸不受。咸通中，懿宗命建金籙大醮，賜金弔，還山。一日，大醉而化，年一百餘歲。元至正十三年，贈沖玄洞眞孚德眞君。」〔註11〕《龍虎山志》卷六亦記載爲「二十代，諶，字子堅」。〔註12〕均與康周行都功版記載的張敬眞不同。

張諶在諸位天師中是比較出名的一位，據各種道教典籍的記載，他受到唐武宗的召見，又獲賜宇額「眞仙觀」，對龍虎山正一派道教的發展起到了巨大的推動作用，按理說其名諱應該不會有誤。但考慮到《漢天師世家》等文獻都是南宋以後之人所撰寫，而康周行都功版是當時人的用物，可信度更高，所以我們認爲龍虎山天師道第二十代天師就是張敬眞。

可以爲此輔證的是徐鍇（920～974）所撰《茅山道門威儀鄧先生碑》，其中云：「故茅山道門威儀鄧君啓霞，……咸通元年，始詣茅山太平觀柏尊師道泉爲弟子。……十二年詣龍虎山十九代天師，參授都功正一法籙」。〔註13〕徐鍇是五代人，距離唐末不遠，他撰寫該碑文是受鄧啓霞友人弟子之託，所言當然可信。據碑文，咸通十二年（871）龍虎山張天師爲第十九代。則所謂唐武宗（840～846在位）召見第二十代天師並賜觀名「眞仙觀」云云，肯定不能成立，道教典籍的相關記載有誤。

其實，仔細閱讀文獻記載的龍虎山張天師世系，還可以發現很多疑點，

---

〔註10〕〔宋〕陳元靚：《事林廣記》丁集卷下《天師世系》，北京：中華書局，1999年，第109頁。

〔註11〕《漢天師世家》卷二，《道藏》第34冊第825頁。

〔註12〕〔清〕婁近垣：《龍虎山志》卷六，《藏外道書》，成都：巴蜀書社，1992年，第19冊第463頁。

〔註13〕〔清〕董誥等編：《全唐文》卷八八八，北京：中華書局，1983年，第9283頁。

比如天師動輒享壽近百歲或百餘歲，且數十代均是嫡長繼承，按常理來說，這顯然是不可能的。關於某一代天師的名諱不同文獻或有不同記載，柳存仁很早就注意到這一點，他舉了第十八世天師爲例：唐末五代時期道教領袖杜光庭《道教靈驗記》記載第十八世天師爲張惠欽，而《天師世系》等均記爲張士元。〔註14〕我們認爲第二十二代天師張秉一也存在問題。南唐陳喬《新建信州龍虎山張天師廟碑》云：「天師頃來江左，尚憩茲峰。旋指漢川，實留遺愛。厥後運當典午，年在永嘉……二十二代孫秉一，體備清和，氣凝元寂」〔註15〕，該碑文撰寫於保大八年（950），當時龍虎山第二十二代天師爲張秉一。在《漢天師世家》《天師世系》等文獻中，「二十一代天師諱秉一，……二十二代天師諱善」，〔註16〕卻與碑文不合。當然可以辯解說碑文中「二十二」乃是「二十一」之訛誤，但即便如此，第二十代天師於唐會昌辛酉年（841）受武宗召見，第二十一代天師南唐保大八年（950）仍存世，父子前後任天師達110年以上，恐怕也不是歷史的實情。

　　這種世系、名諱方面的問題，在各種關於張天師的文獻中並不鮮見。另外根據學者的梳理，龍虎山至少存在三種版本的天師傳記。〔註17〕這些都說明道教典籍中記載的早期天師世系和名諱確實存在著某些問題。美國學者柯銳思就認爲，在唐代，「天師」稱號可以隨意地封給那些有名的道士，而當時少有姓張的天師，張氏家族代與代的間隔也明顯地揭示了事實上沒有一個持續的「天師世系傳承」，這與後來龍虎山天師們所聲稱的並不一致，所以有理由推測天師道正一家譜的唐代部分可能充滿了後代道徒們的「虔誠的虛構」。〔註18〕康周行都功版與道教典籍中關於第二十代天師名諱的歧異，從考古實物的角度有力地印證了柳存仁、柯銳思的觀點。

　　進而言之，如果第二十代天師張諶的名諱都不可信，那麼他的事蹟也極

---

〔註14〕柳存仁：《題免得龕藏漢天師世系贊卷》，收入《和風堂文集》，上海：上海古籍出版社，1991年，第677～713頁。

〔註15〕〔清〕董誥等編：《全唐文》卷八七六，第9161～9162頁。

〔註16〕《漢天師世家》卷二，第825頁。〔宋〕陳元靚：《事林廣記》丁集卷下《天師世系》，第109頁。

〔註17〕王見川、高萬桑主編：《近代張天師史料彙編》，臺北：博揚文化事業有限公司，2013年，第32頁。

〔註18〕〔美〕柯銳思（Russell Kirkland）著，曾維加、劉玄文譯：《唐代道教的多維度審視：二十世紀末該領域的研究現狀》，收入〔英〕巴瑞特著、曾維加譯：《唐代道教——中國歷史上黃金時期的宗教與帝國》附錄二，濟南：齊魯書社，2012年，第136頁。

可能是虛構的。從《天師世系》對歷代天師生平事蹟的記載來看，第十五代天師張高「能飲酒至石不醉」，第十七代天師張順「仕爲本郡貴溪尉，後棄官」，第二十四帶天師張正隨「封眞靜先生」，第二十五代天師張乾曜「仁宗聞其有道，天聖間召赴闕，賜澄素先生」，可謂是事無鉅細，靡不記載。但張諶被唐武宗召見並賜傳籙壇宇額、被唐懿宗命建金籙大醮並賜金弔，這樣重要的事件卻無記載，而只是說「二十代，諶，修之長子。晚年好道辟穀，年百餘，一日假醉而化」，顯然不合情理。其後的《漢天師世家》補充了相關記載，應該就是後代道徒們的「虔誠的虛構」，是「層累地造成」的道教歷史。

總之，康周行都功版關於第二十代天師名諱的記載，表明天師世系是由後代所編撰，作爲宗教性的文獻，充滿了不確定性和不可靠性，不能將之作爲完全的「信史」。現在我們至少可以確信第十八代、第二十代至二十二代天師的世系、名諱是可疑的，至於天師世系的其他部分是否也存在這種情況，則有待於新資料的發現和證實。

## 三、劉得常與晚唐五代天師道的發展情形

康周行受都功版的「三師」中，保舉師劉得常爲男官祭酒，是二十四治中某一治的領袖。史書和道教典籍中都記載有劉得常的生平事蹟。《十國春秋》卷一四《劉得常傳》載：「劉得常，昇州人。十七歲作《大道歌》，詣茅山見國師吳法通，法通曰：『賢者能飲茅山泉一月，當十倍今日聰明，一年特生光慧，十年聞仙道矣。』得常乃作《冷泉吟》。法通又曰：『吾有玉經妙旨，子若斂華就實，可以混合天人，離情理識。』得常再拜執弟子禮，居紫陽觀廿年，不逾戶閾。高祖時，華姥山一夕有童子歌曰：『靈菌長，金刀響。』山中人數聞之，慮有兵。是年盛產黃芝，經月怗悴，得常遂逝焉。」〔註 19〕《茅山志》載：「十八代宗師，洞微元靜先生，姓劉，諱得常，金陵人。」〔註20〕其後所述行跡與《十國春秋》略同。

根據康周行都功版，唐昭宗乾寧四年（897）時，劉得常在龍虎山擔任天師道「男官祭酒」，具有相當高的法位和教職。而根據《十國春秋》和《茅山志》，劉得常十七歲即入茅山，晚年又在茅山「居紫陽觀廿年」，楊吳高祖楊

〔註19〕〔清〕吳任臣：《十國春秋》，北京：中華書局，1983 年，第 180 頁。
〔註20〕〔元〕劉大彬：《茅山志》卷一一，收入《宋元地理史料彙編》（5），成都：四川大學出版社，2007 年，第 733 頁。

隆演在位時（908～920）去世。兩相印證，可以推測劉得常是先在茅山度爲道士，後至龍虎山受天師授籙，然後又回到茅山，最終成爲茅山派的第十八代宗師。

　　類似的情況在晚唐五代時並非個例。以道士鄧啓霞爲例，前引徐鍇《茅山道門威儀鄧先生碑》云：「故茅山道門威儀鄧君啓霞……咸通元年，始詣茅山太平觀柏尊師道泉爲弟子，方齠卯。六年乃披度爲道士。十二年詣龍虎山，十九代天師參授都功正一法籙。乾符三年，詣本觀三洞法師何先生元通進授中盟上清法籙。……天祐四年，吳太祖旌別元異，始加簡署。尋爲本山道副，九年爲山門威儀，再賜紫服。」〔註21〕鄧啓霞也是童年時即入茅山學道，後至龍虎山，接受天師授籙，再回到茅山，擔任道門威儀之職。

　　從劉得常、鄧啓霞的經歷我們可以看出，晚唐時道門中人至龍虎山學道授籙的風氣已經十分盛行，這既說明了龍虎山天師道的社會聲譽日益提高，也反映了當時江南道教各派互相交融的特點。

## 四、眞仙觀的位置

　　康周行都功版最後一行記載了眞仙觀的位置，雖然文字多有殘缺，但可以根據殘字和文獻加以考定。

　　「於」後兩字殘泐，只剩右半部分，第一字右半爲「言」，第二字最右爲一豎。參考前引《正一法文傳都功版儀》中例文的格式，這兩個字應是州名，其後是縣名和鄉名。「眞仙觀」，即龍虎山天師道歷代天師所居的上清宮。《龍虎山志》卷三：「太上清宮，在貴溪縣西南七十里，其鄉曰仙源，里曰招賓，街曰瓊林。……第四代天師自漢中歸龍虎山，建傳籙壇。唐會昌中，賜額『眞仙觀』。」〔註22〕眞仙觀的位置在龍虎山中，晚唐時屬信州貴溪縣所轄。《龍虎山志》卷二：「龍虎山，在江西廣信府貴溪縣西南八十里之仁福鄉。……唐上元元年置信州，永泰初割餘干、弋陽地置貴溪縣，山在其境內。」〔註23〕因此，「於」後兩字應是「信州」，其下是「貴溪縣仙源鄉招賓里」。

---

〔註21〕　〔清〕董誥等編：《全唐文》卷八八八，第9283頁。
〔註22〕　〔清〕婁近垣：《龍虎山志》卷三，《藏外道書》第19冊第443頁。
〔註23〕　〔清〕婁近垣：《龍虎山志》卷二，《藏外道書》第19冊第435頁。按，唐置信州，應在乾元元年（758），見〔後晉〕劉昫等撰：《舊唐書》卷四〇《地理志三》，北京：中華書局，1975年，第1594頁；《太平寰宇記》所載更詳，見〔宋〕樂史撰、王文楚等點校：《太平寰宇記》卷一〇七《江南西道五》「信州」條，北京：中華書局，2007年，第2148頁。

都功版文殘字與《龍虎山志》的記載是吻合的。

　　另外還可以補充一條輔證，宋代王洋所撰《葉信臣墓誌》云：「紹興丁卯，予寓信之貴溪，取友二人，……其一日葉君字信臣。……紹興十九年九月丙申卒於信豐。……將以歲在辛未九月某日瘞於仙源鄉招賓里小櫪原母夫人毛氏墓之左。」〔註24〕說明從唐末開始，貴溪縣仙源鄉招賓里的名稱一直在使用，至少到南宋初年仍然存在。

圖一　康周行墓出土都功版

〔註24〕〔宋〕王洋：《東牟集》卷一四，清文淵閣《四庫全書》第 1132 冊《集部‧別集類》，上海：上海古籍出版社，1987 年，第 516〜518 頁。

圖二　康周行都功版朱書摹寫

## 五、小　結

　　康周行墓中出土的都功版，雖然略有殘損，但大體可以釋讀。它與《正一法文傳都功版儀》中的「都功版文」既有相似處，也有不同之處，加深了我們對都功版的直觀瞭解。

　　版文中的第二十代天師名諱與道教典籍中的記載不同，說明後者記載的早期天師世系存在著某些問題，難作「信史」。保舉師劉得常在茅山入道，至龍虎山學道授籙，後來成為茅山派的一代宗師，這反映了晚唐時期龍虎山在道門中的崇高威望以及江南道教各派的交融情形。都功版文中記載的真仙觀的所在也與《龍虎山志》相吻合。總之，康周行墓中出土的都功版為我們研究唐宋時期天師道提供了珍貴的實物資料。

# 秦詠墓誌考略

## 一、文獻與秦詠墓誌所見之高郵秦氏

　　秦觀是北宋婉約派的詞宗，也是蘇門四學士之一，但關於其先世我們知之甚少。一般的秦氏族譜只追述到秦觀一代，關於其父祖姓名、職官則記載有闕，如秦觀二十八世裔孫秦瀛編《淮海先生年譜》，其中皇祐元年（1049）條云：「大父承議府君，諱某。父元化公，諱某，師事胡安定先生瑗，有聲太學」，熙寧三年（1070）條云：「叔父定，登葉祖洽榜進士第，授會稽尉」，其下有按語：「大音先生鏞云：『《高郵譜》：定，先生諸父，仕至端明殿學士』」。〔註1〕秦觀《書王氏齋壁》云：「皇祐元年，余先大父赴官南康。」〔註2〕學界一般根據這些文獻考訂出其父祖二代，而且姓名等信息多不詳。如《秦少游年譜長編》云：「大父某，承議郎，曾官於南康。……父元化公，曾遊太學，事胡瑗。……叔父定，中進士第，歷官會稽尉、渤海知縣、司農寺丞、江南東路轉判官，終端明殿學士。」〔註3〕《秦觀集編年校注》云：「他的祖父秦承議，曾做過州縣屬官。父親秦元化曾遊太學，從名儒胡瑗學習經書，不幸早逝。叔父秦定，神宗熙寧三年進士，曾任會稽尉，京東路轉運判官，濠州知州。」〔註4〕

---

〔註1〕秦瀛：《淮海先生年譜》，收入北京圖書館編《北京圖書館藏珍本年譜叢刊》第 20 冊，北京：北京圖書館出版社，1999 年，第 539、544 頁。

〔註2〕〔宋〕秦觀撰，徐培均箋注：《淮海集箋注》後集卷六，上海：上海古籍出版社，1994 年，第 1529 頁。

〔註3〕徐培均：《秦少游年譜長編》卷首《傳略》，北京：中華書局，2002 年，第 5～7 頁。據《續資治通鑑長編》卷四八四元祐八年五月甲寅條，「轉判官」當作「轉運判官」。

〔註4〕周義敢、程自信、周雷編注：《秦觀集編年校注》前言，北京：人民文學出版社，2001 年，第 1 頁。

　　翻檢典籍，其實還有一條未被學界利用的史料，即《紹興十八年同年小錄》所載南宋秦淵的家世，據之可推知秦觀的父祖。秦淵爲紹興十八年（1148）二甲進士第十九人，「年三十六，……魯祖詠（故內殿崇殿，贈左朝議大夫），祖定（故朝奉大夫，贈左中奉大夫），父規（故右朝奉大夫）。本貫揚州高郵縣武寧鄉左廂里。」〔註5〕對比秦淵與秦觀的信息，可以發現兩人里籍相同，秦淵祖父與秦觀叔父均是秦定，秦規與秦觀二弟秦覯、秦覿之名都屬見部，秦淵年齒幼於秦觀。綜合這四點來看，秦淵應是秦觀之族侄。

　　近年在揚州發現的秦詠與夫人朱氏墓誌，也印證了《紹興十八年同年小錄》的記載。根據誌文可知，秦詠與朱氏爲秦觀的祖父母，撰誌、書丹者爲孫覺、趙挺之等一時俊彥。秦詠墓誌（圖一）〔註6〕相關部分釋文爲：

圖一　秦詠墓誌

〔註5〕《紹興十八年同年小錄》，收入《宋代傳記資料叢刊》（46），北京：北京圖書館出版社，2006年，第50頁。

〔註6〕栗家平：《秦詠及夫人朱氏墓誌釋讀與研究》，中國考古學會等編《揚州城考古學術研討會論文集》，北京：科學出版社，2016年，第39～44頁。

公姓秦氏，諱詠，字正之。其先仕江南有顯，後徙淮南高郵家焉。曾祖／裕，祖禹。父玫，贈左監門衛將軍。……泛恩改右班殿直、監南康軍茶鹽酒稅。……子三人：曰／完，蚤卒；次定，宣德郎；次察。女三人：長蚤卒；次適酸棗進士李濂；季適／同郡劉綬，亦先公卒。孫八人：曰觀、震、鼎、升、蒙、渙、益、兌。孫女四人，曾孫／二人，曾孫女三人。……雅志好儒，子孫皆畀從事於學。子定中進士第，觀尤有／文，蘇子瞻稱之。以五月廿一日葬於揚州江都縣之東興鄉馬坊村。／……

結合秦詠墓誌、《紹興十八年同年小錄》、秦觀《淮海集》等資料，可得秦觀一系的高郵秦氏早期世系如下〔註7〕：

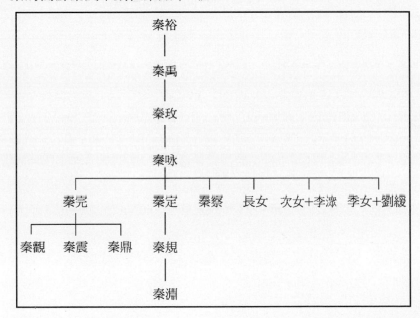

## 二、高郵秦氏與秦羲無關

徐培均先生曾對秦觀的先世世系有一個推測。秦觀《送少章弟赴仁和主簿》云「我宗本江南，爲將門列戟。中葉徙淮海，不仕但潛德。先祖實起家，先君始縫掖。議郎爲名士，余亦系詞客。風流以及汝，三通桂堂籍。」〔註8〕

---

〔註7〕秦詠孫輩「升、蒙、渙、益、兌」五人，暫不能確定誰是秦規，也不能確定誰是秦定、秦察之子，故暫未列入圖中。

〔註8〕〔宋〕秦觀著、徐培均箋注：《淮海集箋注》，上海：上海古籍出版社，2000年，第143頁。

徐先生認為，「『江南』，係指南唐。……則少游之宗，至少曾任下都督或州官。然稽之於新舊《五代史》及馬令、陸游之《南唐書》，俱不載。……五代入宋之秦氏可考者唯有秦羲，蓋即少游詩所謂『吾宗本江南』者也。」並據《宋史》卷三〇九秦羲本傳，認為「秦羲由南唐入宋，歷事太祖、太宗、眞宗三朝。其先世秦本、秦進遠、秦承裕，皆仕南唐，爲州郡長官，即少游所謂『爲將門列戟』者也」。同時，也承認「然羲而下傳至少游大父承議公，則不可考」。〔註9〕徐先生繪出的世系簡表如下〔註10〕：

秦本（唐時）……秦進遠（唐時）——秦承裕（南唐時）——秦羲（宋初）

徐培均先生是研究秦觀的權威。這一推測提出後，在學界產生了很大的影響。且不論這一推測是否成立，我們可以先將徐先生的世系簡表更完善一下。《宋史・秦羲傳》載：「秦羲，字致堯，江寧人。世仕江左。曾祖本，岳州刺史。祖進遠，寧國軍節度副使。父承裕，建州監軍使、知州事。」〔註11〕北宋人王禹偁曾撰有《右衛將軍秦公墓誌銘並序》，誌主「曾祖某，唐末事吳，以功爲武昌軍節度使，事見本國史。祖太，岳州刺史。父進遠，宣州節度副使，贈右監門衛率府率。公即率府之長子。……以公爲壽昌殿使充建州監軍使、知軍州事。」〔註12〕兩相對比，可知「右衛將軍秦公」即秦羲之父秦承裕。秦承裕「曾祖某」爲秦裴，其事見《九國志・吳・秦裴傳》：「（天祐）九年，加武昌軍節度使。」〔註13〕如此，則秦羲以上的世系爲：

秦裴——秦本（秦太）——秦進遠——秦承裕——秦羲（秦羲）

誠如徐培均先生所言，秦裴至秦羲的江寧秦氏世仕南唐，官位顯赫，與秦觀自言的「我宗本江南，爲將門列戟」十分相合。但結合秦詠墓誌、《秦承裕墓誌》和相關史籍來看，牴牾難合之處亦不少。最主要的，《秦承裕墓誌》記載其卒於淳化五年（994），享年七十八，有「三子：長曰著，舉進士不第；

---

〔註 9〕徐培均：《秦少游年譜長編》，第3～5頁。
〔註10〕徐培均：《秦少游年譜長編》，第17～18頁。這裡只轉引了簡表的部分內容。原表有說明：虛線表示間接關係，實線表示直接關係。
〔註11〕〔元〕脫脫等撰：《宋史》，北京：中華書局，1977年，第10163頁。
〔註12〕〔宋〕王禹偁：《王黃州小畜集》卷二九，第735～736頁，《宋集珍本叢刊》影印本。「祖太」當即是秦本，《右衛將軍秦公墓誌銘並序》中秦羲作「秦義」，皆因形近而誤也。
〔註13〕〔宋〕路振撰、連人點校：《九國志》卷一《吳》，濟南：齊魯書社，2000年，第11頁。

次即義也……季曰恭，亦早夭」。〔註14〕《宋史》記載秦羲「天禧四年，代還。道病卒，年六十四」〔註15〕，即生於南唐保大十五年（957），卒於北宋天禧四年（1020）。《秦詠墓誌》言元豐六年（1083）秦詠年八十二而卒，則當生於咸平五年（1002）。從年齒推算，若秦詠一系爲秦羲後代，則當是子輩或孫輩。但秦詠曾祖爲秦裕，祖爲秦禹，父爲秦玫，與《秦承裕墓誌》所記秦承裕、秦羲一系的姓名完全不能吻合。

秦觀《送少章弟赴仁和主簿》詩云：「中葉徙淮海，不仕但潛德。先祖實起家」。若秦詠爲秦羲之子輩，與該詩就不吻合了，因爲秦承裕、秦羲仕途頗顯，能得到著名文人王禹偁撰寫墓誌，或《宋史》有傳。若秦詠是秦羲之孫輩，即使其父秦玫一代不仕，那秦詠任「承議郎，曾官於南康」，也不能稱爲「先祖實起家」。而且，秦詠墓誌言「曾祖裕，祖禹。父玫，贈左監門衛將軍」，按墓誌的一般體例，其曾祖、祖父、父親應該都沒有任官，其父的贈官應該是因爲秦詠而得來的。這與秦觀之詩相合，而與《秦承裕墓誌》不合。

此外，元祐八年（1093），秦觀被擢爲秘書省正字，寫有《謝館職啓》，其中提及自己的先祖：「竊觀前史，具見鄙宗：西蜀中郎，孔明呼爲學士；東海釣客，建封任以校書。」〔註16〕東海釣客即秦系〔註17〕，他最後定居江寧（秣陵），成爲江寧秦氏的始祖。其後代雖不清楚，但應該仕於南唐，後來遷居高郵，成爲秦詠至秦觀一系高郵秦氏的祖先。而《九國志·吳·秦裴傳》載秦裴爲「愼縣人」〔註18〕，《秦承裕墓誌》載其爲「廬江人」〔註19〕，《宋史》稱秦羲爲「江寧人」〔註20〕。唐末五代時，愼縣屬廬州，廬江亦屬廬州，即秦裴一系原爲廬州秦氏。楊行密「起合淝」後，秦裴爲帳下之兵。秦裴先

〔註14〕〔宋〕王禹偁：《王黃州小畜集》卷二九，第735～736頁。

〔註15〕〔元〕脫脫等撰：《宋史》，第10164頁。

〔註16〕〔宋〕秦觀著、徐培均箋注：《淮海集箋注》，第928頁。

〔註17〕《新唐書·隱逸傳》載：「秦系，字公緒，越州會稽人。天寶末，避亂剡溪，北都留守薛兼訓奏爲右衛率府倉曹參軍，不就。客泉州，南安有九日山，大松百餘章，俗傳東晉時所植，系結廬其上，穴石爲研，注《老子》，彌年不出。……張建封聞系之不可致，請就加校書郎。……其後東度秣陵，年八十餘卒。」見（宋）歐陽修、宋祁：《新唐書》卷一九六，北京：中華書局，1975年，第5608頁。

〔註18〕〔宋〕路振撰、連人點校：《九國志》卷一《吳》，第10頁。

〔註19〕〔宋〕王禹偁：《王黃州小畜集》，第735頁。

〔註20〕〔元〕脫脫等撰：《宋史》，第10163頁。

仕楊吳，南唐代吳後，其子孫又仕南唐。南唐都於江寧，故秦裴後代由廬州秦氏變爲江寧秦氏，即《宋史》所稱秦羲爲「江寧人」。由此可知，秦羲一系的秦氏和秦詠一系的秦氏源頭有別。

《九國志》又載，楊行密據有揚州後，以秦裴「知揚子縣」，「歷高郵、無錫令，俱有能名」。〔註21〕《秦承裕墓誌》載其曾任「淮南六州巡檢使」。〔註22〕《宋史》本傳載秦羲曾「決獄於淮南諸州。……遂與允恭同爲江、淮制置……淮南榷鹽，二歲增錢八十三萬餘貫」。〔註23〕可見秦裴至秦羲一系與高郵、淮南、揚州有極深的淵源。若秦觀確實爲秦羲後裔，而詩文中無一字提及，只以「中葉徙淮海，不仕但潛德」一筆帶過，恐怕於理難通。這也說明秦觀並非秦羲後裔。

綜上，秦詠墓誌印證了《紹興十八年同年小錄》的記載，並提供了關於秦觀家族先世的更多信息。通過秦詠墓誌，我們可以知道其父、祖姓名及出仕等情況，進而能夠推斷秦詠至秦觀一系的高郵秦氏與秦裴至秦羲的廬州秦氏並無關聯。南唐時，兩系雖都居於江寧，同爲軍將，但應該不是同一世系。

## 三、秦觀入獄與作《銀杏帖》之時間

秦觀人生有一大關節，即曾因事遭官府追捕，陷於淮南詔獄。其《對淮南詔獄二首》〔註24〕，即此事也。周必大曾錄秦觀《銀杏帖》：「觀自去歲入京，遭此追捕，親老骨肉亦不敢留，鄉里治生之具，緣此蕩盡。今雖得生還，而仰事俯育之計蕭然不給。想公聞之不能無惻然也。不知能爲謀一主學處否？試望留意，幸甚！惠及銀杏，尤見厚意，感悚，忽遽未有以爲獻者。行甫聞授宣城，是否？家叔已赴濱州渤海知縣，祖父在彼幸安，但地遠難得書耳。……」並有跋：「少游作此帖，猶未仕也。今《淮海集》有《對詔獄》二詩，所謂『一室懸如磬，人音盡不聞。老兵隨臥起，漂母給朝曛』者，殆去歲追捕時耶？……」〔註25〕此帖亦述及此次入獄之事。

徐培均先生認爲秦觀蒙詔獄於淮南，有《對淮南詔獄二首》及《銀杏帖》，似在元豐六年（1083）。〔註26〕從《秦詠墓誌》及相關資料來看，這一推測不

〔註21〕〔宋〕路振撰、連人點校：《九國志》卷一《吳》，第11頁。
〔註22〕〔宋〕王禹偁：《王黃州小畜集》，第735頁。
〔註23〕〔元〕脫脫等撰：《宋史》，第10164頁。
〔註24〕〔宋〕秦觀著、徐培均箋注：《淮海集箋注》卷七，第276頁。
〔註25〕〔宋〕周必大：《益公題跋》卷十，北京：中華書局，1985年，第108頁。
〔註26〕徐培均：《秦少游年譜長編》卷三，北京：中華書局，2002年，第221～222頁不

能成立。根據《秦詠墓誌》，元豐六年（1083）正月廿五日秦詠卒於濱州渤海縣其子秦定之官舍，同年五月廿一日歸葬於揚州江都縣東興鄉馬坊村秦氏祖塋。雖然渤海縣與高郵「地遠難得書」，但秦觀不可能不知祖父去世與歸葬之事。墓誌撰者孫覺等與秦觀過從甚密，亦可證明這一點。《銀杏帖》中有「惠及銀杏」之句，當是寫於秋冬之節，又云「家叔已赴濱州渤海知縣，祖父在彼幸安」，則該帖必不可能作於元豐六年（1083），而在元豐五年（1082）或稍早。

《銀杏帖》云「觀自去歲入京」，入京之事在元豐四年（1081）冬十月。秦觀《與蘇公先生簡（四）》：「即日初寒……某數日間便西行」〔註27〕，即指此入京應舉之事。元豐五年（1082）春，秦觀應試落第，遂遊洛陽、黃州、廬山等地。入淮南獄當在此年秋，寫有《對淮南詔獄二首》。出獄後，則有《銀杏帖》，因家產蕩盡而欲求謀生之職。周必大推測秦觀入獄與作《銀杏帖》在前後兩年，應該是不確的。

---

〔註27〕〔宋〕秦觀著、徐培均箋注：《淮海集箋注》，第991頁。

# 阮元蜀師磚與隋煬帝陵考論辨正

　　阮元是清代乾嘉時期的學術大家，《清史稿》稱其「身歷乾、嘉文物鼎盛之時，主持風會數十年，海內學者奉爲山斗焉。」〔註1〕由於生於揚州、長於揚州、終於揚州，所以阮元對揚州懷有深厚的感情，在地方史研究方面也用力甚巨，成就卓著。關於這一方面的情況，以往的研究者已經發表了很多的成果，論之甚詳。〔註2〕這些成果主要集中於阮元地方史研究的成績，其實，受制於種種因素，阮元的考證研究也存在著一些訛誤。本文選取與揚州有關的蜀師磚、隋煬帝陵爲例，考察其訛誤的具體情形及原因。

## 一、蜀師磚

　　據《三國志》記載，孫吳廢帝五鳳二年（255），丞相孫峻使衛尉馮朝修築廣陵城。〔註3〕清代揚州平山堂下疏濬河道，出土有「蜀師」銘文磚，阮元以爲此即五鳳二年城廣陵之磚。其《吳蜀師磚》詩序云：

〔註1〕《清史稿》卷三六四《阮元傳》，北京：中華書局，1977年，第11424頁。
〔註2〕相關著作和論文非常多，所述也較爲零散，僅列舉部分較爲重要者：a、李成良：《阮元思想研究》，成都：四川人民出版社，1997年。b、王章濤：《阮元評傳》，揚州：廣陵書社，2004年。c、郭明道：《阮元評傳》，北京：社會科學文獻出版社，2005年。d、孫廣海：《阮元學術思想研究》，新北：花木蘭文化出版社，2013年。e、劉德美：《阮元的考據學》，《國立臺灣師範大學歷史學報》第十四期，1986年。f、張勇盛：《阮元的金石鑒藏活動述略》，《中國國家博物館館刊》2015年第3期。
〔註3〕《三國志》卷四八《吳書·三嗣主傳·孫亮傳》，北京：中華書局，1982年，第1152～1153頁；卷六四《吳書·滕胤傳》，第1445頁。

　　　　吾鄉平山堂下濬河得古磚，文二，曰「蜀師」，其體在篆隸間，久載於張燕昌《金石契》中，未知爲何代物？近年在吳中屢見「蜀師」古磚，兼有吳永安三年及晉太康三年七月廿日「蜀師」作者，然則蜀師爲吳中作磚之氏可知。按揚州當三國時多爲魏據，惟吳五鳳二年孫峻城廣陵而功未就，見於《吳志》本傳。此年紀與永安、太康相近，然則此磚爲孫峻所作廣陵城甓無疑矣。〔註4〕

詩中又云：

　　　　孫峻圖壽春，將作曾親督；遺此一尺磚，埋在平山麓。有文曰「蜀師」，匠者或師蜀。永安及太康，蜀師吳所屬。廣陵魏久據，不領孫氏牧。惟五鳳二年，欽（文欽）爲峻所麾。城城雖未成，一簣已多覆。殘甓今尚存，《吳志》朗可讀。〔註5〕

　　阮元此說流傳甚廣，信從者頗多，然亦有值得商榷之處：

　　首先是「蜀師」磚的時代。清嘉慶六年（1801），陳南叔得「蜀師」磚，有磚銘「太康三年七月廿日蜀師所作」。〔註6〕據阮元所言，又有吳永安三年「蜀師」磚。吳永安三年（260）在五鳳二年之後五年，西晉太康三年（282）距五鳳二年更相差近三十年，這兩種「蜀師」磚與廣陵修城應無關係。

　　其次是「蜀師」磚的出土地點。除了揚州出土有「蜀師」磚，張燕昌《金石契》中也收錄有相同銘文之磚（圖一），吳中也屢見。清代乾隆六十年乙卯（1795），張廷濟於浙江嘉興海鹽濱海漁捨得「蜀師」磚。〔註7〕嘉慶六年（1801）陳南叔所得「蜀師」磚出土於臨平（今屬浙江省杭州市餘杭區）。如果「蜀師」磚與孫吳城廣陵有關，相同銘文之磚大量出現在浙江就難以解釋了。

〔註4〕阮元撰、鄧經元點校：《揅經室集·四集》卷六，北京：中華書局，1993年，第843～844頁。該詩序又題爲《吳蜀師磚考》，見《揅經室集·三集》卷三，第660頁。兩文中的「永安、太康」原來均作「永安、永康」，引用時據文意徑改。

〔註5〕阮元撰、鄧經元點校：《揅經室集·四集》卷六，第843～844頁。

〔註6〕陳棠、姚景瀛纂：《臨平記再續》，孫忠煥主編：《杭州運河文獻集成》（5），杭州：杭州出版社，2009年，第252頁。

〔註7〕張廷濟撰：《桂馨堂集·順安詩草》卷一《吳蜀師磚賦呈阮中丞師》，《清代詩文集彙編》（490），上海：上海古籍出版社，2010年，第336頁。

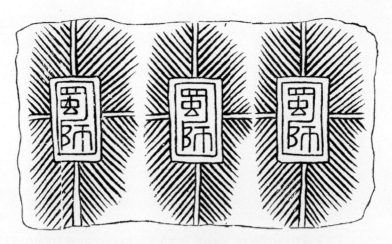

圖一、《金石契》中的「蜀師」銘文磚

再次是「蜀師」磚的用途。從各地考古發現看，一般這種銘文磚多是墓磚，而未必是城牆磚。文獻記載揚州最早的磚砌築城是在梁武帝時，長沙王、南兗州刺史蕭淵業「運私邸米，僦人作壁以砌城，武帝善之」〔註8〕。考古發掘所見的「北門」「北門壁」「城門壁」等銘文磚，時代為東晉或梁武帝時。〔註9〕比五鳳二年稍晚，吳景帝孫休永安年間（258～264），戍將於廣陵掘冢，取版治城，還是夯土築城，而非磚砌。〔註10〕所以五鳳二年築廣陵城，是否使用銘文城磚尚難確認。

綜合上述三點來看，「蜀師」磚與孫吳五鳳二年城廣陵之事應該無關。

## 二、隋煬帝陵

隋大業十四年（618），宇文化及等在揚州作亂，弒殺了隋煬帝，蕭后令宮人殯之於江都宮內的流珠堂。不久隋朝舊將陳稜改葬煬帝於吳公臺下。唐

〔註 8〕《南史》卷五一《梁宗室上》，北京：中華書局，1975 年，第 1267 頁。

〔註 9〕發掘者認為「北門壁」等銘文磚為東晉太和四年（369）桓溫築廣陵城所用，見南京博物院：《揚州古城 1978 年調查發掘簡報》，《文物》1979 年第 9 期。有學者提出異議，認為與蕭淵業築廣陵城有關，見王虎華主編：《揚州城池變遷》，南京：南京師範大學出版社，2014 年，第 47～48 頁。另外，漢代廣陵城城門壁有繩紋包磚，但無銘文，參見中國社會科學院考古研究所、南京博物院、揚州市文物考古研究所編著：《揚州城遺址考古發掘報告 1999～2013年》，北京：科學出版社，2015 年，第 297～298 頁。

〔註10〕《三國志》卷四八《吳書·三嗣主傳·孫休傳》裴松之注引葛洪《抱朴子》，第 1163 頁。

朝平定江南後，又改葬煬帝於雷塘。〔註11〕隋唐時代，人們還很清楚隋煬帝陵的位置。如《燕吳行役記》也記載了元和（806～820年）時吳公臺隋煬帝陵的情況，對陵墓的高度、布局都說得很清楚明白：「煬帝陵高五十餘尺，後齊王暕、趙王杲、其孫燕王倓，三陵東西羅列，各高二十餘尺。」〔註12〕但是隨著時間的推移和風物的改變，隋煬帝的相關遺跡逐漸開始荒廢，到宋代以後，人們已經只能靠文獻記載來瞭解隋煬帝陵的大致位置了。

清嘉慶十二年（1807），阮元丁憂期間尋訪隋煬帝陵，將城北雷塘附近的「皇墓墩」考訂爲隋煬帝陵。其根據有二，一是明代《嘉靖惟揚志》卷一《古今圖》中的《隋唐揚州圖》（圖二），圖中最重要的是「煬帝陵」的位置，繪圖者將其標注在「雷塘」之西，「迷樓」之北。同書卷一○對隋煬帝陵的位置還有如下說明：「隋煬帝冢，在府城西北十五里雷塘側。」〔註13〕這成爲阮元尋找隋煬帝陵的重要依據。其二是實地踏查時老農的介紹。阮元《修隋煬帝陵記》詳述了考證經過：

貞觀中，以帝禮改葬於雷塘之北，所謂「雷塘數畝田」也。《嘉靖惟揚志》圖於雷塘之北畫一墓碑，碑刻「隋煬帝陵」四字。距今非久，不應迷失。乃問之城中人，絕無知者。嘉慶十二年，元住墓廬，偶遇北邨老農，問以故址。老農言陵今故在，土人名爲皇墓墩，由此正北行三里耳。乃從之行，至陵下，陵地約剩四五畝，多叢葬者，陵土高七八尺，周圍二三畝許。老農言土下有隧道、鐵門，西北向，童時掘土尚及見之。予乃坐陵下，呼邨民擔土來，委土一石者與一錢。不數日，積土八千石，植松百五十株，而陵乃巋然。

〔註11〕《隋書》卷四《煬帝紀下》、卷六四《陳稜傳》，北京：中華書局，1973年，第93～94、1520頁；《北史》卷一四《后妃下·煬愍皇后蕭氏》、卷七八《陳稜傳》，北京：中華書局，1974年，第537、2644～2645頁；《舊唐書》卷一《高祖紀》，北京：中華書局，1975年，第13頁；《新唐書》卷一《高祖紀》，北京：中華書局，1975年，第11頁；《資治通鑑》卷一八六《唐紀二》、卷一九○《唐紀六》、卷一九八《唐紀十四》，北京：中華書局，1956年，第5807、5953、6254頁。

〔註12〕王觀：《揚州賦》注引《燕吳行役記》，曾學文校注：《揚州著述錄》，揚州：廣陵書社，2011年，第18頁。《燕吳行役記》之作者張氏，晚唐人，其名不詳。全書已佚，唯有隻言片語散見於宋代王觀《揚州賦》等諸書中。

〔註13〕朱懷幹、盛儀纂修：《嘉靖惟揚志》，上海：上海古籍書店，1963年，天一閣藏明代方志選刊影印本。《隋唐揚州圖》繪製於何時，現在還不清楚。但《古今圖》前的序言有「遠慨全揚之舊跡，近睹寶祐之遺編」之句，《隋唐揚州圖》前的《古揚州圖》上標注有「宋淮東路」「宋浙西路」等宋代行政區劃，據此推測，這兩幅圖應該都源自宋代揚州地方志，極可能出自於《寶祐惟揚志》。

復告之太守伊君墨卿，以隸書碑，刊而樹之。〔註14〕

　　阮元確認、由揚州太守伊秉綬（號墨卿）書碑的，就是現在槐泗的隋煬帝陵。

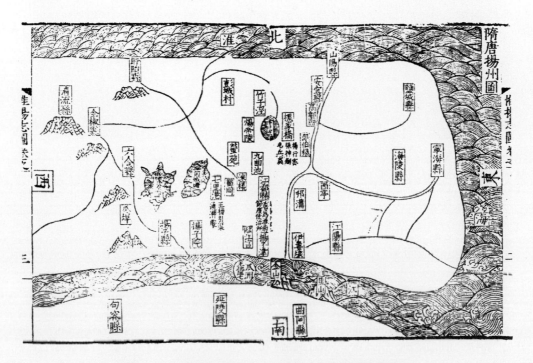

圖二、《嘉靖惟揚志》中的《隋唐揚州圖》

　　其實，阮元對相關史事和《隋唐揚州圖》的解讀有很大的問題：一是《隋唐揚州圖》中沒有畫墓碑，阮元認為的墓碑，其實是標注文字外的方框；二是標注的文字中並無「隋」字；第三，也是最關鍵的，圖中標注的隋煬帝陵在雷塘之西，而非雷塘之北；第四，遍查史料，未見記載隋煬帝陵在雷塘之北的說法，阮元所謂「貞觀中，以帝禮改葬於雷塘之北」，不知所據為何。

　　此外，阮元也似乎沒有注意到《隋唐揚州圖》中有很多明顯的錯誤，如連接山陽縣、高郵縣、邵伯鎮至伊婁埭的水道，繪圖者在其南段標注為「邗溝」，一般認為邗溝是吳王夫差所開，其位置在蜀岡之南，東西向，至灣頭後向北；又如在「江都縣」下注「唐為淮南節度使治所」，這實際上是宋代江都縣治所在，唐淮南節度使府衙在蜀岡上的唐子城內。這些錯誤無疑大大降低

〔註14〕阮元撰、鄧經元點校：《揅經室集》三集卷二，北京：中華書局，1993年，第624頁。

了《隋唐揚州圖》的可信度，在使用此圖的時候是應該慎之又慎的。

　　阮元爲了將皇墓墩確定爲已經不爲世人所知的隋煬帝陵，依據了老農之言和不太準確的《隋唐揚州圖》，更嚴重的是他甚至按自己的主觀意願來解讀志圖，所以難免出現了考證失誤。2013 年發現隋煬帝墓的揚州曹莊，被確認爲是隋煬帝的終葬之地，亦即文獻中所記的「雷塘」。〔註15〕而根據考古工作者的實地探查，槐泗的「皇墓墩」則是一座漢墓，與隋煬帝並無關係。

## 三、訛誤原因

　　以上個案較爲典型地反映了阮元地方史研究中的一些訛誤原因，甚至是清代學者考證的通病：

　　一是對不利的因素，避而不談，或者重視不夠。在考證「蜀師」銘文磚時，阮元要確認「蜀師」磚與孫吳五鳳二年築廣陵城有關，就必須解釋「太康三年七月廿日蜀師所作」銘文磚是否與廣陵城有關，「蜀師」磚爲何在廣陵以外的浙江、吳中等地大量出土，以及其他一些相關問題。但從阮元《吳蜀師磚考》來看，對這些論證的不利因素是一概迴避，未加討論。這些問題不解決，考證結果的可信度就很低，甚至難以成立。

　　二是考證中存在主觀之見，甚至有曲解材料的嫌疑。以考證隋煬帝陵爲例：歷來的文獻都記載煬帝陵在雷塘或雷塘之側。雷塘分上雷塘、中雷塘、下雷塘，是相當大的一片水域。煬帝陵究竟在雷塘的哪個方位，卻未見記載。《嘉靖惟揚志》中的《隋唐揚州圖》將其標注在雷塘之西，這一相對位置對於阮元考證皇墓墩爲隋煬帝陵顯然不利，因爲皇墓墩在雷塘之北，兩者相距甚遠。此外，鄉野老農對於一千餘年前事物的傳言，本身即不大可信；皇墓墩可能跟帝王陵墓有關，也極有可能是其他名稱的音近訛變。〔註16〕在這種情況下，阮元還將皇墓墩考定爲煬帝陵，只能說是有了先入爲主之見，採信了老農的傳言，然後又故意曲解《隋唐揚州圖》中標注的隋煬帝陵的位置，從而完成考證。雖然這一考證結果堪稱阮元的一大手筆，在當時和後世產生了巨大影響，但距離歷史眞實卻有著相當的距離。

〔註15〕南京博物院、揚州市文物考古研究所、蘇州市考古研究所：《江蘇揚州市曹莊隋煬帝墓》，《考古》2014 年第 7 期。束家平、薛炳宏、秦宗林：《江蘇揚州曹莊隋煬帝墓考古成果專家論證會紀要》，《東南文化》2014 年第 1 期。

〔註16〕這種音近訛變的情況十分普遍，如揚州唐子城北門外的尹家橋得名源於附近的尹家莊，後被訛爲迎駕橋，又如唐子城的十字街被訛爲測字街，南門附近的相別橋被訛爲象鼻橋。

　　阮元長達數十年的學術研究生涯中，取得了卓有成效的成果，既為時人所欽服推重，也遺澤鄉邦後人。不過，受制於時代限制和主客觀因素，其考證也存在一些或大或小的訛誤，這是不可避免的。以上舉揚州發現的「蜀師」銘文磚和隋煬帝陵為例，揭示其訛誤的原因，本意是想對阮元地方史研究的成就有更全面、準確的認知，希望沒有厚誣前哲，則至為幸甚。

# 安藤更生及其揚州城研究

## 一、引　言

　　1940 年冬，一個日本人來到揚州尋訪鑒眞和上的相關故跡。但是，到實地一看，除了已經被高洲大助、常盤大定等明確的大明寺外，基本上沒有其他明顯的遺跡。當這位日本人在城內外走動的時候，看到了被認爲是古代城址的土牆、運河的舊河道，以及百姓家院牆上嵌著的有花紋或文字的唐宋古磚。這些尙未被研究的「處女地」一下子就俘獲了他。

　　這個日本人，就是安藤更生。此後至 1944 年初冬的數年間，安藤更生利用從北京出差的一兩日的空暇時間，在揚州進行了多次的實地踏查。一方面是考證《唐大和上東征傳》中涉及的與鑒眞相關的寺廟等遺跡，一方面也把視野擴大到唐宋時代的揚州城，考察了這一時期揚州城池的整體概況。相關研究成果，除了單篇論文《揚州大明寺與棲靈寺之關係》〔註1〕外，主要是 1953年底完成的博士論文《鑒眞大和上傳之研究》〔註2〕，其附篇即《唐宋時期揚州城之研究》〔註3〕。據安藤更生在博士論文序言中所說，其關於揚州城的研究論文原本完成於 1945 年 8 月，題作《唐宋時期揚州城考古學的研究》，篇

---

〔註1〕日文版原稿載（日本）立教大學史學會：《史苑》第 14 卷第 1 號，1941 年，
　　　　中文版載中和月刊社：《中和月刊》第三卷第一期，1942 年。
〔註2〕安藤更生：《鑒眞大和上傳之研究》，日本東京：平凡社，1960 年 8 月初版第
　　　　一刷，1980 年 3 月初版第二刷。
〔註3〕安藤更生：《鑒眞大和上傳之研究》，第 323～381 頁。中文譯稿由汪勃、劉妍
　　　　翻譯，收入董學芳主編：《揚州唐城考古與研究資料選編》（內部資料），2009
　　　　年，第 152～211 頁。以下引用該譯文，不另出注。

幅達 300 餘頁。但日本戰敗後，論文的原稿和相關研究資料（遺跡地圖、300
張遺跡照片等）都未能帶回日本。以後，安藤更生雖然也獲知了揚州拆除全
部城牆修建環城馬路等零星的消息，但是再次實地踏訪揚州城、補充完善研
究資料的願望已不可能實現了。所以作爲博士論文附篇的《唐宋時期揚州城
之研究》，實際上是後來重新執筆撰寫的。

在《唐宋時期揚州城之研究》中，安藤更生對唐宋時期揚州城池的位置、
布局以及城門、道路、橋樑等做了一次概觀。整體而言，其研究功底紮實，
資料詳備，精細深微之處令人歎服，可以說是揚棄舊說、開創新境的劃時代
傑作，在揚州城研究的學術史上具有極其重要的意義。

## 二、安藤更生其人

安藤更生是日本著名美術史學者、鑒眞研究的權威。〔註 4〕本名正輝，
1900 年生於東京。1913 年進入早稻田中學，師事會津八一（1881～1956）
學習美術史。1919 年進入東京外國語學校法語部，1922 年進入早稻田大學
文學部法文科，1924 年因難以籌措學費而中途退學。1928 年，在奈良創設
東洋美術研究會，刊行雜誌《東洋美術》。1937 年底至 1946 年，僑居中國北
京，在創立新民印書館、從事出版行業的同時，致力於中日文化交流，參與
創設北京人文學會、興亞宗教協會、北京文化協會、在華日本文化協會、中
國文化振興會等文化團體。1946 年任早稻田大學講師，講授美術史。1954
年，以《鑒眞大和上傳之研究》獲文學博士學位，次年任早稻田大學教授。
在從事教學、指導學生之餘，也積極參與日本各地的調查和研究。1962 年 9
月，作爲早稻田大學海外研究員赴西歐旅行、講演。1963 年，爲紀念鑒眞和
上圓寂一千二百週年，率日本文化界代表團訪問中國，遊歷北京、西安、南
京、揚州、杭州、廣州等地，並出席在揚州舉行的鑒眞紀念集會。1970 年病
逝。

安藤更生研究領域廣泛、著述宏富。其著作、論文、隨筆等大致可分四
方面，第一是日本佛寺研究，有《三月堂》（飛鳥園，1927）、《唐招提寺》

---

〔註 4〕以下關於安藤更生的生平事蹟和著作等情況，參見：a，《鑒眞大和上傳之研究》
所附著者略歷；b，《故安藤正輝教授略年譜・著作目錄》，（日本）早稻田大
學美術史學會：《美術史研究》（第 9 冊），1972 年，第 71 頁；c，東京文化財
研究所：《日本美術年鑒》（1971），第 107～108 頁，轉引自東京文化財研究
所網站（http://www.tobunken.go.jp／materials／bukko／9487.html）。

（中央公論美術出版，1963）等，第二是美術研究，有《奈良美術研究》（校倉書房，1962）、《中國美術雜稿》（二玄社，1969），第三是鑒眞研究，有《鑒眞》（美術出版社，1958）、《鑒眞大和上傳之研究》（平凡社，1960）、《鑒眞和上》（吉川弘文館，1967）等，第四是書法研究，有《今日的書道》（二玄社，1954。與堀江知彥合編）等。

## 三、《唐宋時期揚州城之研究》概述

《唐宋時期揚州城之研究》可以說是安藤更生研究鑒眞的附帶收穫。在該文中，安藤更生依據踏查的實地現狀，結合史書、地方志等各類文獻記載，對唐宋時期的揚州城進行了較爲系統的考察。

序章梳理了自春秋至明清、民國的揚州城池變遷史，並介紹了明代舊、新兩城。第一章「宋代揚州城之研究」、第二章「唐代揚州城之研究」爲論文主要部分。結語介紹了實地踏查和撰寫論文的情況。以下參考安藤更生製作的「揚州遺跡參考圖」（圖1）， 對第一、二章的主要內容略加概述。

第一章中，安藤更生首先考察了宋大城的位置和範圍。由於明舊城營建於宋大城西南隅（F 地點），所以兩城西南角、西壁、南壁應該基本一致。明新城東南角爲一直角（康山），因爲大運河自宋代以來沒有變更，所以該直角也就應該是宋大城東南角。宋大城的北牆則由實地調查得以明確。在柴河（草河、漕河）南岸殘存有東西直線走向的土牆，土牆北側較陡，南側傾斜較緩，根據宋代城牆的一般特徵，推定該土牆爲宋代城牆。在該土牆上的 A 地點，發現有可以認爲門址的遺址。由 A 地點繼續向西，至 B 地點直角南折。B 地點四周形勢表明其爲角樓遺址。土牆從 B 地點斷續向南，到達明舊城西北角稍偏東約 50 米的地方（C 地點）。BC 線向南，即可抵達宋大城西南角的 F 地點。在 A 地點東的草河南岸有一門址（D 地點），規模比 A 地點門址要大。土牆從該門址繼續向東，於高橋（E 地點）南折，至明新城東北。繼續向南，與東關大街相交（M 地點）。這樣，B、E、康山、F 地點及其間土牆圍合而成的，就是宋大城的範圍。安藤更生又從城周大小、康山位置、城門及城內主乾道等項，探討了文獻所記載的宋大城與踏查所見的城址之間的關係，證明了其推定的宋大城範圍的可信。

接著是二十四橋與宋大城的位置關係。在列舉了沈括《夢溪補筆談》和宋至明清方志的記載後，安藤更生結合「宋大城圖」、「宋三城圖」和遺跡現

狀，確定了各橋的位置，並指出各橋之間間距大約爲 300 米，通過 D 地點的
大街爲宋大城北門始建之前就已經存在的主要道路。

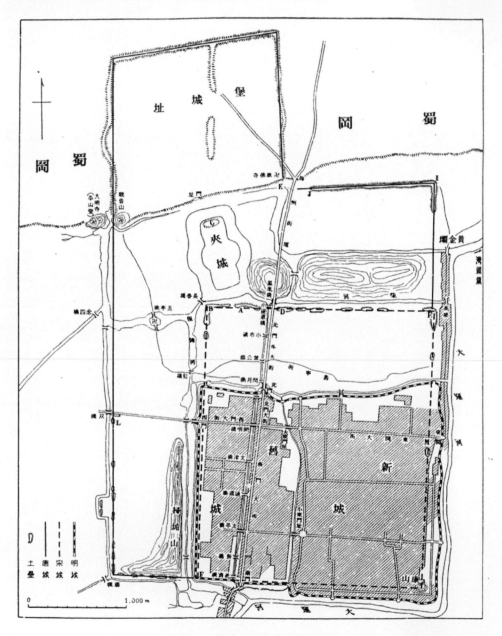

圖 1　揚州遺跡參考圖

下面安藤更生的筆觸似乎有些凌亂。他先介紹了踏查夾城的情況。夾城
北牆有斷開之處（G 地點），推測爲門址。從此處向南到達柴河北岸，其對岸

正好是 A 地點。根據測量，夾城南北距離約 900 米，結合《重修揚州城壕記》「相去二里，屬以夾城」的記載，可以糾正《輿地紀勝》、《方輿勝覽》、《讀史方輿紀要》、《揚州水道記》等「相距三十里」、「相距二十里」之誤。然後對宋大城城址內的南門、河道、大市等遺跡進行了研究。最後是寶祐城。安藤更生對寶祐城南壁遺存、東壁、西壁南部進行了一般勘察，但是未能踏查其北壁及西北角等處。也許正因如此，安藤更生在推定寶祐城範圍時出現了失誤。雖然已經發現了「位於南門略東的南北向延伸的高約 6 米的土牆」，但是就像以後考古調查和發掘所證明的那樣，該土牆才是寶祐城的東牆，安藤更生所推定的寶祐城東牆卻是唐子城的東牆。

第二章中，安藤更生根據已經論定的宋大城遺址，逆推了唐代揚州城的情況。首先明確宋大城即周小城，周小城是利用唐羅城東南隅修築的，所以宋大城東南角（康山）即唐羅城東南角。從康山、E 地點往北，有斷續的城牆遺跡，至楊家莊之西（I 地點）後直角折向西，到達揚州街道之東（J 地點）。從康山向西的南城濠至潘橋處直角折向北，北行 1600 米有明確的唐代門址（L 地點）。這一「踏查確認的唐城遺址，的確多與這些唐末的記載相合，不妨認為該城址就是唐末的州城遺址」，即羅城。至於唐子城的範圍，在安藤更生看來，也就是宋寶祐城的範圍。

接下來，安藤更生分別考察了二十四橋與唐代揚州城的關係、唐代揚州大運河河道、開元寺、參佐橋、唐代揚州城規模和道路等問題。如前所言，在第一章中已經對二十四橋與宋大城的關係進行了考察，在此章又再次頗費筆墨探討了與唐城的關係。1946 年，安藤更生曾在東京大學考古學教室講過二十四橋的話題，想來其對自己的這一研究成果也是頗為自得吧。

## 四、《唐宋時期揚州城之研究》平議

從現代學術意義上對揚州城展開系統研究，應該說始於安藤更生。其研究成果，揭示了唐宋時期揚州城池的概況，尤其是關於唐末羅城和宋代大城的相關看法，大體被後來者所繼承，經受住了時間和考古成果的檢驗。這裡有幾點令人印象特別深刻。

一是安藤更生逆向推理論證的思路極為巧妙。安藤更生調查之時，揚州明清城仍在，所以可依據文獻和現有城池逆推宋代揚州大城的位置和範圍。宋大城既已確定，又可以以之為起點逆推唐代羅城的位置和範圍。從結果來

看，安藤更生的這一方法是切實可行的。再從其反面而言，一旦失去逆推的基礎，此法即不能奏效。如其在推定寶祐城範圍時出現了失誤，除了未能完整踏查遺址和可能受到「宋三城圖」的誤導外，更爲重要的原因恐怕是由於明清城已經遠離蜀岡，對宋代以前蜀岡上城址的範圍只能主觀推斷，認爲「該地成寶祐城以前，是稱作堡城亦稱堡寨城的前代之城，同時也與隋江都宮遺址重合」。從以後的考古調查和發掘結果來看，隋代和宋代蜀岡上的城址重合這一點是不能成立的。所以，安藤更生的研究成果中，關於唐末羅城、宋代大城的部分，意義可謂最大。

二是不盲從文獻和前人之說，以實地踏查爲準。宋代以來的種種資料，數量堪稱龐大，但是我個人的整體感覺是，越往後的資料其參考價值越低。這些資料中陳陳相因和言人人殊的現象極爲普遍。關於某一事物的記載也常常互相牴牾，有時甚至折中而行。所以，與其說這些記載使歷史眞相更爲明晰，不如說是提供了更多的牴牾和歧見，更爲加重了後人的疑惑。僅在這些「故紙堆」裏沉溺不拔，倒不如行萬里路，到實地去一探究竟。安藤更生在整體評價以前的學者及其成果時曾說：「中國的學者除了最近極少數人之外，大都不做現地研究，而是過於依賴文獻，所以故城位置等問題的探討極易成爲空論」，「清朝的學者，雖勉強欲立足於實證主義，但尙未致力於現地調查，加之欠缺考古學知識，遺憾地未能就唐城的佔地得出正確的判斷」。與此相比，受日本明治以來新學術風氣的薰陶，安藤更生具備了良好的考古學與文獻學功底，加上有實地調查的機會，所以才能對唐宋時期的揚州城做出系統的探索，屢獲創見。

三是研究資料極爲豐富。即使今日來看，可補充的文獻資料也不是很多，而且安藤更生曾引用的部分文獻還沒受到充分重視。如討論陳少游修揚州城之事時，除了眾所習知的《資治通鑒》建中四年十一月「淮南節度使陳少游將兵討李希烈，屯盱眙，聞朱泚作亂，歸廣陵，修塹壘，繕甲兵」的記載外，還引用了唐代吳融《冤債志》：「德宗三年，前楊府功曹王愬，自冬入選，至四月寂無音……五月二十三日初明，愬果歸。……初愬宅在慶雲寺西，巫忽曰：『可速賣此宅』。如言賃，得錢十五萬。又令於河東暫僦一宅，貯一年已來儲，然後買竹作粗籠子，可盛五六斗者，積之不知其數。明年春，連帥陳少游議築廣陵城，取愬舊居，給以半價。又運土築籠，

每籠三十文。計資七八萬，始於河東買宅。」此事又見於《太平廣記》卷三六三「王愬」條。關於陳少游築城之事，兩唐書不載，較之《資治通鑑》，此條記載實爲最早。而且據其文可知羅城仍爲土築，城在慶雲寺西，這都是十分重要的信息。遺憾的是，據我所知，除了安藤更生提及此條記載外，較少見到其他研究者引用。

四是在踏查和文獻的基礎上，對揚州城有一個整體的把握。比如，在考察揚州城的築城時，安藤更生注意到運河的重要意義：「不能忘記揚州這個城市的成立條件。揚州原來以運河爲生命，是因運河才成立的港市。其作爲內河貿易港口之城，離開了運河的河道就無法設計。」在辯駁劉文淇認爲韓令坤所築之城在蜀岡上的看法時，這一點成爲重要的論據：「唐代揚州近旁的大運河，雖然初期貫穿流經羅城內，但是後期城內不通運舟，而是從南門外之東至東郊禪智寺橋。因此，從南門附近至東是運輸、通商上的重要地區。若欲利用唐城營建新城，非包含南門附近在內的部分不可。……離開該運道令坤在蜀岡上的唐舊城內築小城的想法只能說是空疎的」。此外，安藤更生還能從中國古代城市史的視角來探討揚州城的相關問題。最明顯的例子，就是根據日本學者的研究成果（「唐代城府一般是街坊分隔成棋盤格狀」），推定「羅城中的大路也必然是保持一定間隔、呈東西或南北向平行通行的。那麼因爲各橋間隔基本相等從羅城之北向南排列，可知有 11 條東西向大路。從利園橋到南水門之間的距離雖然尚容一條道路，但因沿著城牆內側而未架設橋樑。因此，可知揚州羅城的街衢分爲 12 條。」這一看法對以後的考古研究也產生了影響，可能是中國學者認爲揚州羅城內分爲 60 餘坊的濫觴。

當然，安藤更生對揚州城的研究成果中，也存在一些值得商榷的問題。如對開元寺位置的考證，愛宕元認爲其中存在對史料的誤讀。〔註5〕又如安藤更生認爲杜牧《揚州三首》「霞映兩重城」指的是唐代的子城和羅城，我也曾提出過不同看法。〔註6〕這還是細節部分的問題。更多的學者則對其關於唐代揚州城的看法進行了商榷或修正，這將在下一部分中述及。

---

〔註5〕愛宕元：《唐代的揚州城及其郊區》，注 36，載梅原郁編《中國近世的都市與文化》，京都大學人文科學研究所，1984 年，第 280 頁。該文增補後，收入愛宕元：《唐代地域社會史研究》，日本京都：同朋舍，1997 年。

〔註6〕余國江：《揚州讀史小箚》，《江淮文化論叢》（第三輯），北京：文物出版社，2014 年，第 37～39 頁。

## 五、安藤更生揚州城研究的沿襲與超越

安藤更生在《唐宋時期揚州城之研究》的結語中說：「著者殷切期望本稿出版之後，中國的學者們能以此爲梯凳補缺正誤。」如其所願，在博士論文出版三年之後，中國的研究者已經開始參考其研究成果。1963 年，爲紀念鑒眞和上圓寂一千二百週年，耿鑒庭發表了《從揚州的南宋城磚磚窯談到唐代大雲寺的寺址》〔註7〕一文，對鑒眞和上出家的大雲寺的位置進行了考證，其中附有「唐宋以來揚州城及其附近變遷示意圖」（圖 2）。該圖是根據揚州市城市建設局草圖和安藤更生「揚州遺跡參考圖」繪製的，可以看出在唐宋揚州城的位置、布局等方面，耿鑒庭延續了安藤更生的觀點。此後，南京博物院、揚州博物館、揚州師範學院發掘工作組繪製的「揚州古唐城示意圖」（圖 3）〔註8〕中，唐城的輪廓與安藤更生所繪唐末的揚州城仍大體一致。

1978 年，南京博物院對揚州蜀岡上的城址進行了探溝發掘，同時對附近的古代城垣城濠、古河道等遺跡進行了調查。根據殘存的城牆遺跡和發掘結果，認識到整個古城的範圍應包括「東城」和「西城」，原來是一個整體，直至南宋築寶祐城時，僅利用古城西半部，重新增建東牆，使古城分割成東、西兩部分。發掘者繪製的「揚州古城址及發掘坑位圖」（圖 4）中，也修正了安藤更生關於宋代堡城位置的看法，明確了唐子城和宋寶祐城的區別。〔註9〕以此爲基礎，李伯先「唐揚州城平面想像圖」（圖 5）〔註10〕及王熙樫、王庭槐「揚州城址變遷圖」（圖 6）〔註11〕等揚州城圖，一方面沿襲安藤更生關於唐羅城、宋大城的觀點，同時對唐子城、宋寶祐城部分則都採用了南京博物

---

〔註7〕 耿鑒庭：《從揚州的南宋城磚磚窯談到唐代大雲寺的寺址》，《文物》1963 年第 9 期。

〔註8〕 南京博物院、揚州博物館、揚州師範學院發掘工作組：《揚州唐城遺址 1975 年考古工作簡報》，《文物》1977 年第 9 期。該文中，發掘者在談到探方中出土的蓮瓣紋瓦當時，提及安藤更生採集過類似的瓦當。顯然，發掘者對安藤更生的研究成果是瞭解的。

〔註9〕 南京博物院：《揚州古城 1978 年調查發掘簡報》，《文物》1979 年第 9 期。

〔註10〕李伯先：《唐代揚州的城市建設》，《南京工學院學報》1979 年增刊第 2 期（建築學專輯）。

〔註11〕王熙樫、王庭槐：《略論揚州歷史地理》，《南京師範學院學報》1979 年第 4 期。後收入《南京博物院集刊》（3），1981 年，又收入南京師範學院地理系江蘇地理研究室編：《江蘇城市歷史地理》，南京：江蘇科學技術出版社，1982 年。《南京博物院集刊》（3）與《江蘇城市歷史地理》中的圖頗有差別，此處採用的是後者中的圖。

院 1978 年調查發掘的結論。

　　對安藤更生唐羅城說也提出商榷的，有朱江和紀仲慶。朱江關於唐城遺址的最初論述發表於 1963 年，後來的《對揚州唐城遺址及有關問題的管見》〔註12〕一文是根據 1976 年的講稿整理而成，相關觀點可謂自成一格。朱江認爲子城分爲內城、外城和附郭東城，並重點討論了揚州唐城的城周問題，對安藤更生的看法提出了批評。其所繪「唐代揚州城示意圖」（圖 7）中，「揚州唐城遺址的方位是：『西踞蜀崗』，『北抱雷陂』，南界保障湖，東臨黃巾壩」，羅城是東西長、南北寬的近矩形城池。但是，1984 年南門遺址的發現，最終證明安藤更生認爲唐末羅城南界在今康山－南門遺址－F 地點一線的觀點是可信的。

　　紀仲慶根據 1978 年南京博物院的調查和發掘結果，對揚州城的地理位置和沿革進行了探討。首先是修正了唐子城的範圍，其次是大體沿襲了安藤更生對唐羅城的看法，但對羅城西界和南界進行了重新討論。五亭橋南面的法海寺之地，有可能是古代甕城的遺跡，紀仲慶認爲「極有可能是唐代羅城的城門遺跡」，「懷疑此門應是閶門」。結合對七里港河的討論，認爲「羅城西牆的北段應在觀音山以南一線，南段則向東收縮約 1 公里，大致和下述宋大城的西壁在一條線上。」（圖 8）〔註13〕紀仲慶的新觀點中，沒有對安藤更生所提到的 L 地點處的「明確的唐代門址」、L 地點與潘家橋之間的城門遺址進行解釋說明。1988 年，揚州唐城考古隊對揚州大學農學院西門進行了發掘，確定該門始建於唐代。這樣，紀仲慶關於唐羅城西界和南界的看法就無法成立了。

　　日本學者愛宕元也對唐代揚州城進行了細緻的研究。〔註 14〕在綜合安藤更生、歷次調查發掘者、研究者的觀點和繪圖的基礎上，擇善而從，繪製了「唐揚州城復原圖」（圖 9）。除了修正了子城部分外，還補充了當時已經發掘的主要遺跡點和根據史籍考訂的縣治、后土廟等，堪稱是當時最完善的唐代揚州城復原圖。〔註 15〕

---

〔註12〕　朱江：《對揚州唐城遺址及有關問題的管見》，《文博通訊》，1978 年 7 月。此後，朱江又撰寫了《略論唐代揚州城址》（載韓國首爾崇實大學校《金文經教授停年退任紀念集》，1996 年）等文章，堅持和完善了自己的觀點。

〔註13〕　紀仲慶：《揚州古城址變遷初探》，《文物》1979 年第 9 期。

〔註14〕　愛宕元：《唐代的揚州城及其郊區》，載梅原郁編《中國近世的都市與文化》，京都大學人文科學研究所，1984 年。後收入愛宕元：《唐代地域社會史研究》，日本京都：同朋舍，1997 年。

〔註15〕　不過，愛宕元之圖中誤標了東華門、西華門的位置，算是白璧微瑕。

　　隨著揚州城考古調查和發掘工作的展開，尤其是揚州唐城考古隊的組建和相關科研計劃的進行，揚州城的面貌終於逐漸清晰，根據考古工作結果繪製的唐宋揚州城圖最終完全取代了安藤更生等的揚州城示意圖、復原圖。

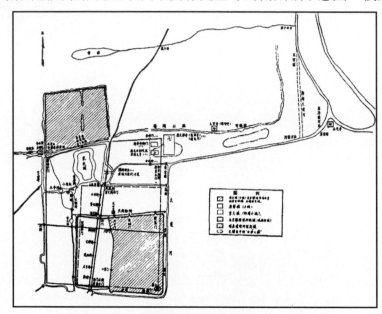

圖2　唐宋以來揚州城及其附近變遷示意圖

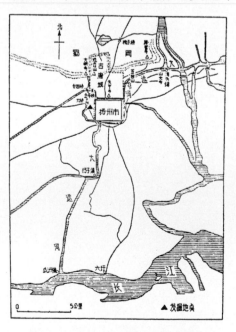

圖3　揚州古唐城示意圖

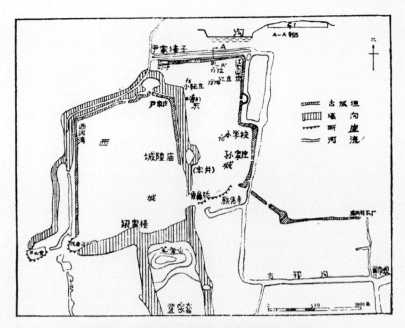

圖4　揚州古城址及發掘坑位圖

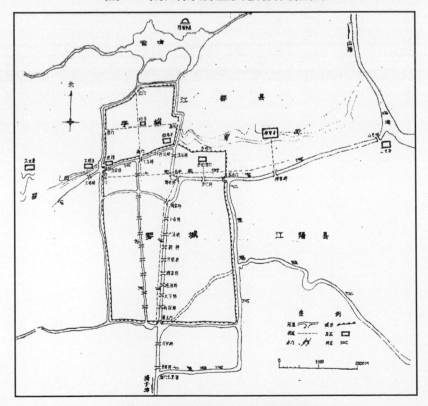

圖5　唐揚州城平面想像圖

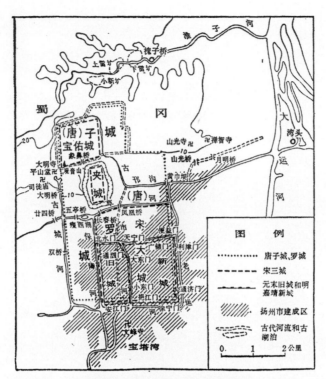

圖 6　揚州城址變遷圖

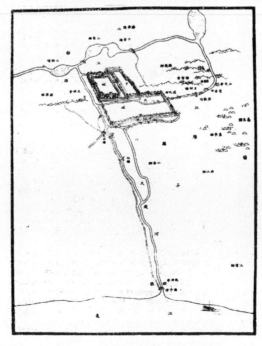

圖 7　唐代揚州城示意圖

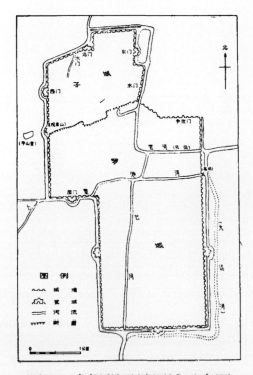

圖 8　唐揚州子城羅城示意圖

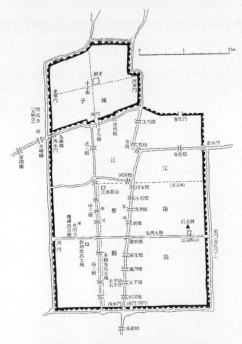

圖 9　唐揚州城復原圖

## 六、小　結

　　如果把安藤更生的揚州城研究放入當時的時代環境中，很容易發現其研究成果的可貴。不可否認，安藤更生到揚州調查，客觀上與當時揚州陷落有關，其調查過程中也受到日軍提供軍用精確地圖等一些便利。但是，正所謂成也時勢，敗也時勢，因為日本戰敗，相關論文原稿和研究資料都被沒收。在這種情況下，僅僅利用出差間隙的踏查和對文獻的梳理、辨析，能將唐宋時期揚州城的面貌大致揭露出來，令人衷心佩服。

　　隨著考古調查和發掘工作的展開，安藤更生的研究成果得到了修正，同時也證實了其羅城說的合理性。雖然考古工作者繪製了更為完善、準確的揚州城圖，但是安藤更生在揚州城研究的學術史上的重要地位是應該肯定的。此外，安藤更生在調查中發現的一些遺跡，今日已經無法見到。如其提及的宋大城 A 地點的城門，與「宋三城圖」可以印證。這些內容，對於我們現在的考古和研究工作仍具有不可替代的參考價值，值得重視。

下編（資料編）

# 先秦漢魏六朝廣陵史事輯考

**周惠王姬閬二十二年，前 655 年**

吳、干戰，滅干國。

據《管子》卷一六《小問》。

【按】先秦時期，揚州爲東夷之地。大約至西周時，揚州地區爲邗國所有。邗（干），本爲北方之國，後遷至淮河一帶，再遷至長江北岸的揚州，大概在春秋時被吳國所滅。關於吳、干戰的時間，郭沫若推測爲「可能在春秋之前，至遲亦當在春秋初年」（《吳王壽夢之戈》）。宋鎭豪則進一步考證爲前 655 年（《商周干國考》）。王冰則通過對相關歷史文獻和考古資料的辨析，提出吳干戰不在江北之廣陵、邗城不是干國的觀點（《吳之邗城非干國考辨》）。此暫從宋鎭豪之說。

**周敬王姬貴二十三年，前 522 年**

伍子胥奔吳，或言由儀徵胥浦渡江。

據《史記》卷六六《伍子胥傳》、《吳越春秋》卷三《王僚使公子光傳》、《詩話總龜》卷一六《留題門下》引《古今詩話》、《輿地紀勝》卷三八《淮南東路·眞州》等。

**周敬王姬匃三十四年，前 486 年**

秋，吳修築邗城，開邗溝。伍子胥經略籌劃其事。後人於邗溝沿線多立伍子胥廟以祠之。

—169—

據《左傳》哀公九年、《全唐文》卷七九一《楚州新修吳太宰伍相神廟記》。

【按】對邗城的所在，諸家有不同的看法。東漢許慎《說文解字》云：「邗，國也。今屬臨淮。」清人段玉裁注曰：「許云『今屬臨淮』者，許意邗國地當在前漢臨淮郡，不在廣陵也。」邗國初爲北方之國，後遷至淮河一帶，再遷至長江北岸的揚州。許慎所云「臨淮」，當是邗國遷徙中之一據點，而吳王夫差所築之邗城當在揚州，即《水經注·淮水》所謂「吳將伐齊，北霸中原，自廣陵城東南築邗城」也。20世紀50年代至70年代，考古工作者曾對揚州蜀岡上的古城址進行過多次調查，根據調查結果，認爲邗城遺址的範圍東至象鼻橋，西止觀音山，南自梁家樓子，北迄尹家橋頭，有內外兩重近長方形的城垣（陳達祚、朱江《邗城遺址與邗溝流經區域文化遺存的發現》）。亦有專家認爲沈家山很可能爲邗城位置（《揚州城：1987～1998年考古發掘報告》）。近年來，揚州唐城考古隊根據考古調查勘探成果，對邗城位置進行了蠡測，認爲其可能在蜀岡南緣東南隅（《揚州蜀崗古代城址考古勘探報告》）。另外，也有學者認爲儀徵破山口是邗國國君的墓葬，佐安古城遺址即邗城（張敏《破山口青銅器三題》、顧風《邗城的探尋與研究》）。邗城究竟位於何處，規模、形制又如何，還需要考古和研究工作的進一步探求。

## 周元王姬仁四年，前473年

十一月，越王句踐滅吳國。廣陵屬越。

據《左傳》哀公二十二年、《史記》卷四〇《楚世家》、同書卷四一《越王句踐世家》。

【按】《史記》卷四〇《楚世家》：「惠王……十六年，越滅吳。……四十四年，楚滅杞。與秦平。是時越已滅吳而不能正江、淮北；楚東侵，廣地至泗上。」正義云：「江、淮北謂廣陵縣、徐、泗等州是也。」據此，似乎越滅吳後，即不得廣陵等江淮以北之地。然細究《楚世家》之文，越不得江淮之北、楚廣地至泗上，當在楚惠王四十四年前後。且《越王句踐世家》載：「句踐已平吳，乃以兵北渡淮，與齊、晉諸侯會於徐州，致貢於周。周元王使人賜句踐胙，命爲伯。句踐已去，渡淮南，以淮上地與楚，歸吳所侵宋地於宋，與魯泗東方百里。當是時，越兵橫行於江、淮東，諸侯畢賀，號稱霸王。」則越滅吳後，橫行於江淮間，諸國皆以其爲霸王，而越所予各國之地，亦在淮河以北。則當時廣陵爲越國所屬，應無疑義。

## 周顯王姬扁三十六年，前 333 年

楚威王興兵伐越，盡取故吳地至浙江。廣陵改屬楚。

據《史記》卷四一《越王句踐世家》。

## 周愼靚王姬定二年，前 319 年

楚國修築廣陵城。

據《史記》卷一五《六國年表》。

【按】《史記·楚世家》載：楚懷王「六年，楚使柱國昭陽將兵而攻魏，破之於襄陵。又移兵而攻齊，齊王患之。」故楚「城廣陵」，可能出於兩個目的：一是更好地控制新納入楚國版圖的越國故土，二是傚仿吳王夫差，以廣陵爲據點北上伐齊。

## 秦王嬴政十五年，前 232 年

寺工作銅鈹。

【按】儀徵市博物館藏有 2 件銅鈹，1993 年出土於儀徵陳集鄉楊莊村詹莊漢墓。其中一件銅鈹鈹莖淺刻十五字銘文「十五年寺工武光□作府吉工方山拜」，另一鈹身淺刻六字銘文「十五年寺工繪」。一般認爲銘文中的「十五年」爲秦王嬴政紀年，即前 232 年。「寺工」是秦朝主造兵器的官署機構，或官名。鈹身所配「山」字形格，尺寸較大，與鈹的銅色及鑄造工藝不同，應該是西漢時重新配造的。(詳見儀徵市博物館編《儀徵出土文物集萃》)竊以爲，結合秦始皇兵馬俑一號坑出土的類似銅鈹，認爲儀徵出土銅鈹銘文中的「寺工」爲秦代官署或官名，依據略嫌不足。將兩者細加比較，可以發現尺寸、銘文格式、寺工名稱等均有區別，應該不是戰國末期秦國的產品。漢代承續秦制，亦有寺工，且這 2 件銅鈹出土於漢墓中，不能輕易排除製作於西漢早期或中期的可能性。因尚無確鑿的反證，今暫從秦王嬴政十五年之斷代。

## 秦王嬴政二十四年，前 223 年

秦滅楚。廣陵屬秦。

據《史記》卷六《秦始皇本紀》、同書卷四〇《楚世家》。

## 秦始皇嬴政二十六年，前221年

始皇帝分天下為三十六郡，廣陵屬薛郡。

【按】據《中國行政區劃通史‧秦漢卷》考證：「始皇二十六年，薛郡北界大致在今山東臨沂、江蘇贛榆處，有今山東東平、新泰以南，沿梁山東、獨山湖、微山湖一線南下，於今洪澤湖處沿淮水西向至今安徽明光市，有今江蘇南京市以東、長江以北，東至海之地。」

## 秦始皇嬴政二十八年，前219年

始皇帝分薛郡置東海郡，廣陵屬東海郡。

【按】據《中國行政區劃通史‧秦漢卷》考證，秦有東海郡，約置於始皇二十八年。其北界在今山東棗莊、邳縣一線，其餘東、南、西三界與原薛郡相同。則東海郡設立後，廣陵當屬之。

## 秦始皇嬴政時，前221年～前210年

廣陵人邵平為東陵侯。

據《史記》卷五三《蕭相國世家》、《漢書》卷三九《蕭何傳》、《水經注》卷一九《渭水》、《嬾眞子錄》卷三「召平有三」條。

【按】《史》《漢》皆載有秦東陵侯召平，不言其爲廣陵人，獨《水經注》云：「又東過長安縣北（……渭水又東逕長安城北，漢惠帝元年築，六年成，即咸陽也。秦離宮無城，故城之。王莽更名常安。十二門：……第三門，……門外舊出好瓜。昔廣陵人邵平爲秦東陵侯，秦破，爲布衣，種瓜此門，瓜美，故世謂之東陵瓜。……）」不知何據，姑且從之。

## 秦二世胡亥二年，前208年

廣陵人召平為陳王陳涉徇廣陵，未能下，渡江矯陳王命，拜項梁為楚王上柱國。項梁率八千人渡江而西，收陳嬰等兵，軍下邳。

據《史記》卷七《項羽本紀》、《漢書》卷三一《陳勝項籍傳》。

【按】此廣陵人召平似非秦東陵侯，疑別是一人也。

## 漢高祖劉邦元年，前206年

正月，項羽分天下，自立為西楚霸王，都彭城。廣陵屬西楚。

據《史記》卷七《項羽本紀》、同書卷八《高祖本紀》。

## 漢高祖劉邦四年，前 203 年

齊王韓信之將灌嬰攻取下相、廣陵等城。

據《史記》卷九五《樊酈滕灌列傳》、《漢書》卷四一《樊酈滕灌傅靳周傳》。

## 漢高祖劉邦五年，前 202 年

正月，齊王韓信徙為楚王，都下邳。廣陵屬楚國。

據《史記》卷八《高祖本紀》、同書卷九二《淮陰侯列傳》。

## 漢高祖劉邦六年，前 201 年

十月，高祖劉邦令天下縣邑城。廣陵當亦築城。

據《漢書》卷一下《高帝紀下》、《漢紀》卷三《高祖皇帝紀》、《嘉靖惟揚志》卷一〇《軍政志·城池》。

正月丙午，高祖劉邦立劉賈為荊王。廣陵屬荊國。

據《史記》卷八《高祖本紀》、同書卷五一《荊燕世家》、《漢書》卷一下《高帝紀下》、同書卷三五《荊燕吳傳·荊王劉賈傳》。

## 漢高祖劉邦十二年，前 195 年

十月辛丑，高祖劉邦立沛侯劉濞為吳王，都廣陵。

據《史記》卷八《高祖本紀》、同書卷五一《荊燕世家》、同書卷一〇六《吳王濞列傳》、《漢書》卷一下《高帝紀下》、同書卷三五《荊燕吳傳·吳王劉濞傳》。

吳王劉濞築廣陵城，城周十四里半。

據《後漢書志》一九《郡國志一》、《水經注》卷三〇《淮水》、《文選》卷一一《賦己·遊覽·蕪城賦》注。

吳王劉濞撫恤百姓，有山海之利，國用饒足，其民無賦。大鑄錢，行於天下。

據《史記》卷一〇六《吳王濞列傳》、《漢書》卷三五《荊燕吳傳·吳王濞傳》。

## 漢文帝劉恒時，前 179 年～前 157 年

竇嬰為吳國相，後病免。

據《史記》卷一○七《魏其武安侯列傳》、《漢書》卷五二《竇田灌韓傳》。

齊相袁盎徙為吳相。

據《史記》卷一○一《袁盎列傳》、《漢書》卷四九《爰盎傳》。

吳王劉濞太子劉賢入朝，為漢文帝太子劉啓所殺。吳王怨恨，稱疾不朝。後文帝賜吳王几杖，使其不朝。

據《史記》卷一○六《吳王濞列傳》、《漢書》卷三五《荊燕吳傳·吳王濞傳》。

鄒陽、嚴忌、枚乘等仕吳王劉濞，皆以文辯著名。說吳王，不聽，遂皆去之梁，從梁孝王遊。

據《漢書》卷五一《賈鄒枚路傳》。

枚乘作《七發》。

據《文選》卷三四《七上·七發》。

【按】枚乘《七發》撰寫的時間和主旨，歷來多有異說。宋代以後的學者多以為是枚乘在侍奉吳王劉濞時所作，規勸吳王不要謀逆。

太子家令鼂錯上書文帝，建議削除吳國等諸侯王，文帝不用其言，而太子劉啟善之。

據《史記》卷一○一《鼂錯列傳》、同書卷一○六《吳王濞列傳》、《漢書》卷三五《荊燕吳傳·吳王濞傳》、同書卷四九《鼂錯傳》。

【按】《漢書·鼂錯傳》載有「惟十有五年九月壬子」文帝之策問，此「十有五年」即文帝十五年（前 165 年）。鼂錯遷中大夫在此年，後又屢次上書「言宜削諸侯事」，當亦在此年，或者稍後。

## 漢景帝劉啓三年，前 154 年

御史大夫鼂錯使吏案治袁盎受吳王財物之事，袁盎廢為庶人。

據《史記》卷一○一《袁盎列傳》、《漢書》卷四九《爰盎傳》。

御史大夫鼂錯再次建議削除吳王等諸侯。

據《史記》卷一○一《鼂錯列傳》、同書卷一○六《吳王濞列傳》、《漢書》

卷三五《荊燕吳傳·吳王濞傳》、同書卷四九《鼂錯傳》、《漢紀》卷九《孝景皇帝紀》。

十二月，廣陵城門楚門、魚門自壞。

據《漢書》卷二七中之上《五行志中之上》、《漢紀》卷九《孝景皇帝紀》。

冬，景帝削除楚王、吳王等郡縣。

據《史記》卷一〇六《吳王濞列傳》、《漢書》卷三五《荊燕吳傳·吳王濞傳》。

正月甲子，吳王劉濞起兵於廣陵。與楚王等聯兵西進，以誅鼂錯為名。景帝誅鼂錯，以袁盎為太常，使吳。吳王劉濞欲殺之，袁盎逃歸。景帝遣大將軍竇嬰、太尉周亞夫等將兵擊吳楚七國之軍。二月，吳王劉濞與周亞夫戰於下邑，軍敗。吳王渡江至丹徒，為東越人所殺。吳王子子華、子駒亡走閩越。吳國國除。

據《史記》卷一一《孝景本紀》、同書卷一〇六《吳王濞列傳》、同書卷一一八《淮南衡山列傳》、《漢書》卷五《景帝紀》、同書卷三五《荊燕吳傳·吳王濞傳》、同書卷四四《淮南衡山濟北王傳》。

【按】《史記·吳王濞列傳》記載「吳王子子華、子駒亡走閩越」，《漢書》作「吳王太子駒亡走閩越」，兩者不同。依《史記》，吳王劉濞二子名為劉子華、劉子駒，依《漢書》則吳王劉濞太子名劉駒。未知二者孰是。

又，吳王劉濞死於江南之丹徒，《史記》正義引《括地志》等，云葬在丹徒縣東練壁聚北，唐代時已入於江。《史記》卷五〇《楚元王世家》：「漢已平吳楚，孝景帝欲以德侯子續吳，以元王子禮續楚。竇太后曰：『吳王，老人也，宜為宗室順善。今乃首率七國，紛亂天下，奈何續其後！』不許吳，許立楚後」，亦可證吳國國除，劉濞不當歸葬廣陵也。然劉濞立凡四十餘年，依漢制，當於在位時規劃、建設陵園，先死之妻妾、功臣亦當葬於陵區之內。根據歷年來揚州地區的考古勘探、發掘和研究成果，大體可以推測今儀徵市廟山及附近區域為吳國劉濞陵區，其中團山1～4號漢墓墓主為劉濞之姬妾，廟山漢墓墓主可能為劉濞王后。

六月乙亥，景帝詔赦吳王劉濞等七國之亂所當坐之吏民。

據《史記》卷一一《孝景本紀》、《漢書》卷五《景帝紀》。

六月，景帝徙汝南王劉非為江都王，都廣陵。

據《史記》卷一一《孝景本紀》、同書卷五九《五宗世家》、《漢書》卷一四《諸侯王表》、同書卷二六《天文志》、同書卷二八下《地理志下》、同書卷五三《景十三王傳》、《漢紀》卷九《孝景皇帝紀》、《通鑒》卷一六《漢紀八》。

【按】《史記》記載劉非爲江都王之時間，《孝景本紀》在景帝三年，《五宗世家》在景帝四年，《漢書·地理志下》亦在景帝四年。《漢書·天文志》《通鑒》等繫於景帝三年。歷來多從景帝三年之說。

江都王劉非好氣力，治宮館，招四方豪傑，驕奢甚。

據《史記》卷五九《五宗世家》、《漢書》卷五三《景十三王傳》、同書卷五六《董仲舒傳》。

## 漢景帝劉啓四年，前 153 年

將軍程嘉擊吳楚，有功，為江都國丞相。

據《史記》卷一九《惠景間侯者年表》、《文獻通考》卷二六七《封建考八·西漢功臣侯》。

【按】《史記》《文獻通考》所記程嘉之謚號不同，一作「哀侯」，一作「敬侯」。

## 漢景帝劉啓五年，前 152 年

五月，江都國大暴風，壞廣陵城。

據《史記》卷一一《孝景本紀》。

【按】《史記·孝景本紀》：「五年……五月，募徙陽陵，予錢二十萬。江都大暴風從西方來，壞城十二丈。丁卯，封長公主子蟜爲隆慮侯。」依《史記》行文體例，江都大風似在五月。查陳垣《二十史朔閏表》，景帝五年五月庚子朔，則丁卯爲五月二十八日，亦合。

## 漢景帝劉啓六年，前 151 年

四月丁卯，景帝封江都丞相程嘉為建平侯。

據《史記》卷一一《孝景本紀》、同書卷一九《惠景間侯者年表》。

## 漢武帝劉徹建元元年，前 140 年

吳楚七國反時，其首事者妻子沒入為官奴婢，武帝哀焉，五月，皆赦遣之也。

據《漢書》卷六《武帝紀》。

## 漢武帝劉徹建元三年，前 138 年

吳王劉濞子劉駒怨東甌殺其父，勸閩粵擊東甌。東甌舉國內徙中國，處江淮之間。

據《史記》卷一一四《東越列傳》、《漢書》卷九五《西南夷兩粵朝鮮傳》。

## 漢武帝劉徹建元年間，前 140 年～前 135 年間

江都王劉非入朝，與武帝寵臣韓嫣有隙。

據《史記》卷一二五《佞倖列傳》、《漢書》卷九三《佞倖傳》。

【按】江都王劉非入朝時間不詳，酌記於此。

鄭當時為江都相。

據《史記》卷一二○《汲鄭列傳》、《漢書》卷五○《張馮汲鄭傳》。

【按】元光元年（前 134 年），武帝以董仲舒為江都相，鄭當時當在其前。武帝即位後，鄭當時先後任魯中尉、濟南太守，則為江都相約在建元末年。

## 漢武帝劉徹元光元年，前 134 年

漢武帝以董仲舒為江都相，事江都王劉非。

據《史記》卷一二一《儒林列傳》、《漢書》卷六《武帝紀》、同書卷五六《董仲舒傳》。

董仲舒以《春秋》災異之說治國，為江都王劉非所重。

據《史記》卷一二一《儒林列傳》、《漢書》卷五六《董仲舒傳》、同書卷八九《循吏傳》、《續漢書》志第五《禮儀志中》、《春秋繁露·止雨第七十五》。

七月，京師雨雹，鮑敞問董仲舒陰陽災異諸事。

據《西京雜記》卷五《董仲舒天象》。

【按】《西京雜記》「元光元年七月」，《古文苑》卷一一《雨雹對》作「元光元年二月」。元光元年五月，董仲舒對策深得武帝之意，「對既畢，天子以

仲舒爲江都相」。倘是年二月京師雨雹，則鮑敞之問當在董仲舒任江都相之前。因《史記》《漢書》等均不載元光元年雨雹之事，無法判斷「七月」「二月」異文孰是孰非，姑以《西京雜記》爲是。

## 漢武帝劉徹元光二年，前 133 年

董仲舒告江都國內史中尉以止雨之禮。

據《春秋繁露‧止雨第七十五》。

【按】《春秋繁露》：「二十一年八月甲申，朔。丙午，江都相仲舒告內史中尉」，清代蘇輿《春秋繁露義證》以爲：「武帝二十一年，從建元元年起數之，則元狩四年。時仲舒免歸家居。元鼎以前紀元並追稱，故此不列年號耳。」其說實誤，此「二十一年」乃江都王劉非二十一年，即武帝元光二年。周桂鈿《董學探微》、秦進才《〈春秋繁露‧止雨〉「二十一年」管窺》等論之已詳，今從之。

## 漢武帝劉徹元光五年，前 130 年

匈奴侵漢邊境，江都王劉非上書願擊匈奴，武帝不許。

據《史記》卷五九《五宗世家》、《漢書》卷五三《景十三王傳》。

## 漢武帝劉徹元光年間，前 134 年前 129 年間

邯鄲人梁蚡欲獻女於江都王劉非，太子劉建私取之。

據《漢書》卷五三《景十三王傳》。

【按】以江都王劉非、劉建父子年齒及在位時間推測，梁蚡獻女之事約在武帝元光年間，故酌書於此。

## 漢武帝劉徹元朔元年，前 128 年

十二月，江都王劉非薨。諡曰易王。

據《史記》卷五九《五宗世家》、《漢書》卷六《武帝紀》、同書卷一四《諸侯王表》、同書卷五三《景十三王傳》、《漢紀》卷一二《孝武皇帝紀》、《通鑒》卷一八《漢紀十》。

【按】2009 年 9 月至 2011 年 12 月，南京博物院等單位對江蘇省盱眙縣馬壩鎮大雲山漢墓區進行了全面勘探和搶救性發掘，證實爲江都王劉非陵園

區。陵園內共發現主墓 3 座、陪葬墓 11 座、車馬陪葬坑 2 座、兵器陪葬坑 2
座。其中主墓、車馬陪葬坑位於陵園南部，陪葬墓位於陵園北部，兵器陪葬
坑位於陵園北側，緊靠陵牆。整體布局排列有序，嚴謹規整。主墓 M1 結構為
黃腸題湊，包括外迴廊、題湊、前室、中迴廊、內迴廊、內槨、外棺、內棺
等部分。儘管受到早期盜墓的影響，但墓室內仍出土了陶器、銅器、金銀器、
玉器、漆木器等遺物 8000 餘件（套），包括「江都飲長」封泥、「江都宦者沐
盤十七年受邸」銀盤、「廿一年南工官造容三升」漆器、「廿二年南工官」漆
器、「廿七年二月南工官」耳杯等。M2 與 M1 東西並列，墓室由一棺一槨、
東西邊廂、頭廂、足廂構成，出土陶器、漆器、銅器、金銀器、玉器等遺物
200 餘件（套）。根據墓葬的形制與規格、墓室結構、玉棺玉衣制度以及高等
級隨葬品等諸多方面分析，發掘者認為 M1 墓主人是江都王劉非，M2 墓主人
是劉非的王后。詳見南京博物院、盱眙縣文廣新局《江蘇盱眙縣大雲山漢墓》
（載《考古》2012 年第 7 期）。

## 漢武帝劉徹元朔二年，前 127 年

江都王劉非太子劉建嗣為江都王。

據《史記》卷五九《五宗世家》、《漢書》卷一四《諸侯王表》、同書卷五
三《景十三王傳》。

江都王劉建淫虐無道，為淫邪亂倫之事，又多傷人命。

據《史記》卷五九《五宗世家》、《漢書》卷五三《景十三王傳》。

## 漢武帝劉徹元朔五年，前 124 年

江都相董仲舒上書丞相公孫弘。

據《古文苑》卷一○《董仲舒詣丞相公孫宏記室書》。

【按】《古文苑》注云：「《漢書》：武帝即位，舉賢良文學之士，仲舒以
賢良對策，天子以為江都相。元朔三年御史大夫公孫宏為丞相，封平津侯。
時仲舒廢為中大夫，居家。此書當在宏為御史大夫時。漢御史大夫與丞相俱
稱三公。」其說似誤。其一，據《史記》卷二二《漢興以來將相名臣年表》
載，「元朔五年十一月乙丑，御史大夫公孫弘為丞相，封平津侯」，非所謂「元
朔三年」。其二，若董仲舒為中大夫，上書公孫弘，不當自稱「江都相」。從
《詣丞相公孫宏記室書》中「君侯以周召自然休質，擢升三公，統理海內，

總緝百僚」等語來看，當時公孫弘爲丞相，則此書必撰於元朔五年十一月之後，又當在董仲舒離任江都相之前，具體時間則難斷定。姑錄於此，以俟博雅君子詳考。

董仲舒遷爲膠西王相。

據《史記》卷一二一《儒林列傳》、《漢書》卷五六《董仲舒傳》。

【按】董仲舒爲膠西王相之時間不詳，酌書於此。

## 漢武帝劉徹元朔年間，前 128 年～前 123 年

江都王劉建知淮南王劉安欲反，陰治兵弩，欲以應之。

據《漢書》卷二七上《五行志上》、同書卷五三《景十三王傳》。

## 漢武帝劉徹元狩二年，前 121 年

江都王劉建有罪，自殺，國除，地入於漢，爲廣陵郡。

據《史記》卷五九《五宗世家》、《漢書》卷六《武帝紀》、同書卷一四《諸侯王表》、同書卷二六《天文志》、同書卷二七下之下《五行志下之下》、同書卷二八下《地理志下》、同書卷五三《景十三王傳》、同書卷一〇〇下《敘傳下》。

江都王劉建之墓在廣陵。

據《太平御覽》卷七六二《器物部七》。

【按】《太平御覽》引《幽明錄》曰：「廣陵有家，相傳漢江都王逮之墓也。常有村人行過，見地有數十具磨。取一具持歸，暮即叩門，求磨甚急。明旦，送著故處。」「家」「逮」分別爲「冢」「建」之訛文，形近而誤也。

廷尉張湯窮治江都王劉建謀反之事，坐死者甚眾。

據《史記》卷三〇《平準書》、同書卷一二二《酷吏列傳》、《漢書》卷二四下《食貨志下》、同書卷五九《張湯傳》。

## 漢武帝劉徹元狩年間，前 121 年～前 117 年間

趙王劉彭祖取江都易王劉非寵姬淖姬，生一男，號淖子。

據《史記》卷五九《五宗世家》、《漢書》卷五三《景十三王傳》。

【按】淖姬爲劉非寵姬，元朔元年（前 128 年）劉非薨，未葬之時，太

子劉建即召淖姬等人通姦。元狩二年（前 121 年）江都王劉建有罪自殺。趙王彭祖取淖姬，似當在劉建死後不久，故酌書於此。

又，據考古發掘和研究，江蘇省盱眙縣馬壩鎮雲山村大雲山西漢諸侯王陵 M1 墓主人爲江都易王劉非。該陵園內陪葬墓 M10 出土有漆盤、漆耳杯、銅盆，均針刻銘文「淖氏」，又出土有銅盆，口沿正面刻有「淖」字銘文。發掘者據此推測「M10 的墓主人應爲文獻記載中的淖姬。」（《江蘇盱眙大雲山江都王陵 M9、M10 發掘簡報》）不過，李銀德認爲：「淖姬出江都國似應無子，再嫁彭祖後仍受寵幸。據《史記・五宗世家》載，趙王『多內寵及子孫』。趙王太子丹淫亂被廢，淖姬子淖子幾立爲王，說明其地位僅次於趙后。趙王彭祖爲王 60 餘年，薨於徵和元年（前 92 年）。若淖姬卒於彭祖薨前，彭祖必讓其葬於自己陵園；若卒於彭祖之後，則距江都王建元狩二年（前 121 年）謀反國除之時已近 30 年，更不可能葬入江都王陵園。……此『淖氏』有兩種可能。一種可能是，耳杯所刻『淖氏』非必墓主，刻銘非名章性質。此『淖氏』耳杯曾爲淖姬在江都国時使用，淖姬嫁趙王彭祖時留在江都王宮，再由其他姬妃所用；或者淖姬直接贈予其他姬妃，並隨使用者葬入墓中。第二種可能是，此『淖氏』非彼『淖姬』。據《漢書・景十三王傳》記載，淖姬有兄爲漢宦者，表明淖姬很可能有姊妹也在江都王宮中，就如同《漢書・外戚傳下》所載的成帝時趙飛燕與女弟俱爲婕妤一樣。」（《江蘇西漢諸侯王陵墓考古的新進展》）此說對 M10 墓主人身份之辨正堪爲允當，對「淖氏」銘文之解讀亦大體可信。

## 漢武帝劉徹元狩六年，前 117 年

四月乙巳，武帝立皇子劉胥為廣陵王。

據《史記》卷四九《外戚世家》、同書卷六〇《三王世家》、《漢書》卷六《武帝紀》、同書卷一四《諸侯王表》、同書卷六三《武五子傳》、《漢紀》卷一三《孝武皇帝紀》。

## 漢武帝劉徹元封元年，前 110 年

武帝遷東越之民於江淮間。

據《史記》卷一一四《東越列傳》、《漢書》卷六《武帝紀》。

## 漢武帝劉徹元封六年，前 105 年

武帝以故江都王劉建女劉細君為公主，與烏孫和親。賜乘輿服御，官屬侍御數百人，贈送甚盛。烏孫昆莫以劉細君為右夫人。

據《史記》卷一二三《大宛列傳》、《漢書》卷九六下《西域傳下》、《漢紀》卷一七《孝宣皇帝紀》、《後漢書》卷一九《耿弇傳》、同書卷四七《班超傳》。

## 漢武帝劉徹徵和二年，前 91 年

廣陵王劉胥動作無法度，多過失，不得立為漢嗣。

據《漢書》卷七《昭帝紀》、同書卷六三《武五子傳》、同書卷六八《霍光傳》、同書卷九七上《外戚傳上》、《西京雜記》卷三「廣陵死力」條。

## 漢昭帝劉弗陵始元元年，前 86 年

昭帝益封廣陵王劉胥一萬三千戶。

據《史記》卷六〇《三王世家》、《漢書》卷七《昭帝紀》、同書卷六三《武五子傳》、《漢紀》卷一六《孝昭皇帝紀》。

## 漢昭帝劉弗陵元鳳五年，前 76 年

正月，廣陵王劉胥入朝，益國一萬一千戶，賜金錢器物。

據《漢書》卷七《昭帝紀》、同書卷六三《武五子傳》、《漢紀》卷一六《孝昭皇帝紀》。

【按】劉胥益封之戶數，《昭帝紀》作「萬一千戶」，《武五子傳》作「萬三千戶」，暫從《昭帝紀》。

又，始元元年、元鳳五年，昭帝兩次益封廣陵王劉胥，分別為一萬三千戶、一萬一千戶。1984 年，江蘇邗江楊壽鄉寶女墩漢墓北側器物坑中出土 1 枚「尋陽令印」。1993 年，江蘇東海縣尹灣六號漢墓出土《東海郡下轄長吏名籍》，有「海西左尉廣陵郡全椒張未央」等字。王冰以此為線索，推測尋陽縣與全椒縣戶籍逾萬，即是昭帝兩次益封之地，而由廣陵王劉胥遙領（《西漢廣陵屬王的封域與昭帝益封之邑考略》）。尹灣六號漢墓下葬於漢成帝元延三年（前 10 年），寶女墩漢墓下葬於王莽居攝二年（7 年）以後。由於時間懸隔，根據兩墓出土文字資料推測昭帝益封劉胥之事，需要謹慎。王冰觀點可備一說。

## 漢昭帝劉弗陵元平元年，前 74 年

四月，昭帝崩，無嗣。群臣議所立，欲立廣陵王劉胥。霍光秉政，承皇太后詔，迎立昌邑王劉賀，即漢廢帝。

據《漢書》卷六八《霍光傳》、《漢紀》卷一六《孝昭皇帝紀》。

霍光廢劉賀，會丞相以下議立新君，廣陵王劉胥又不得立。立武帝曾孫劉病已，即漢宣帝。

據《漢書》卷六八《霍光傳》。

## 漢昭帝劉弗陵時，前 86 年～前 74 年

廣陵王劉胥覬覦帝位，使女巫祝詛。

據《漢書》卷六三《武五子傳》、《漢紀》卷二〇《孝宣皇帝紀》。

## 漢宣帝劉詢本始元年，前 73 年

七月，立廣陵王劉胥四子劉聖、劉曾、劉寶、劉昌為侯，少子劉弘為高密王。

據《史記》卷六〇《三王世家》、《漢書》卷八《宣帝紀》、同書卷六三《武五子傳》。

廣陵王劉胥復使女巫祝詛。

據《漢書》卷六三《武五子傳》。

## 漢宣帝劉詢本始三年，前 71 年

廣陵石里人王奉世有獄事，死。

【按】1980 年，揚州博物館、邗江縣圖書館發掘清理了邗江縣西湖公社胡場大隊的一座漢墓，編為胡場五號漢墓。墓中出土了「臣奉世」「王印奉世」銅印，以及二十五弦瑟、神靈名位牘、日記牘、文告牘、喪祭物品牘等隨葬品。文告牘二件，共隸書六十一字：「冊七年十二月丙子朔辛卯廣陵宮司空長前丞□敢告土主廣陵石里男子王奉世有獄事已復故郡鄉里遣自移詣穴冊八年獄計承書從事如律令」。發掘者根據文告牘與墓中出土的夏熟植物等，推測墓主王奉世卒於廣陵王劉胥四十七年，即漢宣帝本始三年十二月十六日，下葬於次年（本始四年）夏。並認為王奉世屬士一級身份，或相當於士一級身份的小吏。詳見《江蘇邗江胡場五號漢墓》。

## 漢宣帝劉詢地節元年，前 69 年

廣陵王劉胥與楚王劉延壽通使謀反。十一月，劉延壽自殺。宣帝下詔不治劉胥之罪。

據《史記》卷六○《三王世家》、《漢書》卷八《宣帝紀》、同書卷三六《楚元王傳》、同書卷六三《武五子傳》、《漢紀》卷二○《孝宣皇帝紀》。

## 漢宣帝劉詢地節三年，前 67 年

宣帝賜廣陵王劉胥黃金千斤。

據《漢書》卷八《宣帝紀》。

廣陵王劉胥絕望於帝位，停止女巫祝詛。

據《漢書》卷六三《武五子傳》。

## 漢宣帝劉詢神爵元年，前 61 年

宣帝詔祠長江於江都，一歲四祠。

據《史記》卷二八《封禪書》、《漢書》卷二五下《郊祀志第五下》、《水經注》卷三○《淮水》。

【按】《漢書》記載江都江水祠一歲四祠，《地理風俗記》則云一歲三祭。應劭為東漢中晚期人，所記或為東漢時之情形。豈西漢時一歲四祠，而後改為三祠乎？

## 漢宣帝劉詢五鳳四年，前 54 年

正月，廣陵王劉胥有罪，自殺，諡曰厲王。國除為廣陵郡。

據《史記》卷六○《三王世家》、《漢書》卷八《宣帝紀》、同書卷六三《武五子傳》、《西京雜記》卷三「廣陵死力」條、《嬾眞子錄》卷五「劉厲王冢」條。

【按】《西京雜記》：「廣陵王胥有勇力，常於別圃學格熊。後遂能空手搏之，莫不絕脰。後為獸所傷，陷腦而死」，所載劉胥死因與《史》《漢》不同，當有誤。

又，高郵天山漢墓為大型黃腸題湊木槨墓，發掘者根據墓葬規模製度、出土的隨葬品和門齒等綜合推斷，墓主人可能是廣陵王劉胥（梁白泉《高郵天山一號漢墓發掘側記》《高郵天山漢墓發掘的意義》）。又有學者認為劉胥陵

墓並非高郵天山漢墓，而在甘泉山主峰（北峰）之下（王冰《中殿石與甘泉山山陵之主》）。

## 漢宣帝劉詢甘露年間，前 53 年～前 50 年間

河間王劉元取故廣陵厲王、厲王太子及中山懷王故姬廉等以為姬，冀州刺史上奏其事。

據《漢書》卷五三《景十三王傳》。

## 漢宣帝劉詢時，前 73～前 49 年

閎孺為廣陵相，有治名。

據《漢書》卷七六《尹翁歸傳》。

【按】《漢書·尹翁歸傳》：「尹翁歸字子兄，……後去吏居家。會田延年為河東太守，行縣至平陽，……河東二十八縣，分為兩部，閎孺部汾北，翁歸部汾南。……翁歸三子皆為郡守。……而閎孺亦至廣陵相，有治名。由是世稱田延年為知人。」據《漢書》卷九〇《酷吏傳·田延年傳》載：「延年以材略給事大將軍莫府，霍光重之，遷為長史。出為河東太守，選拔尹翁歸等以為爪牙，誅鉏豪強，姦邪不敢發。以選入為大司農。會昭帝崩」，可知田延年為河東太守，在昭帝中後期。其時閎孺為其部屬，則後為廣陵相，約在宣帝時。

陳萬年為廣陵太守。

據《漢書》卷六六《陳萬年傳》。

【按】《漢書·陳萬年傳》載：「陳萬年字幼公，沛郡相人也。為郡吏，察舉，至縣令，遷廣陵太守，以高弟入為右扶風，遷太僕。萬年廉平，內行修，然善事人。賂遺外戚許、史，傾家自盡，尤事樂陵侯史高。丞相丙吉病，中二千石上謁問疾。遣家丞出謝，謝已皆去，萬年獨留，昏夜乃歸。及吉病甚，上自臨，問以大臣行能。吉薦于定國、杜延年及萬年，萬年竟代定國為御史大夫，八歲病卒。」據其仕宦履歷與「賂遺外戚許、史」等事，推斷其於漢宣帝時在廣陵任職，應該無誤，然具體時間不能確定。漢宣帝五鳳四年（前 54 年）正月，廣陵王劉胥自殺，國除為廣陵郡；漢元帝初元二年（前 47 年）三月，復置廣陵國。陳萬年既然為廣陵太守，則當在五鳳四年至初元二年間。而其本傳言丞相丙吉臨終薦之於宣帝，丙吉卒於五鳳三年（前 55 年）正月癸卯，則陳萬年為廣陵太守，當在五鳳三年前。兩相推考，不能吻

合。疑「廣陵太守」是「廣陵相」之訛,或其習稱。

宣帝賜和親公主劉細君博具。

據《後漢書》卷一九《耿弇傳》。

## 漢元帝劉奭初元二年,前 47 年

三月壬申,元帝復置廣陵國,立廣陵厲王劉胥太子劉霸為廣陵王。

據《漢書》卷九《元帝紀》、同書卷一四《諸侯王表》、同書卷六三《武五子傳》。

## 漢元帝劉奭建昭五年,前 34 年

廣陵王劉霸之子劉意嗣立為廣陵王。

據《漢書》卷一四《諸侯王表》。

【按】建始二年(前 31 年),劉護嗣為廣陵王,上距建昭五年僅僅三年,而《諸侯王表》言廣陵王劉意在位十三年,有誤,疑「十」字衍文。

## 漢成帝劉驁建始二年,前 31 年

廣陵王劉意之子劉護嗣立為廣陵王。

據《漢書》卷一四《諸侯王表》。

## 漢成帝劉驁永始元年,前 16 年

廣陵王劉護薨,無子,國絕。

據《漢書》卷一四《諸侯王表》。

## 漢成帝劉驁元延二年,前 11 年

四月,成帝復立廣陵孝王劉霸之子劉守為廣陵王。

據《漢書》卷一○《成帝紀》、同書卷一四《諸侯王表》、同書卷六三《武五子傳》。

【按】《漢書·景十三王傳》載:「平帝時新都侯王莽秉政,興滅繼絕,立建弟盱眙侯子宮為廣陵王,奉易王後。」此事《平帝紀》記載略有不同:元始二年「夏四月,立……江都易王孫盱臺侯宮為廣川王」,《諸侯王表》又不同:「廣世王,元始二年四月丁酉,宮以易王庶孫盱眙侯子紹封」。《漢紀》

卷三〇《孝平皇帝紀》與《漢書·平帝紀》同。是則元始二年（2 年）劉宮所封之王號，有廣陵、廣世、廣川三種說法。其中，「廣陵」必誤。據《諸侯王表》，元延二年四月，劉守立爲廣陵王，十七年薨，居攝二年（7 年）劉宏嗣爲廣陵王，可知元始二年廣陵王爲劉守，不可能再封劉宮爲廣陵王。「川」「世」形近，當有一誤。查《諸侯王表》《景十三王傳》等，無劉宮爲廣川王之記載，又「世」字殘泐即易誤爲「川」，而「川」不易誤爲「世」，故頗疑「廣川」是「廣世」之訛。無論如何，《景十三王傳》所謂立劉宮爲廣陵王，非是史實。

## 漢平帝劉衎元始五年，2 年

廣陵人朱凌將死，約請縣鄉三老等，作《先令券書》。

【按】儀徵胥浦 101 號西漢墓中出土有一批竹木簡牘，其中 16 枚竹簡可以連綴成篇，根據自名，發掘者將之定名爲《先令券書》。相關發掘和竹簡釋讀研究，見揚州博物館《江蘇儀徵胥浦 101 號西漢墓》以及陳平、王勤金《儀徵胥浦 101 號西漢墓〈先令券書〉初考》。

## 漢孺子劉嬰居攝二年，7 年

廣陵王劉守薨，謚爲靖王。

據《漢書》卷一四《諸侯王表》。

【按】揚州楊壽鎮寶女墩是人工夯築的封土堆，據推測其主墓爲新莽時期的墓葬，現尚未發掘。1985 年揚州博物館、邗江縣圖書館聯合清理發掘了寶女墩範圍內的隨葬墓，即主墓西側的 M104 和北側的 M105，根據發掘結果，推測寶女墩主墓是廣陵王劉守或其子劉宏，而劉守的可能性更大（《江蘇邗江縣楊壽鄉寶女墩新莽墓》）。

廣陵王劉守之子劉宏嗣立爲廣陵王。

據《漢書》卷一四《諸侯王表》。

## 西漢時，前 206 年～8 年

徐襄爲廣陵內史。

據《史記》卷一二一《儒林列傳》、《漢書》卷八八《儒林傳》。

張無故為廣陵王太傅。

　據《漢書》卷八八《儒林傳‧張山拊傳》。

廣陵露白村人夜見鬼怪，掘地，入地尺許，得一朽爛方相頭。訪之故老，咸云：「嘗有人冒雨葬至此，遇劫，一時散走，方相頭陷沒泥中。」

　據《太平御覽》卷五五二《禮儀部‧方相》引《幽明錄》。

　【按】此事妄誕不經，時代亦不詳。《幽明錄》佚文多見漢代時事，故錄於此。

## 新王莽始建國元年，9 年

廣陵王劉宏貶為廣陵公。

　據《漢書》卷一四《諸侯王表》、同書卷九九中《王莽傳中》。

## 新王莽始建國二年，10 年

廣陵公劉宏廢為庶人。

　據《漢書》卷一四《諸侯王表》、同書卷九九中《王莽傳中》。

王莽以廣陵國為江平郡，廣陵縣為安定縣。

　據《漢書》卷二八下《地理志下》。

## 漢光武帝劉秀建武十三年，37 年

二月，廢除泗水國，屬廣陵。

　據《後漢書》卷一下《光武帝紀下》。

## 漢明帝劉莊永平元年，58 年

八月戊子，徙山陽王劉荊為廣陵王，遣就國。

　據《後漢書》卷二《顯宗孝明帝紀》、同書卷四二《光武十王列傳》、同書志第十三《五行志一》。

## 漢明帝劉莊永平十年，67 年

二月，廣陵王劉荊有罪自殺，國除。諡曰思王。

　據《後漢書》卷二《顯宗孝明帝紀》、同書卷三二《樊宏傳》、同書卷四

二《光武十王列傳》、同書志第一一《天文志中》、同書志第一三《五行志一》、同書志第一八《五行志六》、《後漢紀》卷一○《孝明皇帝紀下》、《東觀漢記》卷七《廣陵思王荊傳》、《論衡》卷一九《恢國篇》。

【按】揚州甘泉鎮有雙山，爲東西相鄰的兩座漢墓。1980 年發掘了東側之墓，編號爲甘泉二號墓，推測爲劉荊之墓。1981 年，在二號墓附近發現「廣陵王璽」金印，更加證實了發掘者的推斷（《江蘇邗江甘泉二號漢墓》）。近年來，有學者提出異議，認爲甘泉二號漢墓墓主人爲東漢晚期的某位廣陵王，而非東漢早期的廣陵王劉荊（汪俊明《揚州甘泉山二號墓年代獻疑》），也可備一說。

## 漢明帝劉莊永平十四年，71 年

五月，封故廣陵王劉荊之子劉元壽爲廣陵侯，服王璽綬，食六縣，不得臣吏民。

據《後漢書》卷二《顯宗孝明帝紀》、同書卷四二《光武十王列傳》、《後漢紀》卷一○《孝明皇帝紀下》、《論衡》卷一九《恢國篇》。

## 漢明帝劉莊永平十五年，72 年

二月庚子，明帝東巡。三月，徵廣陵侯劉元壽等會於魯，賜予器物。

據《後漢書》卷二《顯宗孝明帝紀》、同書卷四二《光武十王列傳》、《東觀漢記》卷二《顯宗孝明皇帝紀》、《後漢紀》卷一○《孝明皇帝紀下》。

## 漢明帝劉莊時，58 年～75 年

吳郡沈豐至廣陵迎會稽太守第五倫之母，祭神渡江。

據《太平御覽》卷六○《地部・江》引謝承《後漢書》。

【按】《後漢書》卷四一《第五倫傳》載：「建武二十七年，舉孝廉，補淮陽國醫工長，隨王之國。……二十九年，從王朝京師，……倫出，有詔以爲扶夷長，未到官，追拜會稽太守。……永平五年，坐法徵，老小攀車叩馬，號呼相隨，日裁行數里，不得前。」可知第五倫爲會稽太守，在光武帝末年至明帝初年。謝承《後漢書》中有「倫每至臘節，常感戀垂泣」之語，故酌錄其迎母之事於明帝初年。

## 漢章帝劉炟建初元年，76 年

校書郎楊終上疏，請遷還廣陵王劉荊等獄徙邊之吏民。章帝從之，還徙者，罷邊屯。

據《後漢書》卷四八《楊終傳》、同書志第十三《五行志一》。

## 漢章帝劉炟建初七年，82 年

章帝詔廣陵侯劉元壽兄弟等朝京師。

據《後漢書》卷四二《光武十王列傳》、《後漢紀》卷一一《孝章皇帝紀上》。

【按】《後漢紀》：「七年春正月，沛王、東平王、中山王、東海王、琅邪王、廣陵王、榆鄉侯、東鄉侯朝，使中謁者以乘輿服、太官珍膳迎蒼於郊」，「廣陵王」誤，劉元壽雖「服王璽綬」，而實際只是廣陵侯。

又，廣陵侯劉元壽何時去世，史籍未載。其死後之廣陵侯世系，據《後漢書·光武十王列傳》記載為：「子商嗣。商卒，子條嗣，傳國於後。」詳情不得而知。

又，揚州甘泉雙山漢墓東側之墓，1975 年發掘，編號為甘泉一號墓。其墓主，余意以為乃廣陵侯劉元壽（《江蘇揚州雙山漢墓墓主身份探討》）。

## 漢章帝劉炟章和元年，87 年

謁者馬棱遷為廣陵太守，在郡多有政績。時穀貴民饑，奏罷鹽官，以利百姓，賑貧贏，薄賦稅，興復陂湖，節田二萬餘頃，吏民刻石頌之。

據《後漢書》卷二四《馬援傳》。

## 漢和帝劉肇章和元年，90 年

廣陵太守馬棱轉漢陽太守。

據《後漢書》卷二四《馬援傳》。

## 漢安帝劉祜永初七年，113 年

九月，調丹陽、會稽等郡租米，賑給廣陵等郡饑民。

據《後漢書》卷五《孝安帝紀》。

## 漢順帝劉保陽嘉二年，133 年

廣陵郡舉徐淑為孝廉。徐淑年未及四十，不當察舉，為尚書令左雄
所詰，遣還。廣陵太守坐免。

　據《後漢書》卷六一《左雄傳》。

## 漢順帝劉保永和三年，138 年

四月，九江賊蔡伯流寇至廣陵，殺江都長。

　據《後漢書》卷六《孝順帝紀》、同書卷六三《李固傳》、同書志第十一
《天文志中》。

## 漢順帝劉保永和年間，136 年～141 年

江都邗溝水斷。

　據《水經注》卷三〇《淮水》。

　【按】《水經注・淮水》：「昔吳將伐齊，北霸中國，自廣陵城東南築邗
城，城下掘深溝，謂之韓江，亦曰邗溟溝，自江東北通射陽湖。《地理志》
所謂渠水也。西北至末口入淮。自永和中，江都水斷，其水上承歐陽埭，
引江入埭，六十里至廣陵城。楚、漢之間為東陽郡，高祖六年為荊國，十
一年為吳城，即吳王濞所築也。景帝四年，更名江都。武帝元狩三年，更
曰廣陵。王莽更名郡曰江平，縣曰定安。城東水上有梁，謂之洛橋。中瀆
水自廣陵北出武廣湖東、陸陽湖西。二湖東西相直五里，水出其間，不注
樊梁湖。舊道東北出，至博芝、射陽二湖。西北出夾邪，乃至山陽矣。至
永和中，患湖道多風，陳敏因穿樊梁湖北口，下注津湖徑渡，渡十二里方
達北口，直至夾邪。興寧中，復以津湖多風，又自湖之南口，沿東岸二十
里，穿渠入北口，自後行者不復由湖。故蔣濟《三州論》曰：淮湖紆遠，
水陸異路，山陽不通，陳敏穿溝，更鑿馬瀨，百里渡湖者也。」永和年號，
漢順帝、東晉穆帝等均曾使用。一般認為，《水經注・淮水》「自永和中，
江都水斷」之「永和」為晉穆帝年號。然從上下文看，永和中陳敏穿樊梁
湖北口，其事蔣濟《三州論》已經論及。蔣濟《三州論》作於曹魏初年，
則陳敏穿樊梁湖之「永和中」必為漢順帝時。竊以為邗溝水斷，亦在順帝
永和時。

## 漢順帝劉保漢安元年，142 年

廣陵盜賊張嬰等眾數萬人，殺刺史、二千石，寇亂揚徐間，積十餘年，朝廷不能討。

據《後漢書》卷六《孝順帝紀》、同書卷五六《張綱傳》。

張綱與大將軍梁冀不協，梁冀諷尚書，以張綱為廣陵太守。張綱至廣陵，與張嬰相見，示以恩信。張嬰率所部萬餘人歸降。

據《後漢書》卷六《孝順帝紀》、同書卷五六《張綱傳》、《三國志》卷四五《蜀書‧張翼傳》裴松之注引《續漢書》、《後漢紀》卷一九《孝順皇帝紀下》。

順帝欲擢用張綱，張嬰等上書乞留，許之。

據《後漢書》卷五六《張綱傳》、《三國志》卷四五《蜀書‧張翼傳》裴松之注引《續漢書》。

## 漢順帝劉保建康元年，144 年

廣陵太守張綱卒，時年三十六。張嬰等三百餘人送喪至洛陽，葬訖，為起冢立祠，四時奉祭，思慕如喪考妣。順帝下詔褒揚，除張綱一子為郎。

據《後漢書》卷五六《張綱傳》、《三國志》卷四五《蜀書‧張翼傳》裴松之注引《續漢書》。

【按】《後漢書‧孝順帝紀》：「漢安元年……是歲，廣陵賊張嬰等詣太守張綱降」，《三國志》裴注引《續漢書》：「建康元年，病卒官」，則張綱在廣陵，前後約兩年。諸書皆云其在郡一年而卒，概言之乎？

## 漢沖帝劉炳永熹元年，145 年

正月，張嬰等復反，據廣陵，攻殺堂邑、江都長。

據《後漢書》卷六《孝質帝紀》、同書卷三八《滕撫傳》。

【按】永熹元年春正月戊戌，漢沖帝崩，丁巳，劉纘即位，即漢質帝。當年未改元，仍用永熹年號。張嬰等復反，在漢質帝即位後。

十一月丙午，中郎將滕撫擊廣陵賊張嬰，破之。

據《後漢書》卷六《孝質帝紀》、同書卷三八《滕撫傳》。

## 漢質帝劉纘本初元年，146 年

正月壬子，廣陵太守王喜坐討張嬰逗留，下獄死。

據《後漢書》卷六《孝質帝紀》。

九江、廣陵二郡數離寇害，殘夷最甚。二月庚辰，詔賑濟之，收葬枯骨。

據《後漢書》卷六《孝質帝紀》、《後漢紀》卷二〇《孝質皇帝紀》。

【按】此詔之時間，《後漢書》記爲二月庚辰，《後漢紀》則爲三月庚申。查陳垣《二十史朔閏表》，是年二月丁巳朔，庚申爲初四日，三月丙戌朔，無庚申。《後漢紀》「三月」誤。

七月，廣陵賊張嬰餘黨仍未殄滅。

據《後漢書》卷七《孝桓帝紀》。

【按】本初元年閏六月，大將軍梁冀弒殺漢質帝，立桓帝劉志。是年未改元。

## 漢桓帝劉志元嘉二年，152 年

七月二日，日蝕，史官不見，廣陵上奏以聞。

據《後漢書》志第十八《五行志六》。

## 漢桓帝劉志延熹八年，165 年

太尉楊秉舉廣陵人劉瑜賢良方正，劉瑜至京師，上書陳事，桓帝不能用之。

據《後漢書》卷五七《劉瑜傳》、《太平御覽》卷三七四《人事部・鬚髯》引《廣陵列士傳》。

## 漢桓帝劉志延熹九年，166 年

正月，沛國戴異得金印，與廣陵人龍尚等共祭井，作符書，稱「太上皇」，伏誅。

據《後漢書》卷七《孝桓帝紀》。

## 漢桓帝劉志時，147 年～167 年

荀曇為廣陵太守，其兄荀昱為沛相，皆正身疾惡，志除閹宦，其支黨賓客有在二郡者，纖罪必誅。昱後共大將軍竇武謀誅中官，與李膺俱死。曇亦禁錮終身。

據《後漢書》卷六二《荀淑傳》、《東觀漢記》卷一七《荀曇傳》、《三國志》卷一〇《魏書·荀攸傳》。

【按】漢靈帝建寧元年（168 年），竇武為大將軍，誅宦官未成，反而身死，同謀者皆或被殺，或遭禁錮，荀昱、荀曇亦在其列。以此逆推，荀曇為廣陵太守，當在桓帝末年。

## 漢靈帝劉宏建寧二年，169 年

四月，郎中謝弼出為廣陵府丞。後去官歸家。

據《後漢書》卷五七《謝弼傳》。

## 漢靈帝劉宏熹平五年，176 年

劉元臺買墓地。

【按】1975 年，揚州甘泉山以南、老虎墩以西某處，發現一座漢代磚室墓，出土了一件東漢熹平五年劉元臺買地磚券，外為七角柱形，銘文為：「熹平五年七月庚寅朔十四日癸卯廣□鄉樂成里劉元臺從同縣劉文平妻買得代夷里冢地一處買錢二萬即日錢畢南至官道西盡墳瀆東與房親北與劉景□為冢時臨知者劉元泥枕安居共為券書平執不當賣而賣辛為左右所禁故平執為是正如律令」（蔣華《揚州甘泉山出土東漢劉元臺買地磚券》）。

## 漢靈帝劉宏熹平年間，172 年～177 年

趙苞為廣陵令，任職三年，政教清明，郡表其狀，遷為遼西太守。

據《後漢書》卷八一《獨行列傳》。

【按】《通鑒》卷五七《漢紀四九》載：「遼西太守甘陵趙苞到官，遣使迎母及妻子，垂當到郡；道經柳城，值鮮卑萬餘人入塞寇鈔，苞母及妻子遂為所劫質，載以擊郡。……」繫此事於熹平六年（177 年），然不知何據，司馬溫公或有所本也，今暫從之。以此逆推，趙苞為廣陵令，約在熹平二年至五年。

## 漢靈帝劉宏中平六年，189 年

即丘長臧洪棄官還家，廣陵太守張超請為功曹。

據《後漢書》卷五八《臧洪傳》、《三國志》卷七《魏書·臧洪傳》。

【按】臧洪棄官還家之時間，《後漢書》作「中平末」，《三國志》作「靈帝末」，故酌書於此。

## 漢獻帝劉協初平元年，190 年

董卓亂政，廢漢少帝。臧洪說廣陵太守張超聯合兗州刺史劉岱、豫州刺史孔冑等，設壇結盟，共同討伐董卓。張超以太傅掾袁綏領廣陵事。

據《後漢書》卷五八《臧洪傳》、同書卷七四上《袁紹傳》、《三國志》卷七《魏書·臧洪傳》、同書卷五七《吳書·陸瑁傳》、《後漢紀》卷二六《孝獻皇帝紀》。

【按】中平六年四月，漢靈帝駕崩，其長子劉辯繼位，是為漢少帝，先改元光熹，八月復改元昭寧。九月，董卓廢少帝為弘農王，立陳留王劉協，是為漢獻帝。《後漢書·臧洪傳》：「初平元年春正月，山東州郡起兵以討董卓。辛亥，大赦天下。癸酉，董卓殺弘農王。」而《後漢書》《三國志》臧洪本傳記載董卓弒帝，臧洪乃說張超等起兵，蓋是史終言之，故略有不同。

## 漢獻帝劉協初平二年，191 年

孫策渡江，居江都。

據《三國志》卷四六《吳書·孫破虜討逆傳》。

【按】《三國志·吳書·孫破虜討逆傳》：「策字伯符。堅初興義兵，策將母徙居舒，與周瑜相友，收合士大夫，江、淮間人咸向之。堅薨，還葬曲阿。已乃渡江居江都。」孫堅卒於初平二年，故酌書孫策移居江都及下條至廣陵見張紘事於此年。

孫策至廣陵見張紘，諮以世務，張紘為其謀劃。

據《三國志》卷四六《吳書·孫破虜討逆傳》引《吳曆》、《建康實錄》卷一《吳上·太祖上》。

### 漢獻帝劉協初平四年，193 年

徐州治中王朗、別駕趙昱說刺史陶謙遣使奉貢，獻帝詔拜陶謙為徐州牧，以昱為廣陵太守，朗為會稽太守。

據《後漢書》卷七三《陶謙傳》、《三國志》卷八《魏書‧陶謙傳》、同書卷一三《魏書‧王朗傳》。

廣陵太守趙昱察張紘孝廉。

據《三國志》卷五三《吳書‧張紘傳》引《吳書》。

許劭避地廣陵，徐州刺史陶謙禮之甚厚。劭不自安，遂復投揚州刺史劉繇於曲阿。

據《後漢書》卷六八《許劭傳》。

陶謙使笮融督廣陵、下邳、彭城三郡漕運。笮融遂斷三郡委輸，大起佛寺，傳揚佛法。每浴佛，多設酒飯，民人來觀及就食且萬人。

據《後漢書》卷七三《陶謙傳》、《三國志》卷四九《吳書‧劉繇傳》。

【按】笮融督廣陵等郡漕運以及大起佛寺之時間不詳，酌書於此年。

孫策遣呂範至江都迎接其母，呂範被執，後為親客健兒救回。

據《三國志》卷五六《吳書‧呂範傳》。

【按】《三國志‧吳書‧呂範傳》：「時太妃在江都，策遣範迎之。徐州牧陶謙謂範為袁氏覘候，諷縣掠考範，範親客健兒篡取以歸。」其事具體時間不詳。初平四年陶謙始為徐州牧，翌年死。故酌書於此。

### 漢獻帝劉協興平元年，194 年

曹操攻徐州，陶謙敗，笮融率眾南走廣陵。廣陵太守趙昱待以賓禮。融利廣陵資貨，遂乘酒酣殺昱，放兵大掠，過江奔豫章。

據《後漢書》卷七三《陶謙傳》、《三國志》卷八《魏書‧陶謙傳》、同書卷四九《吳書‧劉繇傳》。

【按】《後漢書‧陶謙傳》《三國志‧吳書‧劉繇傳》《通鑑》均言笮融南走廣陵，廣陵太守趙昱待以賓禮，笮融趁酒酣殺趙昱，而謝承《後漢書》則云笮融從臨淮見討，趙昱與之戰，敗績而亡。兩者記載不同，未知孰是。

## 漢獻帝劉協建安元年，196 年

徐州牧劉備為袁術、呂布所攻，兵潰，收散卒東取廣陵，飢餓困躓，後求和於呂布，還小沛。

據《三國志》卷三二《蜀書‧先主傳》、同書卷三八《蜀書‧麋竺傳》。

袁術以吳景為廣陵太守。

據《三國志》卷五〇《吳書‧妃嬪傳》、同書卷五一《吳書‧宗室傳》引《江表傳》。

## 漢獻帝劉協建安二年，197 年

袁術僭號稱帝，廣陵太守吳景棄郡渡江歸孫策，孫策以之為丹楊太守。

據《三國志》卷五〇《吳書‧妃嬪傳》、同書卷五一《吳書‧宗室傳》。

呂布遣陳登詣曹操，曹操以陳登為廣陵太守，密為內應以圖呂布。

據《後漢書》卷五六《陳球傳》、同書卷七五《呂布傳》、《三國志》卷七《魏書‧呂布傳》。

陳登在廣陵，有威信，百姓愛之。

據《三國志》卷七《魏書‧呂布傳》。

廣陵太守陳登以陳矯為功曹，以徐宣為郡吏。

據《三國志》卷二二《魏書‧陳矯傳》、同書卷二二《魏書‧徐宣傳》。

## 漢獻帝劉協建安三年，198 年

曹操攻徐州下邳，廣陵太守陳登率郡兵為軍先驅。以功加拜伏波將軍。

據《三國志》卷七《魏書‧呂布傳》引《先賢行狀》。

廣陵太守陳登有疾，華佗為其診治。

據《後漢書》卷八二下《方技傳‧華佗傳》、《三國志》卷二九《魏書‧方技傳》。

曹操表徵王朗，孫策遣之，王朗自曲阿經廣陵而至。

據《三國志》卷一三《魏書‧王朗傳》、同書卷五七《吳書‧虞翻傳》。

### 漢獻帝劉協建安五年，200 年

四月，廣陵太守陳登治射陽，遣使於嚴白虎餘黨，圖取孫策。孫策遣軍攻陳登於匡琦城，陳登大敗之。

據《三國志》卷七《魏書·呂布傳》引《先賢行狀》、同書卷四六《吳書·孫破虜討逆傳》、《建康實錄》卷一《吳上·太祖上》。

【按】《三國志·魏書·陳矯傳》云：「陳矯字季弼，廣陵東陽人也。……還本郡。太守陳登請為功曹，……郡為孫權所圍於匡奇，登令矯求救於太祖」，「孫權」誤，當是「孫策」。

廣陵太守陳登遷為東城太守。廣陵吏民感其恩德，老弱繈負而追之。

據《三國志》卷七《魏書·呂布傳》引《先賢行狀》。

袁紹攻曹操，廣陵人陳琳為袁紹作討曹檄文。

據《後漢書》卷七四上《袁紹傳》、《三國志》卷六《魏書·袁紹傳》。

### 漢獻帝劉協建安十六年，211 年

十一月，廣陵人張紘卒。

據《三國志》卷五三《吳書·張紘傳》、《建康實錄》卷二《吳中·太祖下》。

### 漢獻帝劉協建安十八年，213 年

曹操令沿江郡縣百姓內徙，百姓驚恐，廬江、九江、蘄春、廣陵等十餘萬戶皆東渡江。

據《三國志》卷四七《吳書·吳主傳》、《建康實錄》卷一《吳上·太祖上》。

三月庚寅，省州並郡，復《禹貢》之九州，廣陵郡屬徐州。

據《後漢書志》二八《百官志五》引《獻帝起居注》。

### 漢獻帝劉協建安二十二年，217 年

廣陵人陳琳染疫疾而亡。

據《三國志》卷二一《魏書·王粲傳》。

## 東漢時，25～220年

皇帝不豫，則令泰山太守、廣陵太守等禱祠五嶽四瀆。

據《宋書》卷一五《禮志二》。

橋基為廣陵太守。

據《後漢書》卷五一《橋玄傳》。

【按】《後漢書·橋玄傳》載：「玄以光和六年卒，時年七十五」，則其生於安帝永初三年（109 年）。據此推測，其祖父橋基為廣陵太守，約在安帝、順帝時。

陸稠為廣陵太守，有治名。廣陵為之謠云：「解結理煩，我國陸君。」

據《後漢書》卷八一《獨行列傳》、《宋書》卷一〇〇《自序》、《南史》卷五七《沈約傳》、《太平御覽》卷四九六《人事部·謠下》引張勃《吳錄》、《華陽國志》卷十中《犍為士女》。

廣陵太守張冀舉孝子吳奉為孝廉。吳奉以金為禮，張冀不受。

據《北堂書鈔》卷三八《政術部·廉潔》「齎金還奉」條、《太平御覽》卷八一〇《珍寶部·金中》。

【按】《北堂書鈔》《太平御覽》引謝承《後漢書》同一事，廣陵太守一作「張冀」，一作「張載」。未知孰是，暫從《北堂書鈔》。

廣陵人劉瑜、劉琬父子皆善圖讖、災異之學。劉琬舉方正，不行。

據《後漢書》卷五七《劉瑜傳》。

廣陵人徐璆為官有行，後被袁術所劫，不為所屈。袁術死後，徐璆以其璽送於漢朝廷，拜衛尉、太常。

據《三國志》卷一《魏書·武帝紀》、《通鑒》卷六三《漢紀五五》。

【按】《通鑒》云「故廣陵太守徐璆」，而《先賢行狀》云徐璆「歷任城、汝南、東海三郡」，不聞為廣陵太守。疑《通鑒》有誤。

廣陵人秦松、陳端為孫策謀士。

據《三國志》卷一《吳書·孫破虜討逆傳》。

孫權以孫韶為廣陵太守，於京口遙領。

據《三國志》卷五一《吳書·宗室傳》。

廣陵人吳普曾從華佗學醫術及五禽戲。

據《後漢書》卷八二下《方技傳・華佗傳》、《三國志》卷二九《魏書・方技傳》。

王逸撰《廣陵郡圖經》。

據《後漢書》卷八〇上《文苑傳上》、《文選》卷一一《賦己・遊覽・蕪城賦》。

【按】一般認為《廣陵郡圖經》為東漢王逸所作。不過,亦有不同意見,認為「王逸」是南齊王逡之訛。由於史料局限,兩說究竟孰是孰非,尚難定讞。

廣陵人蔣子文為秣陵尉,逐賊至鍾山下,為賊所殺。死後為土地神。

據《法苑珠林》卷六二《祭祠篇・感應緣・漢蔣子文死為鍾山下神》引《搜神記》。

廣陵有東陵亭,祠東陵聖母。

據《後漢書志》二一《郡國志三》、《真誥》卷一〇《協昌期第二》、《藝文類聚》卷九一《鳥部中・青鳥》引《神仙傳》、《太平廣記》卷六〇《女仙五》「東陵聖母」條引《女仙傳》、《全唐文》卷九九〇《重修東陵聖母宮碑》。

【按】《博物記》:「女子杜姜」,而《神仙傳》云:「東陵聖母,廣陵海陵人杜氏妻也」,《女仙傳》亦云:「東陵聖母,……適杜氏」,則「姜」疑是「妻」之誤。

又,唐代懷素和尚有草書《東陵聖母帖》,書於貞元九年(793 年),後於北宋元祐三年(1088 年)刻石立碑,存於陝西西安碑林。《東陵聖母帖》與《重修東陵聖母宮碑》文字略有小異。

## 魏文帝曹丕黃初三年,吳大帝孫權黃武元年,222 年

魏文帝曹丕命諸軍伐吳。十一月,前將軍張遼等於廣陵破吳將呂範。

據《三國志》卷一七《魏書・張遼傳》、同書卷二八《魏書・王凌傳》、同書卷四七《吳書・吳主傳》、《通鑑》卷六九《魏紀一》。

張遼病篤,薨於江都。葬於江都大儀鄉。

據《三國志》卷一七《魏書・張遼傳》、《宋高僧傳》卷十《唐揚州華林

寺靈坦傳〉、《嘉靖惟揚志》卷七〈公署志（宅里附）〉、《萬曆揚州府志》卷二
一〈古蹟志・古冢〉。

【按】《嘉靖惟揚志》卷七云：「張遼墓，在江都大儀鄉。遼北伐歿葬」，
「北伐」誤。《萬曆揚州府志》卷二一作「張遼墓，在大儀鄉，遼南伐，歿於
軍，留葬此」，是也。

## 魏文帝曹丕黃初五年，吳大帝孫權黃武三年，224 年

魏文帝興兵伐吳，九月至廣陵，有渡江之志。吳人有備，江闊難渡，
乃引軍還。

據《三國志》卷二〈魏書・文帝紀〉、同書卷一四〈魏書・劉曄傳〉、同
書卷二二〈魏書・衛臻傳〉、同書卷四七〈吳書・吳主傳〉、同書卷五五〈吳
書・徐盛傳〉、《藝文類聚》卷一三〈帝王部三・魏文帝〉引〈江表傳〉、《初
學記》卷六〈地部中・江第四〉「笑吳主，歎魏帝」條、《建康實錄》卷一〈吳
上・太祖上〉、同書卷四〈吳下・後主〉、《通鑑》卷七〇〈魏紀二〉。

【按】《三國志・魏書・劉曄傳》「五年，幸廣陵泗口」云云，此廣陵即
曹魏之徐州廣陵郡，治於淮陰；泗口為古泗水入淮口，亦在淮陰。則文帝似
止於泗口，停駕積日而返。焦循《邗記》卷二即云：「五年，魏文帝為水軍，
親御龍舟，循蔡、潁，浮淮，幸壽春、揚州界。九月遂至廣陵，赦青、徐二
州。《劉子揚傳》云：『五年，幸廣陵泗口。』然則文帝是年僅緣淮至泗口而
已，泗口屬廣陵郡地，故曰『遂至廣陵』。」（劉子揚即劉曄。）然《孫權傳》
《徐盛傳》《通鑑》皆載文帝於廣陵臨江、望圍而歎等事，此是長江北岸之廣
陵故城。揆諸情理，當是文帝由淮陰進軍，至廣陵故城臨江，見孫吳已有所
備，遂回師也。

又，《建康實錄》卷四〈後主〉趙達所言之「庚子」，即晉滅吳之太康元
年（280 年），逆推五十八年，為孫權黃武元年（222 年）。然魏文帝親至廣陵，
在黃武三年、四年。頗疑《建康實錄》「五十八」當作「五十六」，「六」「八」
形近而誤，抑或許嵩記載本即有誤。

魏文帝於廣陵試龍舟，其堰因名龍舟堰。

據《新定九域志》卷五〈揚州〉、《讀史方輿紀要》卷二三〈南直五・揚
州府〉。

魏文帝幸廣陵，後人因立廟，稱魏文帝廟，又名曹公廟。

據《新定九域志》卷五《揚州》、《明一統志》卷一二《揚州府·祠廟》。

## 魏文帝曹丕黃初六年，吳大帝孫權黃武四年，225 年

魏文帝復征吳，十月至廣陵故城，辛丑，親御甲冑，跨馬觀兵。吳人嚴兵固守。時天寒冰，魏舟不得入江。文帝見波濤洶湧，歎曰：「嗟乎！固天所以隔南北也！」乃引還。

據《三國志》卷二《魏書·文帝紀》、同書卷五《魏書·后妃傳·文德郭皇后傳》、同書卷一四《魏書·蔣濟傳》、同書卷四七《吳書·吳主傳》、《晉書》卷一三《天文志下》、《宋書》卷二三《天文志一》、《南齊書》卷一四《州郡志上》、《藝文類聚》卷一三《帝王部三·魏文帝》引《吳錄》、《通鑒》卷七〇《魏紀二》。

【按】《通典》卷一七一《州郡典·序目上》：「魏氏據中原，……東自廣陵、壽春、合肥、沔口、西陽、襄陽，重兵以備吳」，「廣陵」下注云：「文帝黃初六年親征，幸廣陵故城，及旋師，留張遼屯江都。齊王嘉平後屬吳，即今郡。」同書卷一八一《州郡典十一·廣陵郡》：「魏為重鎮」，注云：「文帝黃初六年，征吳，幸廣陵故城，臨江觀兵，見江濤，歎曰：『天所以限南北也。』使張遼乘舟，與曹休至海陵。是歲，遼薨於江都。」兩處記載並以為黃初六年張遼至廣陵，然此事實在黃初三年，張遼薨於江都亦在黃初三年，見《三國志·魏書·張遼傳》。此蓋杜佑誤記乎？

魏文帝於廣陵立馬賦詩，其地後稱魏賦詩臺，又稱東巡臺、東遊臺。

據《三國志》卷二《魏書·文帝紀》、《藝文類聚》卷五九《武部·戰伐》、《太平御覽》卷五九一《文部七》、《大明一統志》卷一二《揚州府·山川》、同書卷一二《揚州府·宮室》、《嘉靖惟揚志》卷七《公署志（宅里附）》。

## 魏明帝曹叡青龍二年，吳大帝孫權嘉禾三年，234 年

六月，孫權親征合肥，遣張承、孫韶等將兵往廣陵、淮陽。魏明帝拒之，吳軍還。

據《建康實錄》卷二《吳中·太祖下》。

## 魏高貴鄉公曹髦正元二年，吳廢帝孫亮五鳳二年，255 年

孫吳使衛尉馮朝城廣陵，拜將軍吳穰為廣陵太守。

據《三國志》卷四八《吳書·三嗣主傳·孫亮傳》、同書卷六四《吳書·滕胤傳》、《宋書》卷三一《五行志二》、《建康實錄》卷三《吳中下·廢帝》、《通鑒》卷七六《魏紀八》。

【按】《通典》卷一八一《州郡典十一·古揚州》「廣陵郡」條：「今之揚州，……後漢爲廣陵郡。魏爲重鎮，後屬吳」，注曰：「孫亮建興二年，使衛尉馮朝城廣陵」。建興二年爲 253 年，杜佑此說不知何據。明代王禕《大事記續編》卷二三：「五鳳二年……是歲，吳城廣陵」，其下解題曰：「按孫韶爲廣陵太守，權爲吳王，遷將軍，爲邊將數十年，青、徐、汝、沛頗來歸附，淮南濱江屯候皆撤兵遠徙。徐、泗、江、淮之地不居者各數百里，則吳初疑已得廣陵。及考杜佑《通典》注，乃謂嘉平後屬吳。《三國志》吳傳：五鳳二年，使衛尉馮朝城廣陵，拜將軍吳穰爲廣陵太守。則孫韶蓋遙領耳。《通典》建興元年馮朝城，亦非也。」已經駁之。《嘉靖惟揚志》卷十《軍政志》採杜佑之說，而誤爲「建興三年」。然建興無三年，建興二年之翌年爲五鳳元年。明清揚州方志多錄《通典》之文，並誤。《通典》此類錯誤屢見，如前引「廣陵郡」條「魏爲重鎮」下注：「文帝黃初六年，征吳，幸廣陵故城，臨江觀兵，見江濤，歎曰：『天所以限南北也。』使張遼乘舟，與曹休至海陵。是歲，遼薨於江都。」認爲張遼薨於黃初六年，顯然有誤。

又，清王先謙《後漢書集解·郡國志三》「廣陵郡」條：「先謙曰：三國魏吳分據，漢郡廢。……建安末，吳王權以孫韶爲廣陵太守，治京城，見《吳志》韶傳。吳五鳳二年，以吳穰爲廣陵太守，使衛尉馮朝城廣陵，功竟不就，見孫亮、孫峻傳。案此則吳徙置廣陵郡治京城也。」王氏以爲五鳳二年所城廣陵在京口（京城），廣陵郡並徙置於此，於史無徵，以建安末孫韶之事爲比，亦非是。

又，清代揚州平山堂下疏濬河道，出有「蜀師」銘文磚，阮元以爲此即五鳳二年城廣陵之磚。其《揅經室集》四集卷六有《吳蜀師磚》詩，詩序云：「吾鄉平山堂下濬河得古磚，文二，曰『蜀師』，其體在篆、隸間，久載於張燕昌《金石契》中，未知爲何代物。近年在吳中屢見『蜀師』古磚，兼有吳永安三年及晉太康三年七月廿日『蜀師作』者，然則『蜀師』爲吳中作磚之氏可知。按：揚州當三國時，多爲魏據，惟吳五鳳二年孫峻城廣陵而功未

就，見於《吳志》本傳，此年紀與永安、太康相近，然則此磚爲孫峻所作廣陵城璧無疑矣。」詩云：「吾鄉江淮間，昆岡爲地軸。井干列雉堞，如泥塞函谷。漢末之故城，當是濞所築。孫峻圖壽春，將作曾親督。遺此一尺磚，埋在平山麓。有文曰蜀師，匠者或師蜀。永安及太康，蜀師吳所屬。廣陵魏久據，不領孫氏牧。惟五鳳二年，欽（文欽）爲峻所蹙。城城雖未成，一簣已多覆。殘璧今尙存，《吳志》朗可讀。孫峻豎子耳，殺恪（諸葛恪）何其酷。恪所不能城，峻也安能續？揚城無降將，嬰守每多戮。哀此古瓴甋，屢受石與鏃。（汪容甫《廣陵對》云：「廣陵一城，歷十有八姓，二千餘年，而亡城降子不出於其間。」）摩挲蜀師文，千年歎何速！晉城久已蕪，廢池更喬木。（宋姜夔詞云：「自胡馬窺江去後，廢池喬木，猶厭言兵。漸黃昏，清角吹寒，都在空城。」按：劉宋及趙宋南渡時，揚州荒蕪爲尤甚。）吾鄉少古碑，得此漢磚足。五鳳當延熙，稱漢尊《綱目》。（朱子《綱目》，吳五鳳二年爲漢後主延熙十八年。）仙館列八磚，照以雁燈燭。刻燭或聯吟，詩成受迫促。清暇想李程，日光照如玉。」（「永安、太康」原作「永安、永康」，據文意逕改。）阮元此說流傳甚廣，信從者頗多，然亦有值得商榷之處：首先是「蜀師」磚的時代。清嘉慶六年（1801 年），陳南叔得「蜀師」磚，有磚銘「太康三年七月廿日蜀師所作」。據阮元所言，又有吳永安三年「蜀師」磚。吳永安三年（260 年）在五鳳二年之後五年，西晉太康三年（282 年）距五鳳二年更相差近三十年，這兩種「蜀師」磚與廣陵修城應無關係。其次是「蜀師」磚的出土地點。除了揚州出土有「蜀師」磚，張燕昌《金石契》中也收錄有相同銘文之磚，吳中也屢見。清代乾隆六十年乙卯（1795 年），張廷濟於海鹽濱海漁捨得「蜀師」磚，海鹽即今浙江省嘉興市海鹽縣。嘉慶六年（1801 年）陳南叔所得「蜀師」磚出土於臨平（今屬浙江省杭州市餘杭區）。如果「蜀師」磚與孫吳城廣陵有關，相同銘文之磚大量出現在浙江則難以解釋。再次是「蜀師」磚的用途。從各地考古發現看，一般這種銘文磚多是墓磚，而未必是城牆磚。文獻記載揚州最早的磚砌築城是在梁武帝時，長沙王、南兗州刺史蕭淵業「運私邸米，僦人作甓以砌城，武帝善之」（《南史》卷五一《梁宗室上》）。比五鳳二年稍晚，吳景帝孫休永安年間（258～264 年），戍將於廣陵掘冢，取版治城，還是夯土築城，而非磚砌。所以五鳳二年築廣陵城，是否使用城磚尚難確認。綜合來看，「蜀師」磚與孫吳五鳳二年城廣陵之事應該無關。

## 魏高貴鄉公曹髦甘露元年，吳廢帝孫亮太平元年，256 年

八月，孫峻欲伐魏，使魏國降將文欽與驃騎將軍呂據、車騎將軍劉
纂、鎮南將軍朱異、前將軍唐諮自江都入淮、泗，以圖青、徐。九
月丁亥，孫峻暴疾而卒，孫綝秉政，召呂據等還。呂據聞孫綝輔政，
大怒，引兵還，欲廢綝。十月丁未，孫綝遣孫憲及丁奉、施寬等以
舟兵逆擊呂據於江都。呂據敗，自殺。

據《三國志》卷四八《吳書·三嗣主傳·孫亮傳》、同書卷五六《吳書·
呂範傳附呂據傳》、同書卷六四《吳書·孫綝傳》、同書卷六四《吳書·滕胤
傳》、《建康實錄》卷三《吳中下·廢帝》、《通鑑》卷七七《魏紀九》。

## 吳景帝孫休永安年間，258～264 年間

孫吳戍將於廣陵掘冢，取版治城。發一大冢，甚為奢麗，或是王侯
之墓。

據《搜神記》卷一五「廣陵諸冢」條、《三國志》卷四八《吳書·三嗣主
傳·孫休傳》裴松之注引《抱朴子》、《太平御覽》卷一八八《居處部一六·
瓦》引《吳錄》、同書卷五五八《禮儀部·冢墓二》引《抱朴子》、《事類賦注》
卷九《寶貨部·玉》「瓜顙冢裏」條引《抱朴子》。

【按】《三國志》裴注引《抱朴子》「吳景帝時，戍將於廣陵掘諸冢，
取版以治城，所壞甚多。復發一大冢」云云，今本《抱朴子》無上述引文。
《御覽》卷五五八引《抱朴子》，與《搜神記》、《孫休傳》裴注所引略同，
唯「廣陵」作「江陵」，故清代嚴可均所輯《抱朴子內篇佚文》「吳景帝時，
戍將於江陵掘冢，取板治城」，「江陵」下注「又作廣陵」。宋本《御覽》問
題不少，如前後引同一書而文字相異，又如卷五五八引《抱朴子》「白玉璧」
之明顯誤字。且《搜神記》、《三國志》裴注、《御覽》引《吳錄》、《事類賦》
引《抱朴子》均作「廣陵」，故「江陵」似傳抄之訛，當以「廣陵」為是。

## 吳末帝孫皓寶鼎元年，晉武帝司馬炎太始二年，266 年

十月，吳國鏡匠作鏡。

【按】儀徵博物館藏有一面孫吳「寶鼎元年」銘文銅鏡。該鏡 1989 年出
土於儀徵曹山鄉茶蓬村，直徑 11.9 釐米，厚 0.2 釐米。鏡為圓形，扁圓鈕，內
區高浮雕主紋分為四組，兩組為相對的一神二獸，神正面端坐，帔帛飄舉。

主紋外周半圓方枚各八個，相間環列，每方枚內書一字，合讀為「天王日月」。鏡緣銘文為「寶鼎元年十月二十五日，造作明竟（鏡），百涑（煉）清銅，服者長壽，宜公卿，樂未央」。（儀徵市博物館編《儀徵出土文物集萃》）此鏡出土於儀徵，似亦可證孫吳末年廣陵一帶仍為孫吳所有。

## 吳末帝孫皓天紀元年，晉武帝司馬炎咸寧三年，277 年

廣陵人閔鴻為尚書，舉吳郡陸雲為賢良，時年十六。

據《晉書》卷五四《陸雲傳》。

【按】據《晉書》本傳，陸雲死於晉惠帝太安二年（303 年），時年四十二。其十六歲舉賢良，則在吳末帝孫皓天紀元年（277 年）。

## 三國時，220～280 年

廣陵人吳碩仕吳，先後為都護征虜將軍孫皎、江夏太守孫奐所禮待。後因軍功，拜裨將軍，賜爵關內侯。

據《三國志》卷五一《吳書·宗室傳·孫皎傳》、同書卷五一《吳書·宗室傳·孫奐傳》。

廣陵人衛旌避亂江東，與步騭友善。後仕吳，為武陵太守、尚書等職。

據《三國志》卷五二《吳書·步騭傳》、同書卷六一《吳書·潘濬傳》注引《江表傳》、《建康實錄》卷二《太祖下》。

廣陵人劉穎精於學問，孫權徵之而不就。後孫權欲治其罪，因嚴畯之助而獲免。

據《三國志》卷五三《吳書·嚴畯傳》。

廣陵人徐彪仕吳，為選曹郎，與暨豔整頓郎署，因罪自殺。

據《三國志》卷五七《吳書·張溫傳》。

廣陵人袁迪單貧有志，與陸瑁等交遊。

據《三國志》卷五七《吳書·陸瑁傳》。

廣陵人楊竺少有聲名，仕吳，捲入孫權立儲之爭，為魯王孫霸黨羽，後被誅殺。

據《三國志》卷五八《吳書·陸遜傳》、同書卷六一《吳書·陸凱傳》。

廣陵人范慎為孫權太子孫登賓客，後為侍中、武昌左都督、太尉等職。

據《三國志》卷五九《吳書·孫登傳》、《建康實錄》卷四《後主》、《通鑒》卷七九《晉紀一》。

范慎女范姬，嫁孫奇為妻。孫奇死，范慎欲迎女還家，姬不肯歸，割耳鼻以明志。

據《藝文類聚》卷一八《人部二》引《列女傳》。

廣陵人皇象善於書法，時人難及，後人有尊稱其為「書聖」者。

據《三國志》卷六三《吳書·趙達傳》注引《吳錄》、《抱朴子內篇》卷一二《辨問》、《法書要錄》卷五《述書賦上》、同書卷八《張懷瓘書斷中》、《廣川書跋》卷六「皇象隸字」條。

陳矯本為廣陵劉氏，改姓陳，後仕魏為尚書令、司徒。

據《三國志》卷三《魏書·明帝紀》、《晉書》卷三五《陳騫傳》。

廣陵人劉頌，仕曹魏、西晉，為官有稱。

據《晉書》卷四六《劉頌傳》。

廣陵人華融、華諝父子仕吳，融為左將軍、錄尚書事，諝為黃門郎。後皆為滕胤所殺。

據《三國志》卷六四《吳書·孫綝傳》、《晉書》卷五二《華譚傳》。

廣陵人戴烈、戴昌父子仕吳。戴烈為左將軍。戴昌善談論，為武陵太守、會稽太守。

據《晉書》卷六九《戴若思傳》、同書卷九○《良吏傳·潘京傳》。

廣陵人盛彥事母至孝。仕吳，至中書侍郎。

據《晉書》卷八八《孝友傳·盛彥傳》。

王肅作《與廣陵太守書》。

據《北堂書鈔》卷一○九《樂部·瑟》「六馬仰秣」條。

【按】王肅《與廣陵太守書》云：「昔瓠巴鼓瑟，六馬仰秣。」「瓠巴鼓瑟」「六馬仰秣」均為成句，典出《荀子·勸學》：「昔者瓠巴鼓瑟而流魚出聽，伯牙鼓琴而六馬仰秣」。

吳左中郎廣陵相胡熙之女名胡中，忽有身孕，產一鬼。

據《太平廣記》卷三一七《鬼》「胡熙」條引《錄異傳》。

【按】胡中產鬼，其事虛妄，姑錄於此。

華隔撰《廣陵列士傳》一卷。

據《舊唐書》卷四六《經籍志上》、《新唐書》卷五八《藝文志二》、《北堂書鈔》卷七三《設官部‧主簿》「叩頭流血」條、同書卷一三三《服飾部‧案》「吳戒舉案投江」條、《因話錄》卷六《羽部》、《太平御覽》卷二六五《職官部‧州主簿》、同書卷三七四《人事部‧鬚髯》、同書卷四九九《人事部‧眞愚》、同書卷七一〇《服用部‧案》。

【按】華隔，生平不詳。《舊唐書‧經籍志上》將《廣陵列士傳》置於徐整《豫章舊志》之後、朱育《會稽記》之前。徐整、朱育均爲三國時吳人，推測華隔應該也主要生活於三國時期。

又，六朝時期「褒先賢耆舊」之書例由同郡之人撰寫，如徐整爲豫章人、朱育爲會稽山陰人，故華隔當是廣陵人。同時代有廣陵人華融、華譚父子仕吳，華隔或與之有關，甚或者即是華融。古時「隔」「融」可通，《史記‧秦始皇本紀》：「昭隔內外，靡不清淨，施於後嗣。」裴駰集解引徐廣曰：「隔，一作『融』。」是其明證。《三國志‧吳書》引《文士傳》曰：「華融字德蕤，廣陵江都人。祖父避亂，居山陰蕊山下。時皇象亦寓居山陰，吳郡張溫來就象學，欲得所舍。或告溫曰：『蕊山下有華德蕤者，雖年少，美有令志，可舍也。』溫遂止融家，朝夕談講。俄而溫爲選部尚書，乃擢融爲太子庶子，遂知名顯達。」可知華融爲文學之士，撰寫《廣陵列士傳》當有可能。

又，《廣陵列士傳》傳抄轉引過程中，文字訛誤甚多。「列士」或作「烈士」，或直接脫漏。劉雋爲郡主簿，「雋」或作「儁」。「吳武，字季濟」，「武」與「戒」、「季濟」與「貴齊」形近；吳武師事陳仲考，其子陳升性頑愚，陳仲考「不忍戮之」，而吳戒同業生亦名陳升，且爲賊，兩者極爲近似；吳武、吳戒同入《廣陵列士傳》，當均是廣陵人。凡此種種，或可大膽臆測吳武、吳戒即是同一人。

廣陵人袁曄作《獻帝春秋》。

據《三國志》卷一《魏書‧武帝紀》、同書卷五七《吳書‧陸瑁傳》、《隋書》卷三三《經籍志二》、《舊唐書》卷四六《經籍志上》、《初學記》卷三〇《鱗介部‧龍‧事對》「躍淵階水」條。

【按】袁曄，《三國志》卷一引作「袁暐」，《初學記》卷三〇引作「趙暐」，並誤。

## 晉惠帝司馬衷元康七年，297 年

二月，廣陵人鑿井，造石井欄。

【按】1987 年，文物部門在儀徵市古井鎮徵集到一件西晉「元康七年」銘文石井欄，現藏儀徵市博物館。井欄為赭色火成岩，圓形，壁較厚，方沿，沿下凹進一周，凹槽下有相對的方穿。井欄上原有銘文，年深日久，磨泐嚴重，有「元康七年二月」等字（《韞玉凝暉——揚州地區博物館藏文物精粹》）。

## 晉惠帝司馬衷永康二年，永寧元年，301 年

陳敏為廣陵度支。

據《晉書》卷一〇〇《陳敏傳》、《建康實錄》卷五《晉上·中宗元皇帝》。

## 晉惠帝司馬衷太安二年，303 年

七月，石冰寇揚州，臨淮人封雲舉兵應之，寇徐州。十二月，廣陵度支陳敏擊石冰。

據《晉書》卷四《惠帝紀》、同書卷一〇〇《陳敏傳》、《建康實錄》卷五《晉上·中宗元皇帝》。

## 晉惠帝司馬衷永興元年，304 年

三月，廣陵度支陳敏攻滅石冰，以功拜為廣陵相。

據《晉書》卷四《惠帝紀》、同書卷一〇〇《陳敏傳》、《建康實錄》卷五《晉上·中宗元皇帝》。

## 晉懷帝司馬熾永嘉年間，307 年～313 年

袁瓌為江都令，後南渡。

據《晉書》卷八三《袁瓌傳》。

【按】《晉書·袁瓌傳》載其南渡後「元帝以為丹陽令。中興建，拜奉朝請」云云，則為江都令，約在晉懷帝永嘉中。酌書於此。

袁瓌之弟袁猷繼為江都令，後亦南渡。

據《晉書》卷八三《袁猷傳》。

## 晉愍帝司馬鄴建興元年，313 年

司馬睿之子司馬紹拜東中郎將，鎮廣陵。

據《晉書》卷六《明帝紀》。

【按】晉愍帝司馬鄴繼位後，以司馬睿爲左丞相，其子司馬紹拜東中郎將當亦在此時，或者稍後，酌書於此年。

## 晉愍帝司馬鄴建興四年，316 年

司馬睿以宣城公司馬裒爲車騎將軍，督徐、兗二州，鎮廣陵。立鎮自此始也。

據《晉書》卷二八《五行志中》、《南齊書》卷一四《州郡志上》。

司馬裒以阮孚爲車騎將軍府長史。

據《晉書》卷四九《阮孚傳》、《建康實錄》卷七《晉中·顯宗成皇帝》。

## 晉愍帝司馬鄴建興年間，313 年～317 年

蘇峻浮海南渡，至廣陵，司馬睿以之爲鷹揚將軍。

據《晉書》卷一○○《蘇峻傳》、《建康實錄》卷七《晉中·顯宗成皇帝》。

## 晉元帝司馬睿建武元年，317 年

三月丙辰，元帝封宣城公司馬裒爲琅邪王，都督青、徐、兗三州諸軍事，鎮廣陵。

據《晉書》卷六《元帝紀》、同書卷四九《阮孚傳》、同書卷六四《元四王傳·琅邪孝王司馬裒傳》、《通鑒》卷九○《晉紀一二》。

六月，琅邪王司馬裒領兵隨祖逖北擊石勒。

據《晉書》卷六《元帝紀》、《通鑒》卷九○《晉紀一二》。

十月丁未，琅邪王司馬裒薨，年十八，贈車騎大將軍，加侍中。

據《晉書》卷六《元帝紀》、同書卷六四《元四王傳·琅邪孝王司馬裒傳》、《通鑒》卷九○《晉紀一二》。

琅邪王司馬裒以王舒爲車騎司馬。司馬裒薨後，王舒代之鎮廣陵，除北中郎將，監青、徐二州軍事。

據《晉書》卷七六《王舒傳》。

## 晉元帝司馬睿建武二年，太興元年，318 年

東海孝獻王司馬越之妃裴氏招魂葬之於廣陵。

據《晉書》卷五九《司馬越傳》。

【按】《晉書》卷六《元帝紀》：太興元年四月「戊寅，初禁招魂葬」，卷八三《袁瓌傳》：「時東海王越屍既爲石勒所焚，妃裴氏求招魂葬越，朝廷疑之。瓌與博士傅純議，以爲招魂葬是謂埋神，不可從也。帝然之，雖許裴氏招魂葬越，遂下詔禁之」。可知裴氏欲招魂葬司馬越、元帝下詔禁招魂葬兩事前後相關，則裴氏葬司馬越於廣陵，事在太興元年四月或稍後，故酌書於此。

又，《司馬越傳》言元帝不許招魂葬司馬越，《袁瓌傳》則言「許裴氏招魂葬越」，兩者不同，未知孰是。

又，《太平御覽》卷五五五《禮儀部三十四·葬送三》：「《晉中興書》曰：東海王越妃裴氏，痛越棺柩被焚，乃招魂葬越於丹徒。中宗以爲非禮，下詔曰：『夫冢以藏形，廟以安神。今世招魂葬者，是埋神也。其禁之。』」是裴氏葬司馬越於丹徒，未言墓毀改葬之事，與《晉書·司馬越傳》不同。

又，袁瓌請禁招魂葬，見《通典》卷一〇三《禮六十三·招魂葬議》：「東晉元帝建武二年，袁瓌上《禁招魂葬表》云：『故尚書僕射曹馥歿於寇亂，嫡孫胤不得葬屍，招魂殯葬。伏惟聖人制禮，因情作教，故槨周於棺，棺周於身，然則非身無棺，非棺無槨也。胤無喪而葬，招幽魂氣，於德爲愆義，於禮爲不物。監軍王崇、太傅司馬劉洽皆招魂葬。請臺下禁斷。』博士阮放、傅純、張亮等議如瓌表。大興元年，詔書下太常詳處。賀循：『今啓辭宜如瓌所上，自今以後禁絕，犯者依禮法。』」據其文意，似與裴氏欲招魂葬司馬越並無直接因果關係。

## 晉元帝司馬睿太興三年，320 年

孔衍爲廣陵郡太守，教誘後進，不以戎務廢業，不久卒於官。

據《晉書》卷九一《儒林傳·孔衍傳》、《北堂書鈔》卷七四《設官部二十六·太守上》「教誘後進」條、同書卷七四《設官部二十六·太守上》「不以戎務廢業」條。

## 晉元帝司馬睿時，317 年～322 年

廣陵有老姥，於市中賣茶，市人競買，茶常如新熟，未嘗減少。人或異之，吏繫之於獄，茶姥自牖飛去。

據《太平廣記》卷七○《女仙》「茶姥」條引《墉城集仙錄》、《太平御覽》卷八六七《飲食部二十五·茗》引《廣陵耆老傳》。

## 晉元帝司馬睿太興年間，318 年～321 年

北人流播廣陵，日有千數。有人於廣陵建立寺剎，舍利放光。

據《法苑珠林》卷四○《舍利篇·感應緣·晉廣陵舍利放光》。

## 晉明帝司馬紹太寧二年，324 年

六月，明帝將討王敦，詔徵廣陵太守陶瞻等入衛京師。

據《晉書》卷六《明帝紀》、同書卷六六《陶瞻傳》、《通鑑》卷九三《晉紀一五》。

## 晉明帝司馬紹太寧三年，325 年

七月辛未，以尚書令郗鑒為車騎將軍，都督青兗二州諸軍事，兗州刺史，假節，鎮廣陵。

據《晉書》卷六《明帝紀》、同書卷一四《地理志上》、同書卷一五《地理志下》、同書卷六七《郗鑒傳》、《南齊書》卷一四《州郡志上》、《通鑑》卷九三《晉紀一五》。

【按】《晉書·明帝紀》載「秋七月辛未，以尚書令郗鑒為車騎將軍、都督青兗二州諸軍事、假節」，本傳則言「都督徐兗青三州軍事、兗州刺史」，兩者略異。《通鑑》採本傳之說，作「都督徐、兗、青三州諸軍事」。然《明帝紀》載遷官時間甚詳，「都督青兗二州諸軍事」必有所本，未可遽斷其誤也。且《成帝紀》載，咸和元年（326 年）六月「癸酉，以車騎大將軍郗鑒領徐州刺史」，似亦可證太寧三年郗鑒尚未都督徐州軍事。暫從《明帝紀》。

十一月，廣陵相曹渾有罪，下獄死。

據《晉書》卷七《成帝紀》。

## 晉成帝司馬衍咸和二年，327 年

十一月，豫州刺史祖約、歷陽太守蘇峻等反。十二月庚申，京師戒嚴。車騎將軍郗鑒遣廣陵相劉矩帥師赴京師，尋退還。

據《晉書》卷七《成帝紀》、同書卷六七《郗鑒傳》。

## 晉成帝司馬衍咸和三年，328 年

二月，庾亮至尋陽宣太后詔，加郗鑒司空。郗鑒在廣陵，城孤糧少，逼近胡寇，人無固志。得詔書，即流涕誓眾，渡江入赴國難。

據《晉書》卷六七《郗鑒傳》、《通鑒》卷九四《晉紀一六》。

## 晉成帝司馬衍咸和五年，330 年

五月，石勒將劉徵聚眾數千，浮海抄東南諸縣。郗鑒自廣陵移鎮京口，率眾討平之。

據《晉書》卷一五《地理志下》、同書卷六七《郗鑒傳》、《冊府元龜》卷三二二《宰輔部·出鎮》、《通鑒》卷九四《晉紀一六》。

## 晉成帝司馬衍咸康元年，335 年

後趙武帝石虎南侵，有遊騎十餘至歷陽，歷陽太守袁耽表上之，朝廷震懼。四月，司空郗鑒使廣陵相陳光將兵入衛京師。

據《晉書》卷七《成帝紀》、《通鑒》卷九五《晉紀一七》。

## 晉康帝司馬岳建元元年，343 年

十月，以琅邪內史桓溫為都督青徐兗三州諸軍事、徐州刺史，鎮京口。桓溫以袁喬為司馬，領廣陵相。

據《晉書》卷七《康帝紀》、同書卷八三《袁喬傳》。

## 晉穆帝司馬聃永和五年，349 年

七月，征北大將軍褚裒自京口伐趙，敗績。八月，裒退屯廣陵，上疏自貶，以征北將軍行事，求留鎮廣陵。詔使還鎮京口。

據《晉書》卷八《穆帝紀》、同書卷九三《外戚傳·褚裒傳》、同書卷一○七《石季龍載記下》、《通鑒》卷九八《晉紀一五》。

### 晉廢帝司馬奕太和四年，369 年

十二月，大司馬桓溫發徐、兗二州之民築廣陵城，移鎮之。

據《晉書》卷八《海西公紀》、同書卷九八《桓傳溫》、《建康實錄》卷八《廢皇帝》、《冊府元龜》卷三二二《宰輔部・出鎮》、《通鑑》卷一○二《晉紀二四》。

### 晉廢帝司馬奕太和五年，370 年

八月，大司馬溫自廣陵帥眾二萬討袁瑾，癸丑，敗瑾於壽春。

據《晉書》卷八《海西公紀》、同書卷九八《桓傳溫》、《通鑑》卷一○二《晉紀二四》。

### 晉廢帝司馬奕太和六年，371 年

十一月癸卯，桓溫自廣陵遷屯於白石。

據《晉書》卷八《海西公紀》、《建康實錄》卷八《廢皇帝》、《通鑑》卷一○三《晉紀二五》。

### 晉廢帝司馬奕太和年間，366 年～371 年

廣陵人楊生養狗，兩次救楊生性命。

據《藝文類聚》卷九四《獸部中・狗》引《續搜神記》。

### 晉孝武帝司馬曜寧康元年，373 年

九月丙申，以吳國內史刁彝為北中郎將、徐兗二州刺史、假節，鎮廣陵。

據《晉書》卷九《孝武帝紀》、同書卷六九《刁彝傳》、《通鑑》卷一○三《晉紀二五》。

### 晉孝武帝司馬曜寧康二年，374 年

正月己酉，北中郎將、徐兗二州刺史刁彝卒。

據《晉書》卷九《孝武帝紀》、同書卷六九《刁彝傳》、《建康實錄》卷九《晉中下・烈宗孝武皇帝》、《通鑑》卷一○三《晉紀二五》。

二月癸丑，以丹陽尹王坦之為北中郎將、都督徐兗青三州諸軍事、
徐兗二州刺史，鎮廣陵。

據《晉書》卷九《孝武帝紀》、同書卷七五《王坦之傳》、《文館詞林》卷
四五七《徐州都督王坦之碑銘》、《建康實錄》卷九《晉中下·烈宗孝武皇帝》、
《冊府元龜》卷三二二《宰輔部·出鎮》、《通鑑》卷一〇三《晉紀二五》。

## 晉孝武帝司馬曜寧康三年，375 年

五月丙午，北中郎將、徐兗二州刺史王坦之卒。

據《晉書》卷九《孝武帝紀》、同書卷七五《王坦之傳》、《文館詞林》卷
四五七《徐州都督王坦之碑銘》、《建康實錄》卷九《晉中下·烈宗孝武皇帝》、
《真誥》卷一六《闡幽微第二》、《法苑珠林》卷五六《富貴篇·感應緣·晉
王文度》引《幽冥錄》、《通鑑》卷一〇三《晉紀二五》。

## 晉孝武帝司馬曜太元二年，377 年

十月辛丑，以征西司馬、領南郡相謝玄為建武將軍、兗州刺史、廣
陵相、監江北諸軍事。

據《晉書》卷九《孝武帝紀》、同書卷七九《謝玄傳》、《建康實錄》卷九
《晉中下·烈宗孝武皇帝》、《通鑑》卷一〇四《晉紀二六》。

謝玄在廣陵募勁勇，劉牢之、何謙、諸葛侃、高衡、劉軌、田洛、
孫無終等以驍猛應選。謝玄以劉牢之為參軍，領精銳為前鋒，百戰
百勝，號為「北府兵」，敵人畏之。

據《晉書》卷八四《劉牢之傳》、《建康實錄》卷十《晉下·安皇帝》、《通
鑑》卷一〇四《晉紀二六》。

謝玄辟徐廣為兗州從事。

據《晉書》卷八二《徐廣傳》。

## 晉孝武帝司馬曜太元三年，378 年

八月，前秦兗州刺史彭超攻彭城，孝武帝以毛穆之監江北軍事，鎮
廣陵。

據《晉書》卷八一《毛穆之傳》、《通鑑》卷一〇四《晉紀二六》。

## 晉孝武帝司馬曜太元四年，379 年

前秦將領彭超等南侵。五月乙丑，俱難、彭超攻盱眙，拔之。秦兵六萬圍幽州刺史田洛於三阿，去廣陵百里。東晉朝廷大震，臨江列戍。兗州刺史謝玄自廣陵救三阿，六月戊子，與俱難、彭超戰於君川，大破之。謝玄還廣陵，詔進號冠軍將軍，加領徐州刺史。

據《晉書》卷九《孝武帝紀》、同書卷一三《天文志下》、同書卷七九《謝玄傳》、同書卷一一三《苻堅載記上》、《宋書》卷三一《五行志二》、同書卷三一《五行志二》、《通鑑》卷一○四《晉紀二六》。

【按】前秦兵圍晉幽州刺史田洛之地，諸書並作「三阿」，唯《晉書·天文志下》作「三河」。「三河」誤，可參見《輿地紀勝》卷四三《淮南東路·高郵軍》「東晉有三阿」注：「《圖經》云：即今之北阿。苻堅遣苻彭超以兵八萬圍幽州刺史田洛於三阿，去廣陵百里，謝元自廣陵救三阿，大破其眾」，又《讀史方輿紀要》卷二三《南直五·高郵州》「北阿鎮」條注：「州西八十里。亦曰三阿。三阿者，鎮之南有平阿湖，又南有下阿溪也。東晉嘗僑置幽州於此。太元四年，苻秦將俱難、彭超圍幽州刺史田洛於三阿，去廣陵百里，朝廷大震。謝玄自廣陵馳救，難、超戰敗，退保盱眙。或云平阿湖側有平阿村，村有故平阿縣，魏收《志》譙州高塘郡領平阿縣，此三阿也。」《通鑑》胡注亦可證。

劉牢之以破前秦將領俱難輜重於盱眙之功，遷鷹揚將軍、廣陵相。

據《晉書》卷八四《劉牢之傳》。

因前秦南侵，晉朝廷逼徙江淮之民令南渡，百姓失業，飢饉滿路。其後又征戍不已，百姓愁怨。

據《宋書》卷三三《五行志四》。

## 晉孝武帝司馬曜太元八年，383 年

八月，前秦苻堅南伐，東晉以徐兗二州刺史謝玄等拒之。十一月，廣陵相劉牢之帥精兵於洛澗破秦衛將軍梁成。謝玄等軍於淝水以少勝多，大破秦兵。

據《晉書》卷九《孝武帝紀》、同書卷七九《謝玄傳》、《建康實錄》卷九《晉中下·烈宗孝武皇帝》、《通鑑》卷一○五《晉紀二七》。

【按】《建康實錄》記載太元八年十月苻堅至項城，其後劉牢之帥精兵五千人趣洛澗，其後「冬十一月庚申」云云，似乎劉牢之帥兵趣洛澗在十月。然校勘記二九云：「十一月丙戌朔，無庚申」，是則《建康實錄》記載有誤。《通鑑》繫於十一月，此從之。

## 晉孝武帝司馬曜太元十年，385 年

太保謝安出鎮廣陵步丘，築壘曰新城，於城北築埭。後揚州子城有太傅謝公祠，邵伯鎮亦有謝公甘棠廟。

據《晉書》卷七九《謝安傳》、《宋書》卷三一《五行志二》、同書卷三一《五行志二》、《建康實錄》卷九《晉中下·烈宗孝武皇帝》、《冊府元龜》卷三二二《宰輔部·出鎮》、《通鑑》卷一〇六《晉紀二八》、《嘉靖惟揚志》卷一一《禮樂志》。

【按】《宋書·五行志二》與《通鑑》記載謝安出鎮廣陵步丘之時間，一在正月，一在四月，不同。又，《冊府元龜》言謝安出鎮「廣陵之步兵」，「兵」乃「丘」之誤。

## 晉孝武帝司馬曜太元十三年，388 年

司馬尚之為振威將軍、廣陵相。

據《晉書》卷三七《宗室傳·司馬尚之傳》。

## 晉孝武帝司馬曜太元十五年，390 年

正月乙亥，鎮北將軍、譙王司馬恬薨。振威將軍、廣陵相司馬尚之以父憂去職。

據《晉書》卷九《孝武帝紀》、同書卷三七《宗室傳·司馬尚之傳》、《通鑑》卷一〇七《晉紀二九》。

## 晉孝武帝司馬曜太元年間，376 年～396 年

鄭襲為廣陵太守。

據《太平廣記》卷四二六《虎》「鄭襲」條引《異苑》、《太平御覽》卷八九二《獸部·虎下》引《異苑》。

【按】鄭襲為廣陵太守，《太平廣記》引《異苑》作「太康中」，《太平御覽》則作「太元中」。據《晉書·禮志中》載：「寧康二年七月，簡文帝崩再

周而遇閏。博士謝攸、孔粲議：……尚書僕射謝安、中領軍王劭、散騎常侍鄭襲、右衛將軍殷康、驍騎將軍袁宏、散騎侍郎殷茂、中書郎車胤、左丞劉遵、吏部郎劉耽意皆同。」同書《荀羨傳》又載：「尋遷建威將軍、吳國內史。除北中郎將、徐州刺史、監徐兗二州揚州之晉陵諸軍事、假節。……羨至鎮，發二州兵，使參軍鄭襲戍淮陰」，此在永和七年（352 年）。則鄭襲先爲荀羨參軍，寧康二年（374 年）爲散騎常侍。太元時爲廣陵太守，是有可能的。「太康中」當是「太元中」之誤。

## 晉安帝司馬德宗隆安五年，401 年

六月，孫恩別將盧循攻陷廣陵，殺三千餘人。

據《晉書》卷一〇《安帝紀》、同書卷一三《天文志下》、同書卷一〇〇《孫恩傳》、《建康實錄》卷十《晉下·安皇帝》、《通鑑》卷一一二《晉紀三四》。

【按】《晉書》卷一〇《安帝紀》校勘記一一：「《孫恩傳》、《通鑑》一一二皆繫於下年，《魏書·司馬睿傳》亦繫於下年攻滬瀆至鬱洲之後，《紀》蓋錯前一年。」今從《孫恩傳》等，繫於隆安五年。

六月，寧朔將軍高雅之擊孫恩於廣陵之鬱洲，為其所執。

據《晉書》卷一〇《安帝紀》。

## 晉安帝司馬德宗元興元年，402 年

三月，鎮北將軍劉牢之叛降於桓玄。桓玄奪其兵，牢之與子敬宣謀共襲玄，誤期，欲奔廣陵，就其婿廣陵相高雅之，未成，至新洲，縊而死。敬宣渡江奔廣陵，與高雅之、江都長張誕等奔洛陽，求救於後秦。

據《晉書》卷一〇《安帝紀》、同書卷八四《劉牢之傳》、同書卷八四《劉敬宣傳》、同書卷一二七《慕容德載記》、《宋書》卷一《武帝紀上》、同書卷四七《劉敬宣傳》、《南史》卷一《宋本紀上》、《建康實錄》卷十《晉下·安皇帝》、同書卷一一《宋上·高祖武皇帝》、《通鑑》卷一一二《晉紀三四》。

【按】《通鑑》卷一一〇《晉紀三二》載：隆安二年（398 年）九月，劉牢之「遣敬宣及其壻東莞太守高雅之還襲恭」，則高雅之爲廣陵相必在此後也。關於高雅之事蹟史料極少，《搜神後記》卷五「白頭公」條云：「晉太元中，樂安高衡爲魏郡太守，戍石頭。其孫雅之，在廄中，云有神來降，自稱

白頭公，拄杖，光輝照屋。與雅之輕舉宵行，暮至京口來還。後雅之父子為桓玄所殺」。其事玄怪，且桓玄殺高雅之父子，與史不合。

又，《建康實錄》卷一一載桓玄「入京師，牢之鎮廣陵」，與諸書不合。劉牢之為鎮北將軍，鎮廣陵，桓玄舉兵向建康，司馬元顯以劉牢之為前鋒，已出兵栗洲。後桓玄奪劉牢之兵，劉牢之欲至廣陵起兵反桓玄，亦可證其時已不「鎮廣陵」。「人情去矣」亦非劉牢之語，據《宋書‧武帝紀上》《南史‧宋本紀上》，乃劉裕所言。

十二月，曲赦廣陵、彭城大逆以下。

據《晉書》卷一〇《安帝紀》、《建康實錄》卷十《晉下‧安皇帝》。

## 晉安帝司馬德宗元興三年，404 年

桓玄以桓弘為征虜將軍、青州刺史，鎮廣陵。桓弘以劉道規、劉毅為中兵參軍，孟昶為主簿。

據《晉書》卷八五《劉毅傳》、《魏書》卷九七《島夷劉裕傳》、《宋書》卷一《武帝紀上》、《南齊書》卷一四《州郡志上》、《南史》卷一《宋本紀上》、《建康實錄》卷十《晉下‧安皇帝》、同書卷十《晉下‧安皇帝》、同書卷一一《宋上‧高祖武皇帝》、《通鑑》卷一一三《晉紀三五》。

【按】《魏書‧島夷桓玄傳》言：「桓脩弟思祖鎮廣陵，……其日，劉毅、道規等亦斬思祖」，而《晉書》、《宋書》、《南史》、《通鑑》並言「桓弘」。桓思祖當即桓弘，思祖疑為其字。桓脩字承祖，可為輔證。《魏書》避北魏獻文帝拓跋弘之諱，故書以桓弘之字。

又，諸書皆以桓弘為青州刺史，獨《建康實錄》卷十《晉下‧安皇帝》以桓弘在兗州、孟昶為兗州主簿。疑桓弘如王恭，為青兗二州刺史。

又，此前一年十二月桓玄已即皇帝位而篡晉，改元永始，依其年號，桓弘為青州刺史在永始二年（404 年）。

二月乙卯，劉毅、何無忌等舉義兵。丙辰，殺青州刺史桓弘於廣陵，次日收眾渡江，與劉裕會合，以討桓玄。

據《晉書》卷一〇《安帝紀》、同書卷八五《劉毅傳》、同書卷九九《桓玄傳》、《魏書》卷九七《島夷劉裕傳》、《宋書》卷一《武帝紀上》、同書卷五一《宗室傳‧劉道規傳》、《南史》卷一《宋本紀上》、《建康實錄》卷十《晉下‧安皇帝》、同書卷一一《宋上‧高祖武皇帝》、《通鑑》卷一一三《晉紀三五》。

三月，劉毅為冠軍將軍、青州刺史、廣陵相，追擊桓玄。

據《晉書》卷八五《劉毅傳》、《建康實錄》卷一一《宋上·高祖武皇帝》。

十月，劉裕領青州刺史。

據《宋書》卷一《武帝紀上》。

## 晉安帝司馬德宗義熙元年，405 年

劉裕解青州刺史，加領兗州刺史。

據《宋書》卷一《武帝紀上》。

十月，劉藩為輔國將軍、青州刺史，鎮廣陵。

據《建康實錄》卷一一《宋上·高祖武皇帝》。

## 晉安帝司馬德宗義熙二年，406 年

諸葛長民為青州刺史，徙鎮山陽。

據《晉書》卷八五《諸葛長民傳》、《南齊書》卷一四《州郡志上》。

## 晉安帝司馬德宗義熙四年，408 年

正月，兗州刺史劉裕為揚州刺史、錄尚書事，劉藩為兗州刺史，鎮廣陵。

據《建康實錄》卷一一《宋上·高祖武皇帝》。

## 晉安帝司馬德宗義熙四年，408 年

僧人杯度曾由建康至廣陵，李家供養之。兗州刺史劉藩召之。

據《高僧傳》卷十《神異下·宋京師杯度》、《法苑珠林》卷三一《潛遁篇·感應緣·西晉沙門釋杯度》、同書卷六一《呪術篇·感應緣·宋釋杯渡》。

## 晉安帝司馬德宗義熙五年，409 年

九月己丑，廣陵雨雹。

據《晉書》卷二九《五行志下》、《宋書》卷三三《五行志四》。

【按】《宋書·五行志四》中兩次記載東晉義熙五年九月己丑廣陵雨雹之事，前後僅隔七字，當是整輯排比史料時重出之誤。同類之誤又見《宋書·五行志五》：「晉武帝咸寧元年五月，下邳、廣陵大風，壞千餘家，折樹木。咸寧元年五月甲申，廣陵、司吾、下邳大風折木。」

## 晉安帝司馬德宗義熙八年，412 年

九月，兗州刺史劉藩自廣陵入朝，己卯，劉裕收劉藩，賜死。庚辰，以北徐州刺史劉道憐為兗州刺史，還鎮京口。

據《宋書》卷五一《宗室傳‧劉道憐傳》、《通鑑》卷一一六《晉紀三八》。

檀祇為輔國將軍、都督江北淮南軍郡事、青州刺史、廣陵相。

據《宋書》卷四七《檀祇傳》、《南史》卷一五《檀祇傳》。

史宗在廣陵白土埭，檀祇召之。

據《高僧傳》卷十《神異下‧晉上虞龍山史宗》。

【按】據《宋書‧檀祇傳》等資料，檀祇未嘗為江都令，《高僧傳》所謂江都令，當是廣陵相之誤。

又，《太平寰宇記》卷一三○《淮南道‧泰州‧海陵縣》：「白土埭。顧野王《輿地志》云：『史宗所居，即蓬萊山寄書者。』」是則白土埭在海陵，與《高僧傳》所載「徐州江北廣陵白土埭」略有不同。

## 晉安帝司馬德宗義熙十年，414 年

司馬國璠兄弟聚眾數百潛渡淮，夜入廣陵城。青州刺史、廣陵相檀祇破之，殺百餘人。

據《宋書》卷四七《檀祇傳》、《南史》卷一五《檀祇傳》、《建康實錄》卷一一《宋上‧高祖武皇帝》、《通鑑》卷一一六《晉紀三八》。

## 晉安帝司馬德宗義熙十二年，416 年

八月，青州刺史檀祇自廣陵率眾至涂中掩討亡命。

據《宋書》卷四六《張邵傳》、同書卷四七《檀祇傳》、《通鑑》卷一一七《晉紀三九》。

十二月壬申，晉帝加劉裕位相國、總百揆、揚州牧，封廣陵等十郡，為宋公。

據《宋書》卷二《武帝紀中》、《南史》卷一《宋本紀上》。

【按】《宋書‧武帝紀中》：「十月，眾軍至洛陽，圍金墉。泓弟偽平南將軍洸請降，送於京師，修復晉五陵，置守衛。天子詔曰：『……』策曰：『……』」似乎劉裕為宋公之時間，在義熙十二年十月。然《南史》明言「十二月壬申，晉帝加帝位相國」云云，並載策書，是在十二月。《南史》月日詳明，從之。

### 晉安帝司馬德宗義熙十四年，418 年

劉裕以檀祗為宋領軍將軍，加散騎常侍。檀祗不願內遷，發疾不自治，卒於廣陵。

據《宋書》卷四七《檀祗傳》、《南史》卷一五《檀祗傳》。

### 東晉時，317～420 年

廣陵人華譚舉秀才，對策優等。任郎中、太子舍人、本國中正、鄧城令、尚書郎、鎮東軍諮祭酒、廣陵郡大中正、秘書監、散騎常侍等職。著有《莊子贊》與《辨道》。

據《晉書》卷五二《華譚傳》。

廣陵人戴若思與陸機訂交。入洛，仕東海王司馬越。東晉時，為征西將軍、驃騎將軍等職，為王敦所害。

據《晉書》卷六九《戴若思傳》、《建康實錄》卷五《晉上·中宗元皇帝》。

廣陵人高悝，少孤，事母以孝聞，撫幼弟以友愛稱。寓居江州，刺史華軼辟為西曹書佐。後晉元帝以為參軍，歷顯位，至丹陽尹、光祿大夫，封建昌伯。子高崧。

據《晉書》卷七一《高崧傳》。

廣陵人高崧，為揚州主簿、驃騎主簿，舉州秀才，除太學博士，後拜中書郎、黃門侍郎。

據《晉書》卷七一《高崧傳》。

桓彝至廣陵尋親舊，還過輿縣，遇縣令徐寧，大賞之，結交而別。彝薦徐寧於庾亮，即遷吏部郎，後歷左將軍、江州刺史等官。

據《晉書》卷七四《桓彝傳》。

劉距曾任廣陵相。

據《晉書》卷八五《劉毅傳》。

道士范儕東遊廣陵，後卒於廣陵。

據《水經注》卷三四《江水》。

【按】道士范儕東遊廣陵之事，《水經注》未言其時間，姑且繫於東晉時。

庾闡曾至江都，作《江都遇風詩》：「天吳踴靈壑，將駕奔冥霄。飛廉振折木，流景登扶搖。洪川佇宿浪，躍水迎晨潮。仰眄蠡玄雲，俯聽聒悲飆。」

據《藝文類聚》卷一《天部上‧風》。

【按】庾闡，《晉書》卷九二《文苑傳》有傳，略云：「庾闡，字仲初，潁川鄢陵人也。……闡好學，九歲能屬文。少隨舅孫氏過江。……州舉秀才，元帝為晉王，辟之，皆不行。後為太宰、西陽王兼掾，累遷尚書郎。蘇峻之難，闡出奔郗鑒，為司空參軍。峻平，以功賜爵吉陽縣男，拜彭城內史。鑒復請為從事中郎。尋召為散騎侍郎，領大著作。頃之，出補零陵太守，入湘川，弔賈誼。……後以疾，徵拜給事中，復領著作。吳國內史虞潭為太伯立碑，闡制其文。又作《揚都賦》，為世所重。年五十四卒，諡曰貞，所著詩賦銘頌十卷行於世。」蘇峻之難時，車騎將軍郗鑒領徐州刺史，在廣陵。庾闡既「出奔郗鑒」，從建康至廣陵，當經過江都。《江都遇風詩》寫風急浪高，尤其末句「仰眄蠡玄雲，俯聽聒悲飆」，語調感傷，與蘇峻作亂、朝局動盪的時勢頗為吻合。該詩或作於庾闡出奔廣陵時。

**廣陵人華逸寓居江陵。**

據《太平廣記》卷三二二《鬼》「華逸」條引《甄異記》。

廣陵王家女病邪，召沙門竺僧瑤治之。瑤入門，瞑目罵云：「老魅不念守道而干犯人。」女乃大哭云：「人殺我夫。」魅在其側曰：「吾命盡於今！」因欷歔。又曰：「此神不可與事。」乃成老鼉，走出庭中。瑤令僕殺之也。

據《太平廣記》卷四六八《水族》「廣陵王女」條引《志怪》。

廣陵人胡道洽，體有臊氣，忌猛犬。自審死日，斂畢開棺，不見屍體，時人謂為狐也。

據《初學記》卷二九《獸部‧狐‧事對》「忌犬首邱」條。

【按】劉敬叔為晉末宋初之人，《異苑》所記多為東晉末年奇異之事，故暫繫胡道洽此條於此。下二條同。

廣陵郡東界有黃公冢，陰天常有鞞角之聲。冢前有一井，有人於井中得銅釜及罐各一。

據《北堂書鈔》卷一二一《武功部‧角》「黃墳角響」條引《異苑》、《太平御覽》卷一八九《居處部‧井》引《異苑》。

上黨侯亮之於江都城下獲一石磨，下有銅馬。

據《太平御覽》卷七六二《器物部七・磨》引《異苑》。

廣陵人僧端不願出嫁，出家為比丘尼。

據《比丘尼傳》卷二《宋・永安寺僧端尼傳》。

【按】元嘉二十五年（448），僧端年七十餘而卒，則生於東晉後期，出家亦在晉末。

晉時人撰《廣陵耆老傳》。

【按】《廣陵耆老傳》著者、時代均不詳。原書今已不存，唯有佚文一則，即《太平御覽》卷八六七《飲食部二十五・茗》所引：「《廣陵耆老傳》曰：晉元帝時，有老姥每旦擎一器茗，往市鬻之，市人競買。自旦至暮，其器不減茗。所得錢，散路傍孤貧乞人。人或異之，執而繫之於獄。夜擎所賣茗器，自牖飛去。」同類之《陳留耆舊傳》《益部耆老傳》《長沙耆舊傳》等多撰成於三國兩晉時，姑繫《廣陵耆老傳》於此。

## 宋武帝劉裕永初二年，421 年

劉粹為督江北淮南郡事、征虜將軍、廣陵太守。

據《宋書》卷四五《劉粹傳》。

## 宋武帝劉裕永初三年，422 年

三月，檀道濟出為監南徐兗之江北淮南諸郡軍事、鎮北將軍、南兗州刺史，鎮廣陵。

據《宋書》卷四三《檀道濟傳》、《南齊書》卷一四《州郡志上》、《通鑒》卷第一一九《宋紀一》。

【按】《通鑒》胡注：「晉成帝立南兗州，治京口，自此治廣陵」，《南齊書》卷一四《州郡志上》：「宋永初元年，罷青並兗。三年，檀道濟始為南兗州，廣陵因此為州鎮」，兩者合。而《宋書》卷三五《州郡志一》：「南兗州刺史，中原亂，北州流民多南渡，晉成帝立南兗州，寄治京口。時又立南青州及并州，武帝永初元年，省并併南兗。文帝元嘉八年，始割江淮間為境，治廣陵」，所記南兗州始治廣陵之時間不同。《檀道濟傳》載：「出監南徐兗之江北淮南諸郡軍事、鎮北將軍、南兗州刺史。景平元年，虜圍青州刺史竺夔於東陽城，夔告急。加道濟使持節、監征討諸軍事，與王仲德救東陽。未及至，

虜燒營，焚攻具遁走。將追之，城內無食，乃開窖取久穀；窖深數丈，出穀作米，已經再宿；虜去已遠，不復可追，乃止。還鎮廣陵。」是景平元年（423）年道濟已爲南兗州刺史，鎮廣陵矣。《通鑑》卷一二〇《宋紀二》載，元嘉元年（424），謝晦與徐羨之、傅亮爲自全之計，「以爲晦據上流，而檀道濟鎮廣陵，各有強兵，足以制朝廷；羨之、亮居中秉權，可得持久」，亦可證南兗州治廣陵，在元嘉八年以前。《宋書‧州郡志一》疑有誤。

## 宋武帝劉裕永初年間，420 年～422 年間

釋慧詢至廣陵，大開律席，傳揚佛法。

據《高僧傳》卷一一《明律‧宋京師長樂寺釋慧詢》。

## 宋少帝劉義符景平元年，423 年

北魏軍圍青州刺史竺夔於東陽城，夔告急。加檀道濟使持節、監征討諸軍事，與王仲德救東陽。未及至，北魏軍燒營，焚攻具遁走。將追之，城內無食，乃開窖取久穀；窖深數丈，出穀作米，已經再宿；虜去已遠，不復可追，乃止。還鎮廣陵。

據《宋書》卷四三《檀道濟傳》。

## 宋少帝劉義符景平二年，424 年

徐羨之等欲廢宋少帝劉義符，以南兗州刺史檀道濟先朝舊將，威服殿省，且有兵眾，乃召道濟及江州刺史王弘入朝。五月，皆至建康。廢少帝為營陽王，迎宜都王劉義隆。

據《宋書》卷四三《檀道濟傳》、《建康實錄》卷一一《宋上‧廢帝營陽王》、《通鑑》卷第一二〇《宋紀二》。

## 宋文帝劉義隆元嘉元年，424 年

八月，劉義隆即位，改元元嘉。南兗州刺史檀道濟進號征北將軍，加散騎常侍，給鼓吹一部。進封武陵郡公，食邑四千戶。固辭進封。又增督青州、徐州之淮陽下邳琅邪東莞五郡諸軍事。

據《宋書》卷五《文帝紀》、同書卷四三《檀道濟傳》。

【按】《宋書·檀道濟傳》校勘記九：「《廿二史考異》云：『文雲五郡而實四郡，當有脫誤。』」又《宋書》卷四四《謝晦傳》：「使持節、散騎常侍、都督南徐兖之江北淮南青州徐州之淮陽下邳琅邪東莞七郡諸軍事、征北將軍、南兖州刺史、永修縣開國公檀道濟統勁銳武卒三萬」，《廿二史考異》云：「實四郡，七字誤」。同樣是檀道濟所督之淮陽、下邳、琅邪、東莞，《宋書》先誤爲「五郡」，後誤爲「七郡」，這種可能性似乎較低。疑檀道濟所督五郡既含淮陽、下邳、琅邪、東莞，又含青州，所督七郡同樣也含南徐兖之江北淮南、青州。不敢斷定，存以備考。

## 宋文帝劉義隆元嘉三年，426 年

正月，文帝召征北將軍、南兖州刺史檀道濟等討謝晦。二月，檀道濟等大破謝晦。

據《宋書》卷五《文帝紀》、同書卷四三《檀道濟傳》、同書卷四四《謝晦傳》、《通鑑》卷第一二○《宋紀二》。

正月十四日，廣陵人道教祭酒李旦暴病而死，七日而蘇。

據《法苑珠林》卷六《六道篇·感應緣·宋廣陵李旦》引《冥報記》。

五月乙未，以征北將軍、南兖州刺史檀道濟為征南大將軍、開府儀同三司、江州刺史。

據《宋書》卷五《文帝紀》、同書卷四三《檀道濟傳》、《通鑑》卷第一二○《宋紀二》。

五月戊戌，後將軍長沙王劉義欣為南兖州刺史。

據《宋書》卷五《文帝紀》、同書卷五一《宗室傳·劉義欣傳》。

以江夏王劉義恭監南徐兖二州揚州之晉陵諸軍事、徐州刺史。進監為都督，未之任。

據《宋書》卷六一《武三王傳·劉義恭傳》。

五月乙巳，文帝分遣大使巡行天下，班宣詔書，司徒主簿龐遵使南兖州。

據《宋書》卷五《文帝紀》、同書卷六四《裴松之傳》。

## 宋文帝劉義隆元嘉四年，427 年

八月，太傅長沙景王劉道憐神主隨子南兗州刺史劉義欣鎮廣陵，備所加殊禮下船。及至鎮，入行廟。

據《宋書》卷一五《禮志二》。

【按】長沙王劉道憐之神主可隨嗣王之鎮，併入行廟。行廟為天子巡幸或大軍出征臨時所立之廟，《宋書・禮志二》又載「大司馬臨川烈武王神主隨子荊州刺史義慶江陵，亦如之」。此或是劉宋時之定制，便於分鎮各地之諸王隨時祭拜，抑或是對劉道憐、劉義欣等的特殊恩遇，所謂「殊禮」也。

**趙法祐出家，師事廣陵比丘尼慧聰。**

據《比丘尼傳》卷二《宋・廣陵僧果尼傳》。

【按】《比丘尼傳》：「僧果，本姓趙，名法祐，汲郡修武人也。……年二十七，方獲出家，師事廣陵慧聰尼。……及元嘉六年，……十八年，年三十四矣……」僧果元嘉六年（429 年）前出家，年過二十七歲，至元嘉十八年，不得年三十四也。《比丘尼傳校注》校注一七：「『十八』，《金藏》本作『十一』」，似是。以此逆推，僧果二十七歲出家，是元嘉四年。

## 宋文帝劉義隆元嘉七年，430 年

三月，到彥之北伐，南兗州刺史長沙王劉義欣進據彭城，為眾軍聲援。以游擊將軍胡藩戍廣陵，行府州事。

據《宋書》卷五〇《胡藩傳》、《通鑒》卷一二一《宋紀三》。

十二月辛酉，南兗州刺史劉義欣為豫州刺史。

據《宋書》卷五《文帝紀》。

## 宋文帝劉義隆元嘉八年，431 年

二月，以太子右衛率劉遵考為督南徐兗州之江北淮南諸軍事、征虜將軍、南兗州刺史，領廣陵太守。

據《宋書》卷五《文帝紀》、同書卷五一《宗室傳・劉遵考傳》。

六月己卯，以江北為南兗州。以徐州刺史竟陵王劉義宣為南兗州刺史。

據《宋書》卷五《文帝紀》、同書卷三五《州郡志一》、同書卷三五《州

郡志一》、同書卷六八《武二王傳・劉義宣傳》、《建康實錄》卷一二《宋中・太祖文皇帝》。

【按】據《宋書・劉義宣傳》所載：「八年，又改都督南兗、兗州刺史，當鎮山陽，未行」，是元嘉八年曾對南徐、南兗政區有所調整，並欲徙南兗州治山陽，而未能實行。與《建康實錄》「以左將軍、竟陵王義宣爲兗州刺史，鎮山陽」略合。明年江夏王劉義恭爲南兗州，仍治廣陵。

## 宋文帝劉義隆元嘉九年，432 年

六月壬寅，南兗州刺史竟陵王劉義宣為中書監、中軍將軍，江夏王劉義恭為都督南兗徐兗青冀幽六州豫州之梁郡諸軍事、征北將軍、開府儀同三司、南兗州刺史，鎮廣陵。

據《宋書》卷五《文帝紀》、同書卷六一《武三王傳・劉義恭傳》、《南史》卷二《宋本紀中》、《通鑒》卷第一二二《宋紀四》。

文帝詔百官舉薦有才之人，南兗州刺史劉義恭上表推薦征北將軍府中直兵參軍事王天寶等人，謂王天寶可為寧州刺史。

據《宋書》卷六一《武三王傳・劉義恭傳》。

南兗州刺史劉義恭征北府參軍明裔之，有一從者，夜眠大魘。裔之自往喚之，頃間不能應。又失其頭髻，三日乃寤，云：「被三人捉足，一人髻之。忽夢見一道人，以丸藥與之，如桐子，令以水服之。」及悟，手中有藥，服之遂瘥。

據《太平廣記》卷二七六《夢》「明裔之」條引《幽明錄》。

## 宋文帝劉義隆元嘉十年，433 年

十二月，營城縣民成公會之於廣陵高郵界獲白獐麂以獻。

據《宋書》卷二八《符瑞志中》。

## 宋文帝劉義隆元嘉十二年，435 年

六月己酉，以南兗等州郡米穀百萬斛，賜丹陽、淮南、吳、吳興、義興等五郡遭水之人。

據《宋書》卷五《文帝紀》、《南史》卷二《宋本紀中》、《通鑒》第一二二《宋紀四》。

【按】《宋書・文帝紀》「米數百萬斛」，《南史》作「米穀百萬斛」，《冊府元龜》卷一九五所引與《南史》同。「數」「穀」形近，故易誤。「米穀」，即稻米與雜糧。賑災全部以米，恐非事實，似以《南史》爲是。《宋書・文帝紀》五郡又脫「吳」字。

廣陵人釋慧慶至廬山。

據《高僧傳》卷一二《誦經・宋廬山釋慧慶》、《法苑珠林》卷六五《就厄篇・感應緣・宋沙門竺惠慶》。

## 宋文帝劉義隆元嘉十四年，437 年

廣陵人盛道兒卒，託孤女於妻弟申翼之，翼之以其女嫁寒門嚴齊息。

據《太平廣記》卷三二五《鬼》「申翼之」條引《搜神記》。

## 宋文帝劉義隆元嘉十五年，438 年

七月壬申，山陽師齊獲白兔，南兗州刺史、江夏王義恭以獻。

居《宋書》卷二九《符瑞志下》、《建康實錄》卷一二《宋中・太祖文皇帝》。

## 宋文帝劉義隆元嘉十七年，440 年

四月丁丑，甘露降廣陵永福里梁昌季家樹，南兗州刺史、江夏王義恭以聞。

據《宋書》卷二八《符瑞志中》。

六月，太子劉邵詣京口拜京陵，南兗州刺史劉義恭自江都會之。

據《通鑒》卷一二三《宋紀五》。

劉琛之有法緣，在廣陵多見神異。曾在廣陵逢一沙門，謂琛之曰：「君有病氣，然當不死。可作一二百錢食飯飴眾僧，則免斯患。」琛之素不信法，心起忿慢。沙門曰：「當加祇信，勿用為怒。」相去二十步，忽不復見。琛之經七日便病。時氣危頓殆死。至九日方晝，如夢非夢，見有五層佛圖在其心上。有二十許僧，遶塔作禮。因此而寤，即得大利，病乃稍愈。又於廣陵遙見慧汪精舍前旛蓋甚眾，而無形象，馳往觀之，比及到門，奄然都滅。

《法苑珠林》卷三六《懸旛篇・感應緣・宋劉琛之》引《冥祥記》。

七月中，張仲舒在廣陵城北，見空中雨絳羅，仲舒惡而焚之，經宿暴病而死。

據《太平廣記》卷三六〇《妖怪》「張仲舒」條引《異苑》、《太平御覽》卷八一六《布帛部三・羅》引《異苑》、同書卷六〇五《文部二十一・紙》引《異苑》。

十月，以南兗州刺史、江夏王劉義恭為司徒、錄尚書事。戊寅，以臨川王劉義慶為都督南兗徐兗青冀幽六州諸軍事、南兗州刺史。

據《宋書》卷五《文帝紀》、同書卷五一《宗室傳・劉義慶傳》、《通鑑》卷一二三《宋紀五》。

【按】劉義慶改任南兗州刺史後曾作《烏夜啼》。《樂府古題要解》：「《烏夜啼》，宋臨川王義慶所造也。宋元嘉中，徙彭城王義康於豫章郡。義慶時為江州，相見而哭。文帝聞而怪之，徵還宅。義慶大懼，妓妾聞烏夜啼，叩齋閣云：『明日應有赦。』及旦，改南兗州刺史，因作此歌。故其詞云：『籠窗窗不開，夜夜望郎來。』」另見《舊唐書》卷二九《音樂志二》，文字略有小異。

程德度隨劉義慶至廣陵，遇禪師釋道恭，因就之學禪。

據《法苑珠林》卷二八《神異篇・感應緣・宋參軍程德度》引《冥祥記》。

## 宋文帝劉義隆元嘉十八年，441 年

六月，甘露降廣陵郡廣陵縣孟玉秀家樹，南兗州刺史劉義慶以聞。

據《宋書》卷二八《符瑞志中》。

夏，南兗州刺史劉義慶請天竺沙門僧伽達多至廣陵結居。

據《高僧傳》卷三《譯經下・宋京師道林寺畺良耶舍》。

釋道儒寓居廣陵，欲出家，南兗州刺史劉義慶助成其事。遠近宗奉釋道儒，遂成導師。

據《高僧傳》卷一三《唱導・齊齊福寺釋道儒》。

比丘尼慧瓊住廣陵南安寺。

據《比丘尼傳》卷二《宋・南安寺釋慧瓊尼傳》。

廣陵張道香為獺魅惑成病，海陵王纂治癒之。

據《初學記》卷二〇《政理部・醫・事對》「出蚳走獺」條引《異苑》、《太平廣記》卷四六九《水族》「張方」條引《異苑》、《太平御覽》卷七二二《方術部・醫》引《異苑》。

## 宋文帝劉義隆元嘉十九年，442 年

比丘尼普照卒於廣陵建熙精舍。

據《比丘尼傳》卷二《宋・南皮張國寺普照尼傳》。

四月十八日，比丘尼光靜終於廣陵中寺。

據《比丘尼傳》卷二《宋・廣陵中寺光靜尼傳》。

五月，山陽張休宗獲白獐，海陵王文秀獲白鳥，南兗州刺史臨川王劉義慶以獻。

據《宋書》卷二八《符瑞志中》。

七月，魏主使譙王司馬文思督洛、豫諸軍南趨襄陽，征南將軍刁雍東趨廣陵。

據《通鑒》卷一二四《宋紀六》。

九月戊申，廣陵肥如石樑澗中出石鐘，南兗州刺史臨川王義慶以獻。

據《宋書》卷二九《符瑞志下》。

南兗州刺史劉義慶請釋道冏至廣陵供養。九月，釋道冏於西齋中作十日觀世音齋。

據《高僧傳》卷一二《誦經・宋京師南澗寺釋道冏》、《法苑珠林》卷六五《救厄篇・感應緣・秦沙門釋道冏》引《冥祥記》。

【按】臨川王劉義慶請釋道冏至廣陵供養之事，《高僧傳》繫於元嘉二十年，《冥祥記》繫於元嘉十九年。未知孰是孰非，姑且錄於元嘉十九年。

比丘尼曇暉有聲譽，遠近歸服。南兗州刺史劉義慶延請其至廣陵，時年二十一。

據《比丘尼傳》卷四《梁・成都長樂寺曇暉尼傳》、《法苑珠林》卷二二《入道篇・感應緣・宋尼釋曇輝》引《冥祥記》。

伏萬壽為南兗州刺史臨川王劉義慶衛將軍府行參軍，渡江歸廣陵。中江風起如箭，時又極暗，莫知所向。萬壽先奉法勤至，唯一心歸命觀世音，念無閒息。俄爾與船中數人同睹北岸有光，狀如村火，相與喜曰：「此必是歐陽火也。」回舳趣之，未旦而至。問彼人，皆云昨夜無然火者。方悟神力，至設齋會。

據《法苑珠林》卷二七《至誠篇‧感應緣‧宋伏萬壽念觀音》引《冥祥記》。

顧邁為南兗州刺史臨川王劉義慶衛將軍府行參軍，自京城渡江歸廣陵，至中江，波浪方壯。邁單船孤征，憂危無計。誦《觀世音經》得十許遍，風勢漸歇，浪亦稍小。既而中流，屢聞奇香，芬馥不歇。邁心獨嘉，故歸誦不輟，遂以安濟。

據《法苑珠林》卷二七《至誠篇‧感應緣‧宋顧邁念觀音》引《冥祥記》。

高平徐椿讀經，得二舍利，後寄廣陵令劉馥。

據《法苑珠林》卷四○《舍利篇‧感應緣‧宋徐椿讀經得二舍利》。

## 宋文帝劉義隆元嘉二十年，443 年

劉義慶在廣陵，有疾求還。文帝許解南兗州，以本號還朝。

據《宋書》卷五一《宗室傳‧劉義慶傳》、《獨異志》卷中《臨川王劉義慶》。

## 宋文帝劉義隆元嘉二十一年，444 年

正月己亥，南徐、南兗、南豫州、揚州之浙江西，並禁酒。

據《南史》卷二《宋本紀中》。

【按】《宋書》卷五《文帝紀》：「二十一年春正月己亥，南徐、南豫州、揚州之浙江西，並禁酒」，無南兗州。今從《南史‧宋本紀中》。元嘉十九、二十年，諸州郡水旱傷稼，人大饑。禁酒當與此有關。

正月辛酉，以太子詹事劉義宗為南兗州刺史。

據《宋書》卷五《文帝紀》、同書卷五一《宗室傳‧劉義宗傳》。

【按】據《宋書‧文帝紀》與劉義宗本傳，其元嘉二十一年正月辛酉為南兗州刺史，同年卒，又據下條，此年二月甲午劉誕為南兗州，則義宗在南兗州刺史任上只一月，不久即死。

二月甲午，以廣陵王劉誕為監南兗州諸軍事、北中郎將、南兗州刺史，出鎮廣陵。

據《宋書》卷五《文帝紀》、同書卷七九《文五王傳‧劉誕傳》。

白燕見廣陵，南兗州刺史劉誕以獻。

據《宋書》卷二九《符瑞志下》。

八月戊辰，以南兗州刺史廣陵王誕為南徐州刺史，荊州刺史衡陽王劉義季為都督南兗、徐、青、冀、幽六州諸軍事、征北大將軍、開府儀同三司、南兗州刺史，持節、常侍如故。

據《宋書》卷五《文帝紀》、同書卷六一《武三王傳‧劉義季傳》、同書卷七九《文五王傳‧劉誕傳》、《南史》卷二《宋本紀中》、《通鑒》卷一二四《宋紀六》。

## 宋文帝劉義隆元嘉二十二年，445 年

七月乙酉，征北大將軍、南兗州刺史衡陽王劉義季改為徐州刺史。

據《宋書》卷五《文帝紀》、同書卷六一《武三王傳‧劉義季傳》。

## 宋文帝劉義隆元嘉二十三年，446 年

二月癸卯，以左衛將軍劉義賓為南兗州刺史。

據《宋書》卷五《文帝紀》。

## 宋文帝劉義隆元嘉二十四年，447 年

八月癸卯，以南兗州刺史劉義賓為徐州刺史。

據《宋書》卷五《文帝紀》。

九月辛未，以太子詹事徐湛之為前軍將軍、南兗州刺史。

據《宋書》卷五《文帝紀》、同書卷七一《徐湛之傳》。

徐湛之在廣陵，多所修築。廣陵城舊有高樓，湛之更加修整，又於城北陂澤起風亭、月觀，吹臺、琴室等。

據《宋書》卷七一《徐湛之傳》。

徐湛之在廣陵，與僧人釋惠休友善。惠休善屬文，辭采綺豔。

據《宋書》卷七一《徐湛之傳》。

### 宋文帝劉義隆元嘉二十五年，448年

五月，征北長史、廣陵太守范邈上表言輿縣大浦由濁變清，以為休瑞。

據《宋書》卷二九《符瑞志下》。

八月壬子，白燕見廣陵城，南兗州刺史徐湛之以聞。

據《宋書》卷二九《符瑞志下》。

廣陵有龍自湖水中昇天，百姓皆見。

據《宋書》卷二八《符瑞志中》。

### 宋文帝劉義隆元嘉二十六年，449年

前軍將軍、南兗州刺史徐湛之入為丹陽尹，領太子詹事，將軍如故。

據《宋書》卷七一《徐湛之傳》。

十月甲辰，始興王劉濬出為使持節、都督南徐兗二州諸軍事、征北將軍、開府儀同三司、南徐兗二州刺史，常侍如故。武陵王劉駿解都督南兗州。

據《宋書》卷五《文帝紀》、同書卷六《孝武帝紀》、同書卷九九《二凶傳·劉濬傳》、《建康實錄》卷一二《宋中·太祖文皇帝》。

### 宋文帝劉義隆元嘉二十七年，450年

文帝聞北魏將入寇，命廣陵南沛二郡太守劉懷之燒城府、船乘，盡帥其民渡江。

據《宋書》卷九五《索虜傳》、《通鑒》卷一二六《宋紀八》。

是時軍旅大起，劉宋以兵力不足，悉發青、冀、徐、豫、南兗、北兗六州民丁，僮使暫行，符到十日裝束；緣江五郡集廣陵，緣淮三郡集盱眙。有司又奏軍用不充，揚、南徐、南兗、江四州富民家貲滿五十萬，僧尼滿二十萬，並四分借一，事息即還。

據《宋書》卷九五《索虜傳》、《通鑒》卷一二五《宋紀七》。

十二月，北魏太武帝拓跋燾引兵南下，使中書郎魯秀出廣陵，高涼王那出山陽，永昌王仁出橫江，所過無不殘滅，城邑皆望風奔潰。

據《宋書》卷九五《索虜傳》、《通鑒》卷一二五《宋紀七》。

北魏兵至廣陵，武陽村人劉宗之母為軍士所害，劉宗遂終生蔬食。
其所住之村改稱孝義里。

據《太平寰宇記》卷一二三《淮南道一·揚州·江都縣》、《輿地紀勝》
卷三七《淮南東路·揚州·古蹟》。

【按】北魏太武帝大舉南伐，在元嘉二十七、二十八年。《太平寰宇記》
云「元嘉二年，魏太武兵至廣陵」，時間有誤。或許鑒於此，《輿地紀勝》引
《太平寰宇記》之文而略去「元嘉二年」等字。今姑且係此事於元嘉二十七
年。

張永為廣陵、南沛二郡太守。

據《宋書》卷五三《張永傳》。

【按】《宋書·張永傳》未明言其為廣陵南沛二郡太守之時間。元嘉二十
七年，廣陵太守為劉懷之，已見於上。疑張永當在其後，故酌書於此。

## 宋文帝劉義隆元嘉二十八年，451 年

正月丁亥，魏太武帝自瓜步退歸，俘廣陵居人萬餘家，後盡殺之。

據《宋書》卷六一《武三王傳·劉義恭傳》、同書卷七四《臧質傳》、同
書卷九五《索虜傳》、《南史》卷二《宋本紀中》、《建康實錄》卷一二《宋中·
太祖文皇帝》、《通鑑》卷一二六《宋紀八》。

三月壬辰，征北將軍始興王劉濬解南兗州刺史。

據《宋書》卷五《文帝紀》、同書卷九九《二凶傳·劉濬傳》。

三月戊申，武陵王劉駿進督南兗州、南兗州刺史。

據《宋書》卷五《文帝紀》、同書卷六《孝武帝紀》。

【按】元嘉二十八年始興王劉濬解任南兗州刺史後，五月江夏王劉義恭
領之，不久即省南兗州。故武陵王劉駿為南兗州刺史，當在義恭之前。《孝武
帝紀》載：元嘉「二十八年，進督南兗州、南兗州刺史，當鎮山陽。尋遷都
督江州荊州之江夏豫州之西陽晉熙新蔡四郡諸軍事、南中郎將、江州刺史，
持節如故」，可知劉駿任南兗州刺史為時極短，尋為義恭所代，應未實鎮山陽
也。

五月己巳，以江夏王劉義恭領南兗州刺史，移鎮盱眙。

《宋書》卷五《文帝紀》、同書卷六一《武三王傳·劉義恭傳》、同書卷

三五《州郡志一》、《南齊書》卷二六《陳顯達傳》、《通鑒》卷一二六《宋紀八》。

【按】拓跋燾南來，盱眙城堅位重，魏人以鉤車鉤城樓，城內繫以彊絙，數百人叫呼引之，車不能退。既夜，縋桶懸卒出，截其鉤，獲之。又以衝車攻城，城土堅密，每至，頹落不過數升。復肉薄登城，分番相代，墜而復升，莫有退者，殺傷萬計，屍與城平。凡攻之三旬，而不能拔，故南兗州移鎮盱眙，重之也。

**十一月壬寅，曲赦二兗、徐、豫、青、冀六州。**

據《宋書》卷五《文帝紀》、《南史》卷二《宋本紀中》。

【按】「二兗」即南兗州、兗州。所赦六州皆為魏人所破，百姓流離，《宋書》卷二六《天文志四》：「二十七年，索虜殘破青、冀、徐、兗、南兗、豫六州，民死太半」，同書卷九五《索虜傳》：「燾凡破南兗、徐、兗、豫、青、冀六州，殺略不可稱計」。《通鑒》卷一二六《宋紀八》：「魏人凡破南兗、徐、兗、豫、青、冀六州，殺掠不可勝計，丁壯者即加斬截，嬰兒貫於槊上，盤舞以為戲。所過郡縣，赤地無餘，春燕歸，巢於林木。」

## 宋文帝劉義隆元嘉二十九年，452年

正月甲午，詔：「經寇六州，居業未能，仍值災潦，饑困薦臻。可速符諸鎮，優量救恤。今農事行興，務盡地利。若須田種，隨宜給之。」

據《宋書》卷五《文帝紀》、《南史》卷二《宋本紀中》。

【按】詔書所謂「經寇六州」，即上條「二兗、徐、豫、青、冀六州」。

十二月辛未，以南兗州刺史江夏王義恭為大將軍、南徐州刺史。

據《宋書》卷五《文帝紀》、《南史》卷二《宋本紀中》、《通鑒》卷一二六《宋紀八》。

## 宋文帝劉義隆元嘉三十年，宋元帝劉劭太初元年，453年

正月，罷南兗州，並於南徐州。

據《宋書》卷五《文帝紀》、同書卷三五《州郡志一》。

劉劭還立南兗州，以南平王劉鑠為使持節、都督南兗徐兗青冀幽六州諸軍事、征北將軍、開府儀同三司、南兗州刺史。

據《宋書》卷七二《文九王傳·劉鑠傳》、同書卷九九《二凶傳·劉劭傳》。

四月二十五日，劉劭使南兗州刺史劉鑠為祝文，罪狀孝武帝劉駿。劉鑠進號驃騎將軍，與濬並錄尚書事。

據《宋書》卷七二《文九王傳·劉鑠傳》、同書卷九九《二凶傳·劉劭傳》。

【按】《劉鑠傳》記載劉鑠進授驃騎將軍、錄尚書事在先，為祝文祝詛孝武帝劉駿在後，《劉劭傳》則反之。

六月庚午，劉駿分南徐，復立南兗州。

據《宋書》卷六《孝武帝紀》、同書卷三五《州郡志一》、《建康實錄》卷一三《宋下上·世祖孝武皇帝》。

【按】元嘉三十年二月，劉劭弒殺文帝，即位，為宋元帝，然在位僅三個月，旋即被武陵王劉駿所敗。劉駿四月己巳即皇帝位，仍用元嘉年號，次年改元。據《宋書·文九王傳·劉鑠傳》載：「元凶弒立，以為中軍將軍，護軍、常侍如故。世祖入討，劭屯兵京邑，使鑠巡行撫勞。劭還立南兗，以鑠為使持節、都督南兗、徐、兗、青、冀、幽六州諸軍事、征北將軍、開府儀同三司、南兗州刺史，常侍如故。」則宋元帝劉劭時已復立南兗州，時為太初元年（453）。孝武帝元嘉三十年六月「庚午，還分南徐，立南兗州」，從事實上說，已是南兗州的第二次「復立」了。之所以有第二次復立，有兩種可能：第一種可能，劉劭弒父奪位，雖然當了三個月的皇帝，卻不為孝武帝劉駿所認可，史書也稱之為「元凶」，其復立南兗州，不為孝武帝所承認。第二種可能，劉劭復立南兗州時，劉駿已經起兵，雙方處在戰爭狀態，復立南兗州之事未必實際施行。余意以為第一種可能性較大。

閏六月壬申，以領軍將軍沈慶之為使持節、督南兗、豫、徐、兗四州諸軍事、鎮軍將軍、南兗州刺史，鎮盱眙。不久，使慶之自盱眙還鎮廣陵。

據《宋書》卷七七《沈慶之傳》、《南齊書》卷二六《陳顯達傳》、《建康實錄》卷一四《宋下·沈慶之傳》、《通鑒》卷一二七《宋紀九》。

### 宋孝武帝劉駿孝建二年，455 年

二月，以南兗州刺史沈慶之為左光祿大夫、開府儀同三司。以尚書右僕射劉延孫為南兗州刺史。

據《宋書》卷六《孝武帝紀》、同書卷七八《劉延孫傳》、《南史》卷二《宋本紀中》、《通鑑》卷一二八《宋紀十》。

【按】《孝武帝紀》記劉延孫為南兗州刺史在孝建二年，《通鑑》同。本傳則曰：「三年，又出為南兗州刺史，加散騎常侍。」《孝武帝紀》記載此事年月甚詳，沈慶之請老，延孫正接替其位。且孝建三年南兗州刺史相繼為檀和之、西陽王劉子尚、建安王劉休仁，延孫刺南兗，必不在此年。又據下條，孝建二年八月雍州刺史武昌王劉渾被廢，劉延孫由南兗州刺史轉任雍州刺史，亦可證。本傳「三年」誤，今從《孝武帝紀》。

八月辛酉，以南兗州刺史劉延孫為鎮軍將軍、雍州刺史。

據《宋書》卷六《孝武帝紀》。

八月甲申，以右衛將軍檀和之為南兗州刺史。

據《宋書》卷六《孝武帝紀》、同書《宋書》卷九七《夷蠻傳》。

【按】《宋書·夷蠻傳》所記檀和之出任南兗州刺史之時間與《孝武帝紀》不合。《孝武帝紀》所載年月日甚明，應可採信，且八月辛酉南兗州刺史劉延孫離任，甲申檀和之繼任，較為合理。今從《孝武帝紀》。

### 宋孝武帝劉駿孝建三年，456 年

三月癸丑，以西陽王劉子尚為都督南徐、兗二州諸軍事、北中郎將、南兗州刺史。

據《宋書》卷六《孝武帝紀》、同書卷八○《孝武十四王傳·劉子尚傳》。

袁粲為西陽王子尚北中郎長史、輔國將軍、廣陵太守，行南兗州事。

據《宋書》卷八九《袁粲傳》。

六月癸巳，白獐見廣陵，南兗州以獻。

據《宋書》卷二八《符瑞志中》。

七月丙子，以南兗州刺史、西陽王劉子尚爲揚州刺史，秘書監、建安王劉休仁爲南兗州刺史。

據《宋書》卷六《孝武帝紀》、同書卷七二《文九王傳・劉休仁傳》、同書卷八〇《孝武十四王傳・劉子尚傳》、《通鑑》卷一二八《宋紀十》。

袁粲爲建安王劉休仁冠軍長史、輔國將軍、廣陵太守。

據《宋書》卷八九《袁粲傳》。

【按】《宋書・袁粲傳》「永嘉王子仁」誤。據《袁粲傳》：「（孝建）二年，起爲廷尉，太子中庶子，領右軍將軍。出爲輔國將軍、西陽王子尚北中郎長史、廣陵太守，行兗州事。仍爲永嘉王子仁冠軍長史，將軍、太守如故。大明元年，復爲侍中」，其「爲永嘉王子仁冠軍長史」在大明元年前。然據《宋書》卷八〇《孝武十四王傳》：「永嘉王子仁，字孝和，孝武帝第九子也。大明五年，年五歲，監雍、梁、南北秦四州、郢州之竟陵、隨二郡諸軍事、北中郎將、寧蠻校尉、雍州刺史，封永嘉王」，是則劉子仁生於大明元年，封土在大明五年。劉子仁未生之時，袁粲已爲其長史，豈非大謬？且劉子仁未任冠軍將軍，何來冠軍長史？查《孝武帝紀》；孝建三年「三月癸丑，以西陽王子尚爲南兗州刺史。……秋七月……丙子，以南兗州刺史西陽王子尚爲揚州刺史，秘書監建安王休仁爲南兗州刺史」，《文九土傳・劉休仁傳》：「元嘉二十九年，年十歲，立爲建安王，食邑二千戶。孝建三年，爲秘書監，領步兵校尉。尋都督南兗、徐二州諸軍事、冠軍將軍、南兗州刺史」。西陽王劉子尚解南兗州後，建安王劉休仁接任，帶冠軍將軍之號，時在孝建三年，與《袁粲傳》完全吻合。故「永嘉王子仁」當爲「建安王休仁」。

## 宋孝武帝劉駿大明元年，457 年

冠軍將軍、南兗州刺史劉休仁入爲侍中，領右軍將軍。

據《宋書》卷七二《文九王傳・劉休仁傳》。

八月甲辰，以司空、南徐州刺史竟陵王劉誕爲都督南兗、南徐、兗、青、冀、幽六州諸軍事、南兗州刺史。

據《宋書》卷六《孝武帝紀》、同書卷七九《文五王傳・劉誕傳》、《南史》卷一四《宋宗室及諸王傳下・劉誕傳》、《通鑑》卷一二八《宋紀十》。

南兗州刺史劉誕為孝武帝所猜忌，亦潛為之備，因魏侵邊，發人築廣陵城，聚糧練甲。

據《宋書》卷七八《劉延孫傳》、同書卷七九《文五王傳·劉誕傳》、《南史》卷一四《宋宗室及諸王傳下·劉誕傳》、《通鑑》卷一二八《宋紀十》、同書卷一二九《宋紀一一》。

## 宋孝武帝劉駿大明三年，459 年

三月辛卯，白鹿見廣陵郡新市縣，廣陵太守柳光宗以聞。

據《宋書》卷二八《符瑞志中》。

四月乙卯，司空、南兗州刺史竟陵王劉誕據廣陵城反。孝武帝以始興公沈慶之為車騎大將軍、開府儀同三司、南兗州刺史，討誕。七月己巳，慶之克廣陵城，殺劉誕，傳首京師。孝武帝命宗越屠廣陵城，殺數千人。

據《宋書》卷六《孝武帝紀》、同書卷二六《天文志四》、同書卷七四《沈攸之傳》、同書卷七七《沈慶之傳》、同書卷七八《劉延孫傳》、同書卷七九《文五王傳·劉誕傳》、同書卷八二《沈懷文傳》、同書卷八三《宗越傳》、同書卷八六《殷孝祖傳》、同書卷八六《劉勔傳》、《南齊書》卷三八《蕭赤斧傳》、《南史》卷二《宋本紀中》、同書卷一四《宋宗室及諸王傳下·劉誕傳》、《建康實錄》卷一三《宋下上·世祖孝武皇帝》、同書卷一四《宋下·沈慶之傳》、《太平寰宇記》卷一二三《淮南道一·揚州·江都縣》、《通鑑》卷一二九《宋紀一一》。

七月，以新除車騎大將軍、開府儀同三司、南兗州刺史沈慶之為司空，刺史如故。

據《宋書》卷六《孝武帝紀》、《南史》卷二《宋本紀中》。

劉誕反叛事平，蔡興宗奉旨慰勞。南兗州別駕范義與興宗素善，在廣陵城內同誅。興宗至，躬自收殯，致喪還豫章舊墓。

據《宋書》卷五七《蔡興宗傳》、《通鑑》卷一二九《宋紀一一》。

蔡興宗遷為司空沈慶之長史，行南兗州事。

據《宋書》卷五七《蔡興宗傳》。

謝莊作《江都平解嚴詩》。

據《藝文類聚》卷五九《武部·戰伐》。

【按】謝莊爲劉宋時人，當時與江都有關涉又因此戒嚴解嚴者，唯有竟陵王劉誕據廣陵城反叛之事。此詩當作於劉誕被平定解嚴之後。兩年後，謝莊任廣陵太守。

鮑照登廣陵故城，作《蕪城賦》。

據《文選》卷一一《賦己·遊覽·蕪城賦》。

【按】鮑照《蕪城賦》撰寫時間，歷來有各種看法。顧農《重讀鮑照〈蕪城賦〉》一文在綜合各種資料和舊說的基礎上，認爲作於大明三年（459）七月沈慶之攻入廣陵之後、大明五年（461）鮑照入臨海王子頊幕之前。其說大體可信，今從之，酌書於此。

## 宋孝武帝劉駿大明四年，460 年

五月辛巳，白雀見廣陵，侍中顏師伯以獻。

據《宋書》卷二九《符瑞志下》。

八月己酉，以晉安王劉子勛爲都督南兗州、徐州之東海諸軍事、征虜將軍、南兗州刺史。

據《宋書》卷六《孝武帝紀》、同書卷八〇《孝武十四王傳·劉子勛傳》。

張岱爲南兗州刺史晉安王劉子勛諮議參軍，行南兗州事。後入爲黃門郎，遷驃騎長史，領廣陵太守。

據《南齊書》卷三二《張岱傳》、《通鑑》卷一二九《宋紀十一》。

南兗州大水。

據《宋書》卷三三《五行志四》。

## 宋孝武帝劉駿大明五年，461 年

四月戊戌，詔：「南徐、兗二州去歲水潦傷年，民多困窶。逋租未入者，可申至秋登。」

據《宋書》卷六《孝武帝紀》。

六月壬子，分廣陵置沛郡，省東平郡並廣陵。

據《宋書》卷六《孝武帝紀》。

謝莊為晉安王子勛征虜長史、廣陵太守，加冠軍將軍。

據《宋書》卷八五《謝莊傳》。

沈懷文以屢觸孝武帝怒，出為晉安王劉子勛征虜長史，領廣陵太守。

據《宋書》卷八二《沈懷文傳》、《通鑒》卷一二九《宋紀一一》。

## 宋孝武帝劉駿大明六年，462 年

三月丁未，輔國將軍、征虜長史、廣陵太守沈懷文有罪，下獄死。

據《宋書》卷六《孝武帝紀》、同書卷八二《沈懷文傳》、《南史》卷三四《沈沖傳》、《建康實錄》卷一三《宋下上·世祖孝武皇帝》、《通鑒》卷一二九《宋紀一一》。

四月庚申，原除南兗州大明三年以前逋租。

據《宋書》卷六《孝武帝紀》。

## 宋孝武帝劉駿大明七年，463 年

正月庚寅，以南兗州刺史晉安王劉子勛為江州刺史。

據《宋書》卷六《孝武帝紀》、同書卷八○《孝武十四王傳·劉子勛傳》。

二月甲寅，車駕巡南豫、南兗二州。壬戌，詔大赦天下，行幸所經無出今歲租布，其逋租餘債勿復收，賜民爵一級，女子百戶牛酒，刺守邑宰及民夫從搜者普加洽賚。

據《宋書》卷六《孝武帝紀》、同書卷一八《禮志五》、《南史》卷二《宋本紀中》。

授柳元景侍中、驃騎將軍、南兗州刺史，留衛京師。

據《宋書》卷七七《柳元景傳》、《建康實錄》卷一四《宋下·柳元景傳》。

【按】據《宋書·柳元景傳》，其任南兗州刺史似在大明六年。然《宋書·孝武十四王傳·劉子勛傳》：「大明四年，……仍都督南兗州徐州之東海諸軍事、征虜將軍、南兗州刺史」，《孝武帝紀》：「七年春正月……庚寅，以南兗州刺史晉安王子勛為江州刺史」。則大明四年至七年正月，南兗州刺史為晉安王劉子勛。大明七年正月劉子勛轉任江州刺史，柳元景當是繼任南兗州刺史。

## 宋孝武帝劉駿大明八年，464 年

閏五月庚申，孝武帝崩，前廢帝即位。甲子，驃騎大將軍柳元景遷
尚書令，領丹陽尹，解南兗州刺史。

據《宋書》卷七《前廢帝紀》、同書卷六一《武三王傳·劉義恭傳》、同
書卷七七《柳元景傳》、《通鑑》卷一二九《宋紀十一》。

義陽王劉昶為徐州刺史，道經廣陵，至竟陵王劉誕墓盡哀，上表請
改葬之。詔以庶人禮葬劉誕及妻女，並置守衛。

據《宋書》卷七九《文五王傳·劉誕傳》、《南史》卷一四《宋宗室及諸
王傳下·劉誕傳》。

永嘉王劉子仁出為左將軍、南兗州刺史。

據《宋書》卷八○《孝武十四王傳·劉子仁傳》。

【按】《宋書·劉子仁傳》未明言其為南兗州刺史之具體時間。大明八年
閏五月，孝武帝去世，前廢帝即位，次年改元。又劉子仁為南兗州在景和元
年前，故酌書於此。下條，袁顗為子仁左軍長史，又為廣陵太守，亦可證。

袁顗為永嘉王子仁左軍長史、廣陵太守。未拜。

據《宋書》卷八四《袁顗傳》。

申令孫為永嘉王、南兗州刺史劉子仁左軍司馬、廣陵太守。

據《宋書》卷六五《申恬傳》。

王琨出為永嘉王、南兗州刺史劉子仁左軍長史、廣陵太守。

據《南齊書》卷三二《王琨傳》。

## 宋前廢帝劉子業永光元年，景和元年，宋明帝劉彧太始元年，465 年

九月庚子，以南兗州刺史、永嘉王劉子仁為南徐州刺史，丹陽尹、
始安王劉子真為南兗州刺史。

據《宋書》卷七《前廢帝紀》、同書卷八○《孝武十四王傳·劉子仁傳》、
同書卷八○《孝武十四王傳·劉子眞傳》。

王琨為始安王、南兗州刺史劉子真征虜二府長史，廣陵太守。

據《南齊書》卷三二《王琨傳》。

十二月，廣陵太守王琨遷為度支尚書。

據《南齊書》卷三二《王琨傳》。

【按】景和元年十二月，宋明帝劉彧即位，改元太始。《南齊書·王琨傳》既言「太始元年，遷度支尚書」，結合景和元年九月始安王劉子真爲南兗州刺史、王琨爲劉子真征將軍府長史來看，其遷度支尚書當在十二月。

## 宋明帝劉彧太始二年，466 年

正月，始安王、南兗州刺史劉子真遷左將軍、丹陽尹，未拜，賜死。

據《宋書》卷八〇《孝武十四王傳·劉子真傳》。

正月，以青州刺史劉祗爲南兗州刺史。

據《宋書》卷八《明帝紀》、同書卷五一《宗室傳·劉祗傳》。

晉安王劉子勛與明帝爭奪帝位。南兗州刺史劉祗與劉子勛相交通。三月丙申，明帝詔南徐州刺史、桂陽王劉休範爲使持節、都督南徐、徐、南兗、兗四州諸軍事、鎮北將軍、南徐州刺史，統北討諸軍事，進據廣陵，辛亥，休範加南兗州刺史。

據《宋書》卷八《明帝紀》、同書卷七九《文五王傳·劉休範傳》、同書卷八〇《孝武十四王傳·劉子勛傳》、《通鑑》卷一三一《宋紀一三》。

沈文季爲寧朔將軍、征北司馬、廣陵太守。

據《南齊書》卷四四《沈文季傳》。

【按】《南齊書·沈文季傳》「明帝立」，此明帝爲劉宋明帝。其時南兗州刺史帶征北之號者，唯有桂陽王、征北大將軍劉休範。三月桂陽王劉休範爲鎮北將軍、南兗州刺史，七月己丑，進號征北大將軍，按常理，當是由鎮北進征北，由征北進征北大將軍，蓋劉休範爲征北將軍，史料闕載。沈文季爲征北司馬、廣陵太守，當在此年三月至七月間。

七月己丑，鎮北將軍、南徐兗二州刺史桂陽王劉休範進號征北大將軍，解任南兗州刺史。

據《宋書》卷八《明帝紀》、同書卷七九《文五王傳·劉休範傳》。

【按】七月己丑，南兗州刺史桂陽王劉休範進征北大將軍，而據《宋書·明帝紀》，同月辛卯，徐州刺史張永爲南兗州刺史，兩事中間相隔一日。則桂陽王劉休範「進征北大將軍，加散騎常侍，還京口，解兗州，增邑二千戶」

當是同一詔書之令，即解南兗州在七月己丑。

七月辛卯，鎮軍將軍、徐州刺史張永改為使持節、都督南兗徐二州諸軍事、南兗州刺史，常侍、將軍如故。辛亥，又以南兗州刺史張永復領徐州刺史。

據《宋書》卷八《明帝紀》、同書卷五三《張永傳》。

【按】張永改任南兗州刺史，至復領徐州刺史，不過二十日，可能實際未到南兗州任。

九月庚戌，以太子左衛率建平王劉景素為南兗州刺史。

據《宋書》卷八《明帝紀》、同書卷七二《文九王傳‧劉景素傳》。

南兗州刺史、建平王劉景素好士，江淹隨景素在南兗州。廣陵令郭彥文得罪，辭連江淹，繫南兗州州獄。九月，淹獄中上書，景素覽書，即日出之。

據《梁書》卷一四《江淹傳》、《建康實錄》卷一八《梁下‧功臣‧江淹傳》。

### 宋明帝劉彧太始三年，467 年

八月壬寅，以中領軍沈攸之為持節、假冠軍將軍、行南兗州刺史，率眾北伐。

據《宋書》卷八《明帝紀》、同書卷七四《沈攸之傳》、《南史》卷三《宋本紀下》、《建康實錄》卷一四《宋下‧太宗明皇帝》、《通鑒》卷一三二《宋紀一四》。

顧歡作《夷夏論》，廣陵僧愍作《戎華論折顧道士夷夏論》以駁斥之。

據《弘明集》卷七《釋僧愍戎華論折顧道士夷夏論（廣陵釋僧愍）》。

【按】《佛祖統紀校注》卷三七《法運通塞志‧宋》載：宋明帝太始三年，「逸士顧歡作《夷夏論》」。僧愍作《戎華論折顧道士夷夏論》亦當在此年，或者稍後。

### 宋明帝劉彧太始四年，468 年

五月癸亥，以湘州刺史劉韞為南兗州刺史。

據《宋書》卷八《明帝紀》、同書卷五一《宗室傳‧劉韞傳》。

七月庚申，以驍騎將軍蕭道成督南兗徐二州諸軍事、南兗州刺史，持節、假冠軍、督北討如故，鎮淮陰。

據《宋書》卷八《明帝紀》、《南史》卷四《齊本紀上》、同書卷四七《荀伯玉傳》、《通鑑》卷一三二《宋紀一四》。

【按】《通鑑》胡注以爲蕭道成代沈攸之爲南兗州刺史，然據《宋書‧明帝紀》，太始四年五月，以湘州刺史劉韞爲南兗州刺史，則蕭道成當是代劉韞也。

廣陵人荀伯玉爲南兗州刺史蕭道成鎮軍中兵參軍，帶廣陵令。

據《南齊書》卷三一《荀伯玉傳》、《南史》卷四七《荀伯玉傳》。

【按】《南齊書‧荀伯玉傳》「太祖在淮南」，《南史‧荀伯玉傳》作「高帝在淮陰」。蕭道成未嘗鎮淮南，而曾爲南兗州刺史鎮淮陰，故當從《南史》本傳。

九月庚午，曲赦揚、南徐、兗、豫四州。

據《宋書》卷八《明帝紀》、《建康實錄》卷一四《宋下‧太宗明皇帝》。

詔改葬竟陵王劉誕，祭以少牢。

據《宋書》卷七九《文五王傳‧劉誕傳》、《南史》卷一四《宋宗室及諸王傳下‧劉誕傳》。

## 宋明帝劉彧太始六年，470 年

南兗州刺史蕭道成在軍中久，民間或言道成有異相，當爲天子。明帝疑之，徵爲黃門侍郎、越騎校尉。道成懼，不欲內遷，而無計得留。冠軍參軍廣陵荀伯玉勸成遣數十騎入魏境，安置標榜，魏果遣遊騎數百履行境上。道成以聞，上使道成復本任。九月，命蕭道成自廣陵遷鎮淮陰。

據《南史》卷四七《荀伯玉傳》、《通鑑》卷一三二《宋紀一四》。

九月，以侍中、中領軍劉勔爲使持節、都督南徐兗等五州諸軍事、平北將軍，侍中、中領軍如故，出鎮廣陵。

據《宋書》卷八六《劉勔傳》、《通鑑》卷一三二《宋紀一四》。

李安民遷廣陵太守、行南兗州事。

據《南齊書》卷二七《李安民傳》。

【按】《李安民傳》未明言其為廣陵太守在何年，然其文有「太祖在淮陰，安民遙相結事，明帝以為疑，徙安民為劉韞冠軍司馬、寧朔將軍、京兆太守」等語，是知蕭道成遷鎮淮陰時，安民仍為廣陵太守、行南兗州事。故酌書於此。

## 宋明帝劉彧太始七年，471 年

七月戊寅，以寧朔將軍沈懷明為南兗州刺史。

據《宋書》卷八《明帝紀》、同書卷七七《沈慶之傳》。

廣陵人荀伯玉夢蕭道成乘船在廣陵北渚，腋下有翅而不舒，曰三年後雙翅當舒展。

據《南齊書》卷三一《荀伯玉傳》、《南史》卷四七《荀伯玉傳》。

王琰曾遊江都。

據《法苑珠林》卷一七《敬佛篇·感應緣·宋居士王琰》引《冥祥記》。

【按】據《冥祥記》，王琰遊江都在太始末年，故酌書於此。

## 宋後廢帝劉昱元徽二年，474 年

正月庚子，以右光祿大夫、吳郡太守張永為使持節、都督南兗等五州諸軍事、征北將軍、南兗州刺史，侍中如故。

據《宋書》卷九《後廢帝紀》、同書卷五三《張永傳》。

五月壬午，太尉、江州刺史桂陽王休範舉兵反。後廢帝以征北將軍、南兗州刺史張永屯白下，前南兗州刺史沈懷明戍石頭，衛將軍袁粲、中軍將軍褚淵入衛殿省。賊黨攻朱雀航，劉勔拒賊敗績而死。張永潰於白下，沈懷明自石頭城奔散。羽林監陳顯達、越騎校尉張敬兒等破賊。張永免官削爵。

據《宋書》卷九《後廢帝紀》、同書卷五三《張永傳》、《通鑒》卷一三三《宋紀一五》。

六月庚子，以平南將軍蕭道成為散騎常侍、中領軍、都督南兗徐兗青冀五州軍事、鎮軍將軍、南兗州刺史，持節如故。進爵為公，增邑二千戶。道成留衛建康，與袁粲、褚淵、劉秉更日入直決事，號為四貴。

據《宋書》卷九《後廢帝紀》、《南史》卷四《齊本紀上》、《通鑒》卷一

三三《宋紀一五》。

江謐為南兗州刺史蕭道成鎮軍長史、廣陵太守。

據《南齊書》卷三一《江謐傳》。

## 宋後廢帝劉昱元徽五年，宋順帝劉準昇明元年，477 年

後廢帝欲殺蕭道成，或勸道成奔廣陵起兵，紀僧真止之。

據《南齊書》卷五六《倖臣傳・紀僧眞傳》、《通鑒》卷一三四《宋紀一六》。

七月丙午，司空、南兗州刺史蕭道成改領南徐州刺史，征虜將軍李安民為使持節督北討軍事、冠軍將軍、南兗州刺史。

據《宋書》卷一○《順帝紀》、《南齊書》卷二七《李安民傳》。

## 宋順帝劉準昇明二年，478 年

二月辛卯，以黃回為鎮北將軍、都督南兗等五州諸軍事、南兗州刺史，南兗州刺史李安民為郢州刺史。

據《宋書》卷一○《順帝紀》、《建康實錄》卷一四《宋下・黃回傳》、《通鑒》卷一三四《宋紀一六》。

【按】《宋書・順帝紀》與《通鑒》記載黃回為南兗州刺史之月份不同，一在二月，一在三月。昇明二年三月戊申朔，無辛卯。此從《宋書》。

四月辛卯，蕭道成殺南兗州刺史黃回。

據《宋書》卷一○《順帝紀》、《南齊書》卷一《高帝紀》、《南史》卷三《宋本紀下》、《建康實錄》卷一四《宋下・順帝》、同書卷一四《宋下・黃回傳》、《通鑒》卷一三四《宋紀一六》。

四月甲午，以輔國將軍、淮南宣城二郡太守蕭映為假節、督南兗兗徐青冀五州諸軍事、行南兗州刺史。

據《宋書》卷一○《順帝紀》、《南齊書》卷三五《高帝十二王傳・蕭映傳》、《通鑒》卷一三四《宋紀一六》。

九月戊申，行南兗州刺史蕭映為冠軍將軍、南兗州刺史。

據《宋書》卷一○《順帝紀》、《南齊書》卷三五《高帝十二王傳・蕭映傳》、《通鑒》卷一三四《宋紀一六》。

## 宋順帝劉準昇明三年，479 年

四月癸酉，進齊公蕭道成爵為王，增封徐州之南梁、陳、潁川、陳留、南兗州之盱眙、山陽、秦、廣陵、海陵、南沛等十郡。

據《南齊書》卷一《高帝紀一》、《南史》卷四《齊本紀上》。

## 劉宋時，420～479 年

申元嗣曾任廣陵太守。

據《宋書》卷六五《申恬傳》。

廣陵有曇因法師，釋僧瑾至廣陵，從之學道。

據《高僧傳》卷七《義解四·宋京師靈根寺釋僧瑾》。

廣陵人釋慧益少時出家，後燒身而終。

據《高僧傳》卷一二《亡身·宋京師竹林寺釋慧益》。

廣陵人劉敬叔撰《異苑》，記鬼怪神異之事。

據《隋書》卷三三《經籍志二》、《太平寰宇記》卷一二三《淮南道一·揚州·人物》。

## 齊高帝蕭道成建元元年，479 年

四月戊戌，以冠軍將軍、南兗州刺史蕭映為荊州刺史。

據《南齊書》卷二《高帝紀下》。

四月，以中領軍王敬則出為使持節、散騎常侍、都督南兗兗徐青冀五州軍事、平北將軍、南兗州刺史，封尋陽郡公，邑三千戶。

據《南齊書》卷二《高帝紀下》、同書卷二六《王敬則傳》。

五月五日，廣陵太守鑄銅鏡。

【按】安徽省望江縣博物館藏有一枚八卦銘文鏡。據言出土於 1979 年 6 月，直徑 23 釐米，緣厚 0.6 釐米。青銅質地，半球形圓鈕座。邊緣呈八瓣花形，鈕座外周飾有八卦紋，其外有三圈篆體銘文，內圈為「建元元年五月五日廣陵泰守河南侯造」；中圈為「花開鶴舞，月滿鴻騫，龍門動色，人玉與言」；外圈為「洗持以照，華容散影，時開鳳盤，花不藉龍，揚光□淮」。出土時略有損壞，但尚屬完整。詳細介紹見宋康年《安徽望江發現一件八卦銘文銅鏡》（《文物》1988 年第 8 期）等文。

　　宋康年先生最早認爲該鏡「屬唐代八卦鏡類型，銘文中『建元元年』當爲僞託之作」，但後來在《華夏考古》、《東南文化》、《收藏》、《中國文物報》上刊文時，改變了這一看法，認爲「建元元年（479）係北齊高帝蕭道成年號」，將該鏡稱爲「八卦紀年鏡」，歸爲「六朝銅鏡」。近來，張清文先生也在《華夏考古》發表文章，對該鏡的時代重新考訂，認爲鑄造於南唐交泰元年（958）。其實六朝說、南唐說均難成立。從該鏡形狀看，爲八瓣葵花形，這種鏡形始於唐高宗、武則天時期。使用八卦紋做主紋，是中晚唐到五代時期典型風格。故該鏡當造於晚唐五代時期。然其「廣陵泰守」銘文確實與六朝有關，應是建元元年廣陵太守造鏡所鑄，晚唐五代造此鏡時移來借用也。「建元」年號在中國古代曾使用過五次，分別爲：（1）漢武帝年號（前 140～前135），（2）十六國時期漢趙劉聰年號（315～316），（3）東晉康帝年號（343～344），（4）前秦苻堅年號（365～385），（5）南朝齊高帝年號（479～482）。其中，漢武帝建元時廣陵爲劉非江都國所屬，未置太守。前趙劉聰、前秦苻堅時，廣陵屬東晉，不奉前趙、前秦正朔，亦不使用其年號。東晉、南朝齊都曾使用「建元」年號，由於史料闕如，無法查檢到晉康帝建元元年（343）、齊高帝建元元年（479）時的廣陵太守，所以鏡銘究竟指哪一個「建元元年」，暫難確定。以上所論，未敢斷言，存此備考。

> 十一月癸丑，北魏遣假梁郡王嘉督二將出淮陰，隴西公琛督三將出廣陵，河東公薛虎子督三將出壽陽。南兗州刺史王敬則聞魏將濟淮，委鎮還建康，士民驚散，既而魏竟不至。高帝以其功臣，不問。
>
> 　據《南齊書》卷二七《王玄載傳》、《通鑑》卷一三五《齊紀一》。

> 高帝以王玄載領廣陵太守，加平北將軍、假節、行南兗州事。
>
> 　據《南齊書》卷二七《王玄載傳》。

### 齊高帝蕭道成建元二年，480 年

> 正月，遣眾軍北伐，使持節、都督南徐兗二州諸軍事、後軍將軍、南徐州刺史、長沙王蕭晃出次江都，爲眾軍節度。
>
> 　據《南齊書》卷二《高帝紀二》、《江文通集》卷八《北伐詔》。

三月戊戌，以護軍將軍陳顯達為使持節、散騎常侍、都督南兗兗徐青冀五州諸軍事、平北將軍、南兗州刺史。朝議欲移南兗州治於盱眙，事竟不行。

據《南齊書》卷二《高帝紀二》、同書卷二六《陳顯達傳》。

## 齊高帝蕭道成建元三年，481 年

正月丙子，以平北將軍、南兗州刺史陳顯達為益州刺史，以貞陽公柳世隆為使持節、督南兗兗徐青冀五州軍事、安北將軍、南兗州刺史。

據《南齊書》卷二《高帝紀二》、同書卷二四《柳世隆傳》。

正月，魏人南寇，緣淮大掠，江北之民皆驚走渡江。

據《通鑑》卷一三五《齊紀一》。

## 齊武帝蕭賾永明元年，483 年

南兗州刺史柳世隆奏請並省僑郡縣。

據《南齊書》卷一四《州郡志上》。

正月，以南徐州刺史、竟陵王蕭子良為侍中、都督南兗兗徐青冀五州、征北將軍、南兗州刺史，持節如故。給油絡車。

據《南齊書》卷三《武帝紀》、同書卷三五《高十二王傳·蕭晃傳》、同書卷四〇《武十七王傳·蕭子良傳》。

竟陵王蕭子良以劉悛為長史，加冠軍將軍、廣陵太守。

據《南齊書》卷三七《劉悛傳》。

廣陵民章起之二子犯罪爭死，太守劉悛上表以聞。

據《南齊書》卷五五《孝義傳》、《南史》卷七三《孝義傳上》。

廣陵人徐靈禮之妻救兒於火，與兒俱焚死。廣陵太守劉悛上表以聞。

據《南齊書》卷五五《孝義傳》。

## 齊武帝蕭賾永明二年，484 年

正月乙亥，以征北將軍、南兗州刺史竟陵王子良為護軍將軍、兼司徒，征北長史劉悛為司州刺史，司州刺史呂安國為都督南兗兗徐青冀五州諸軍事、平北將軍、南兗州刺史。

據《南齊書》卷三《武帝紀》、同書卷二九《呂安國傳》、同書卷四○《武十七王傳・蕭子良傳》、《南史》卷四《齊本紀上》。

三月乙亥，以平北將軍、南兗州刺史呂安國為湘州刺史，吳興太守張岱為南兗州刺史。

據《南齊書》卷三《武帝紀》、同書卷二九《呂安國傳》、同書卷三二《張岱傳》。

四月甲辰，詔南兗等州諸獄部送還臺，須候剋日斷枉直。

據《南齊書》卷三《武帝紀》、《冊府元龜》卷二○九《閏位部・欽恤》。

【按】《南齊書・武帝紀》校勘記一七引《冊府元龜》卷二○九《閏位部》，「南兗」誤為「南徐」。

六月乙巳，以安陸王蕭子敬為持節、監南兗兗徐青冀五州、北中郎將、南兗州刺史。

據《南齊書》卷三《武帝紀》、同書卷四○《武十七王傳・蕭子敬傳》。

南新蔡太守王廣之為安陸王北中郎左軍司馬、征虜將軍、廣陵太守。

據《南齊書》卷二九《王廣之傳》。

## 齊武帝蕭賾永明五年，487 年

正月戊子，以安陸王、南兗州刺史蕭子敬為荊州刺史，征虜將軍晉安王蕭子懋為監南兗兗徐青冀五州軍事、後將軍、南兗州刺史，持節如故。

據《南齊書》卷三《武帝紀》、同書卷四○《武十七王傳・蕭子懋傳》。

沈憲為南兗州刺史蕭子懋後軍長史、廣陵太守。

據《南齊書》卷五三《良政・沈憲傳》、《南史》卷三六《沈憲傳》。

## 齊武帝蕭賾永明六年，488 年

十一月庚申，以晉安王、南兗州刺史蕭子懋為湘州刺史，西陽王蕭子明為持節、都督南兗兗徐青冀五州軍事、冠軍將軍、南兗州刺史。

據《南齊書》卷三《武帝紀》、同書卷四○《武十七王傳・蕭子明傳》。

沈憲為南兗州刺史、西陽王蕭子明冠軍長史、廣陵太守，行州府事。

據《南齊書》卷五三《良政·沈憲傳》、《南史》卷三六《沈憲傳》。

## 齊武帝蕭賾永明八年，490 年

南兗州刺史、西陽王蕭子明典籤劉道濟為有司所奏，賜死。廣陵太守沈憲坐免官，尋復為長史、輔國將軍，以疾去官。

據《南齊書》卷五三《良政·沈憲傳》、《南史》卷三六《沈憲傳》。

冠軍將軍王諶為南兗州刺史蕭子明蕭子明征虜長史，行南兗府州事。

據《南齊書》卷三四《王諶傳》。

劉季連為南兗州刺史蕭子明冠軍長史、廣陵太守，行府州事。

據《梁書》卷二〇《劉季連傳》。

曹虎為西陽王、南兗州刺史蕭子明冠軍司馬、廣陵太守。齊武帝敕曹虎曰：「廣陵須心腹，非吾意可委者，不可得處此任。」

據《南齊書》卷三〇《曹虎傳》。

陸慧曉為西陽王、南兗州刺史蕭子明征虜長史，行府州事。

據《南齊書》卷四六《陸慧曉傳》。

## 齊武帝蕭賾永明九年，491 年

蕭惠朗為西陽王征虜長史，行南兗州事。典籤何益孫贓罪百萬，棄市，惠朗坐免官。

據《南齊書》卷四六《蕭惠基傳》。

## 齊武帝蕭賾永明十年，492 年

南海王、南琅邪彭城二郡太守蕭子罕為持節、都督南兗兗徐青冀五州軍事、征虜將軍、南兗州刺史。

據《南齊書》卷四〇《武十七王傳·蕭子罕傳》。

有獐入廣陵城，投井而死，又有象至廣陵。

據《南齊書》卷一九《五行志》。

【按】《南齊書·五行志》：「永明中，南海王子罕爲南兗州刺史，有獐入廣陵城，投井而死，又有象至廣陵，是後刺史安陸王子敬於鎮被害。」此兩事具體時間不詳，但在永明十年蕭子罕爲南兗州刺史之後，酌錄於此年。

## 齊武帝蕭賾永明十一年，493 年

七月，詔曲赦南兗等州。

據《南齊書》卷三《武帝紀》、《南史》卷四《齊本紀上》。

顧憲之行南兗州事。

據《南齊書》卷四六《顧憲之傳》、《梁書》卷五二《止足·顧憲之傳》。

【按】《南齊書》《梁書》顧憲之傳均未言其行南兗州事之時間。兩傳合觀，當在永明末年。故酌錄於此。

## 齊武帝蕭賾永明年間，483 年～493 年

僧人道達住廣陵永福精舍，以勤學顯名。永明中為南兗州僧正，在職廉潔，有治才。

據《續高僧傳》卷五《義解篇初·梁揚都安樂寺沙門釋法申傳》。

廣陵人惠命，住建康安樂寺，以勤學顯名，精於《成實論》。

據《續高僧傳》卷五《義解篇初·梁揚都安樂寺沙門釋法申傳》。

【按】據《續高僧傳》，惠命當活動於劉宋、蕭齊之世，因與釋法申、道達同時，且又同傳，故酌錄於此。

## 齊鬱林王蕭昭業隆昌元年，齊海陵王蕭昭文延興元年，齊明帝蕭鸞建武元年，494 年

正月，以安陸王蕭子敬為使持節、都督南兗兗徐青冀五州、征北大將軍、南兗州刺史。

據《南齊書》卷四《鬱林王紀》、同書卷四〇《武十七王傳·蕭子敬傳》。

九月，蕭鸞遣平西將軍王廣之襲安陸王、南兗州刺史蕭子敬。廣之至歐陽，遣部將陳伯之先驅。伯之入廣陵城斬蕭子敬。

據《南齊書》卷五《海陵王紀》、同書卷二九《王廣之傳》、《梁書》卷二〇《陳伯之傳》、《南史》卷五《齊本紀下》、《建康實錄》卷一五《齊上·廢帝海陵王》、《通鑒》卷一三九《齊紀五》。

【按】《南齊書・王廣之傳》「江陽」當爲「歐陽」。南齊時，梁州有江陽
郡，益州有江陽郡、江陽縣，寧州有江陽郡、宋昌郡江陽縣。江陽郡、江陽
縣的置廢、屬轄雖然有很大的變動，但是都在都城建康以西數千里。齊明帝
（高宗）「誅害諸王」時，王廣之爲豫州刺史，蕭子敬爲南兗州刺史，王廣之
要殺蕭子敬，應該向東至廣陵，而不會背道而馳，千里迢迢西至梁州、益州
甚或者寧州。《梁書・陳伯之傳》：「廣之至歐陽，遣伯之先驅，因城開，獨入
斬子敬」，作「歐陽」，甚是。歐陽在今江蘇儀征東北，六朝時是連接建康與
廣陵的陸上要地。《通鑑》胡注以爲儀徵眞州閘即歐陽其地，是也。

十月癸亥，蕭鸞即皇帝位。以中護軍王玄邈爲持節、都督南兗兗徐
青冀五州軍事、平北將軍、南兗州刺史。

據《南齊書》卷六《明帝紀》、同書卷二七《王玄邈傳》。

裴昭明爲南兗州刺史王玄邈平北長史、廣陵太守。明帝以其在事無
所啟奏，代還。

據《南齊書》卷五三《良政・裴昭明傳》。

## 齊明帝蕭鸞建武二年，495 年

三月，詔南兗州等五州遇寇之家悉停今年稅調，不問與虜交通之罪。

據《南齊書》卷六《明帝紀》、《南史》卷五《齊本紀下》。

八月丁未，以右衛將軍、廬陵王蕭寶源爲使持節、都督南兗兗徐青
冀五州軍事、後將軍、南兗州刺史。

據《南齊書》卷六《明帝紀》、同書卷五〇《明七王傳・蕭寶源傳》。

蕭穎冑出爲冠軍將軍、廬陵王蕭寶源後軍長史、廣陵太守、行南兗
州、府州事。

據《南齊書》卷三八《蕭穎冑傳》。

【按】《南齊書・蕭穎冑傳》不言爲廣陵太守、行南兗州事之具體時間，
然有「是年虜動，揚聲當飮馬長江。帝懼，敕穎冑移居民入城，百姓驚恐，
席卷欲南渡。穎冑以賊勢尙遠，不即施行，虜亦尋退。仍爲持節、督南兗兗
徐青冀五州諸軍事、輔國將軍、南兗州刺史」等語，結合《南齊書・張瓌傳》
「二年，虜盛，詔瓌以本官假節督廣陵諸軍事、行南兗州事，虜退乃還」之
記載，可知是在建武二年。張瓌以本官假節督廣陵諸軍事、行南兗州事，是

應對北魏南侵之權宜計策。蕭穎胄未施行明帝移廣陵居民入城之敕，故以張瓌代之。後魏兵不至，可知蕭穎胄有先見之明，故得代盧陵王蕭寶源為南兗州刺史也。參見以下數條。

　　北魏南侵，揚聲當飲馬長江。明帝懼，敕廣陵太守、行南兗州事蕭穎胄移居民入城，穎胄不即施行，魏兵亦不至。

　　據《南齊書》卷三八《蕭穎胄傳》、《通鑒》卷一四〇《齊紀六》。

　　北魏南侵，詔光祿大夫張瓌以本官假節督廣陵諸軍事、行南兗州事。不久即還。

　　據《南齊書》卷二四《張瓌傳》。

## 齊明帝蕭鸞永泰元年，498 年

　　五月，南兗州刺史盧陵王蕭寶源徙為會稽太守，以後軍長史蕭穎胄為為持節、督南兗兗徐青冀五州諸軍事、輔國將軍、南兗州刺史。

　　據《南齊書》卷六《明帝紀》、同書卷三八《蕭穎胄傳》、同書卷五〇《明七王傳·蕭寶源傳》。

## 齊東昏侯蕭寶卷永元元年，499 年

　　二月癸丑，以北中郎將邵陵王蕭寶攸為持節、都督南北徐南兗青冀五州軍事、南兗州刺史。未拜。

　　據《南齊書》卷七《東昏侯紀》、同書《南齊書》卷五〇《明七王傳·蕭寶攸傳》。

　　八月己未，以征北大將軍、晉安王蕭寶義為使持節、都督南徐兗二州軍事、南徐兗二州刺史。

　　據《南齊書》卷七《東昏侯紀》。

　　【按】《南齊書·東昏侯紀》校勘記八：「『晉安王』下疑有脫訛。按本書卷五〇《明七王傳》，始安王遙光誅後，以征北大將軍晉安王寶義為使持節、都督南徐兗二州軍事、南徐兗二州刺史，將軍如故。」然此說似乎難通。「寶玄」誤，當是「寶義」。齊明帝子蕭寶玄封江夏王，蕭寶義封晉安王。《南齊書·明七王傳》：蕭寶義「東昏即位，進征北大將軍」，蕭寶玄「永元元年，又進車騎將軍，代晉安王寶義為使持節、都督南徐兗二州軍事、南徐兗二州刺史，將軍如故」。既言「征北大將軍」，則必是晉安王寶義。

九月丁未，以豫州刺史裴叔業為督南兗兗徐青冀五州軍事、南兗州刺史，將軍、持節如故。叔業未之任。

據《南齊書》卷五一《裴叔業傳》、《魏書》卷七一《裴叔業傳》、《北史》卷四五《裴叔業傳》、《通鑒》卷一四二《齊紀八》、同書卷一四三《齊紀九》。

車騎將軍、江夏王蕭寶玄為使持節、都督南徐兗二州軍事、南徐兗二州刺史，將軍如故。

據《南齊書》卷五○《明七王傳·蕭寶玄傳》。

## 齊東昏侯蕭寶卷永元二年，500 年

正月壬子，以輔國將軍張沖為南兗州刺史。未之任。

據《南齊書》卷七《東昏侯紀》、同書卷四九《張沖傳》。

三月丁未，以新除冠軍將軍張沖為南兗州刺史。未之任。

據《南齊書》卷七《東昏侯紀》、同書卷四九《張沖傳》。

三月，遣平西將軍崔慧景率眾軍伐裴叔業。慧景至廣陵反，南兗州司馬崔恭祖守廣陵城，開門納之。慧景停廣陵二日，渡江，與江夏王蕭寶玄襲京師。

據《南齊書》卷七《東昏侯紀》、同書卷五○《明七王傳·蕭寶玄傳》、同書卷五一《崔慧景傳》、《南史》卷五《齊本紀下》、《建康實錄》卷一五《齊上·廢帝東昏侯》、同書卷一六《齊下·崔惠景傳》、《通鑒》卷一四三《齊紀九》。

四月，詔曲赦京邑、南徐兗二州。

據《南齊書》卷七《東昏侯紀》、《南史》卷五《齊本紀下》。

五月乙丑，復曲赦京邑、南徐兗二州。

據《南齊書》卷七《東昏侯紀》、《南史》卷七七《恩倖傳·茹法珍傳》。

六月戊戌，以南兗州刺史張沖為郢州刺史，守五兵尚書陸慧曉為持節、督南兗兗徐青冀五州軍事、輔國將軍、南兗州刺史。慧曉不久以疾歸，卒。

據《南齊書》卷七《東昏侯紀》、同書卷四六《陸慧曉傳》。

十一月辛丑，以寧朔將軍張稷為都督南兗州諸軍事、南兗州刺史。

據《南齊書》卷七《東昏侯紀》、《梁書》卷一六《張稷傳》。

南兗州刺史張稷以張齊為府中兵參軍，委以軍旅。

據《梁書》卷一七《張齊傳》。

### 齊和帝蕭寶融中興元年，501 年

常僧景鎮廣陵。十月，蕭衍遣使曉諭，僧景帥其眾來降。衍遣從弟
蕭景為寧朔將軍、行南兗州軍事，鎮廣陵。

據《梁書》卷一《武帝紀上》、同書卷二十四《蕭景傳》、《南史》卷六《梁
本紀上》、《通鑒》卷一四四《齊紀十》、《文館詞林》卷四五七《郢州都督蕭
子昭碑銘》。

### 齊和帝蕭寶融中興二年，502 年

正月己亥，以寧朔將軍蕭景督南兗州諸軍事、輔國將軍、監南兗州。

據《南齊書》卷八《和帝紀》、《梁書》卷二十四《蕭景傳》、《通鑒》卷
一四五《梁紀一》、《文館詞林》卷四五七《郢州都督蕭子昭碑銘》。

二月乙丑，南兗州隊主陳文興於廣陵城內鑿井，得玉鏤騏驎、金鏤
玉璧、水精環各二枚。

據《梁書》卷一《武帝紀上》、《南史》卷六《梁本紀上》、《建康實錄》
卷一七《梁上·高祖武皇帝》。

【按】《梁書·武帝紀上》之「桓城」，《南史》作「宣武城」，蓋均指廣
陵城。東晉太和四年（369），桓溫發徐、兗州民築廣陵城。桓溫死後，東晉
朝廷贈諡號宣武，其子桓玄代晉稱帝，追尊桓溫為宣武皇帝，故世稱桓宣武。

### 梁武帝蕭衍天監元年，502 年

蕭景仍為使持節、都督南北兗青冀四州諸軍事、冠軍將軍、南兗州
刺史，頗有惠政。

據《梁書》卷二四《蕭景傳》、《文館詞林》卷四五七《郢州都督蕭子昭
碑銘》。

### 梁武帝蕭衍天監二年，503 年

南兗州刺史蕭景以裴子野為冠軍錄事。

據《梁書》卷三○《裴子野傳》。

## 梁武帝蕭衍天監四年，505 年

梁軍北伐，南兗州刺史蕭景帥眾出淮陽。以臨川王蕭宏為都督南北兗等八州北討諸軍事。

據《梁書》卷二四《蕭景傳》、同書卷二二《太祖五王傳·蕭宏傳》、《文館詞林》卷四五七《郢州都督蕭子昭碑銘》、同書卷六六二《梁武帝又北伐詔一首》。

## 梁武帝蕭衍天監五年，506 年

裴邃遷廣陵太守，與鄉人共入魏武廟，因論帝王功業。其妻甥王篆之密啟梁武帝云：「裴邃多大言，有不臣跡。」由是左遷始安太守。

據《梁書》卷二八《裴邃傳》、《南史》卷五八《裴邃傳》。

【按】《梁書·裴邃傳》言其「遷冠軍長史、廣陵太守」，事在天監五年或稍後，則冠軍將軍當是南兗州刺史蕭景。蕭景為冠軍將軍、南兗州刺史，在天監元年至六年。故裴邃為廣陵太守，當是天監五年或六年，酌書於此。

又，據《梁書·裴邃傳》廣陵有魏武廟，然今已不知其處。魏武帝曹操與廣陵並無什麼干係，此廟是否即是魏文帝廟，又名曹公廟者，後世不知曹公為曹丕，而附會為曹操耶？

## 梁武帝蕭衍天監六年，507 年

以昌義之為督南兗兗徐青冀五州諸軍事、輔國將軍、南兗州刺史。坐以禁物出藩，為有司所奏免。

據《梁書》卷一八《昌義之傳》。

九月丙戌，以左衛將軍呂僧珍為平北將軍、南兗州刺史。僧珍在任，平心率下，不私親戚。從父兄子先以販蔥為業，僧珍既至，乃棄業欲求州官。僧珍曰：「吾荷國重恩，無以報效，汝等自有常分，豈可妄求叨越，但當速反蔥肆耳。」僧珍舊宅在市北，前有督郵廨，鄉人咸勸徙廨以益其宅。僧珍怒曰：「督郵官廨也，置立以來，便在此地，豈可徙之益吾私宅！」姊適于氏，住在市西，小屋臨路，與列肆雜處，僧珍常導從鹵簿到其宅，不以為恥。

據《梁書》卷二《武帝紀中》、同書卷一一《呂僧珍傳》、《建康實錄》卷一八《梁下·功臣·呂僧珍傳》。

【按】《梁書·呂僧珍傳》載天監六年九月丙戌呂僧珍爲南兖州刺史，七年二月乙亥徵爲領軍將軍，在廣陵約百日。《建康實錄》記載呂僧珍任南兖州刺史在天監四年，與《梁書》不同。此從《梁書》本傳。

又，《呂僧珍傳》所載其在廣陵諸事，多有益於瞭解當時街市之詳情：如有專賣一物的「蔥肆」；僧珍舊宅在市北，當與其家以販蔥爲業有關；其姊家與列肆雜處，亦可見當時廣陵市場之一斑。同時代的北魏平城、洛陽城等，爲了「使寺署有別，四民異居」，在城內設置有四周封閉的坊市。而南朝的廣陵城，民宅可與市、督郵廨等官市、官廨相連，又可與列肆雜處，與北魏的嚴格坊市制度有著很大的區別。

## 梁武帝蕭衍天監七年，508 年

二月乙亥，以南兖州刺史呂僧珍爲領軍將軍。呂僧珍在廣陵，凡百餘日。

據《梁書》卷二《武帝紀中》、同書卷一一《呂僧珍傳》、《建康實錄》卷一八《梁下·功臣·呂僧珍傳》、《通鑒》卷一四七《梁紀三》。

二月丙子，以中護軍、長沙王蕭淵業爲使持節、都督南兖兖徐青冀五州諸軍事、仁威將軍、南兖州刺史。

據《梁書》卷二《武帝紀中》、同書卷二三《蕭業傳》。

南兖州刺史蕭淵業運私邸米，傭人作甓以砌城，武帝善之。

據《南史》卷五一《梁宗室上·蕭懿傳》。

【按】此爲史書中關於磚砌揚州城的最早記載。

## 梁武帝蕭衍天監八年，509 年

十月乙巳，以南兖州刺史、長沙王蕭淵業爲護軍將軍、湘州刺史，以始興王蕭憺爲使持節、散騎常侍、都督南北兖徐青冀五州諸軍事、鎮北將軍、南兖州刺史。

據《梁書》卷二《武帝紀中》、同書卷二二《太祖五王傳·蕭憺傳》、《南史》卷五一《梁宗室上·蕭懿傳》、《全梁文》卷五〇《梁故侍中司徒驃騎將軍始興忠武王碑》。

## 梁武帝蕭衍天監九年，510 年

正月丙子，以輕車將軍、晉安王蕭綱為使持節、都督南北兗、青、徐、冀五州諸軍事、宣毅將軍、南兗州刺史。

據《梁書》卷二《武帝紀中》、同書卷四《簡文帝紀》。

中書黃門侍郎庾於陵出為宣毅晉安王長史、廣陵太守，行府州事，以公事免。

據《梁書》卷四九《文學傳上·庾於陵傳》。

## 梁武帝蕭衍天監十二年，513 年

南兗州刺史、晉安王蕭綱入為宣惠將軍、丹陽尹。

據《梁書》卷四《簡文帝紀》。

蕭淵藻為使持節、都督南兗兗徐青冀五州諸軍事、南兗州刺史。

據《梁書》卷二三《蕭藻傳》。

以右衛將軍、領石頭戍軍事蕭景為使持節、督南北兗北徐青冀五州諸軍事、南兗州刺史。

據《梁書》卷二四《蕭景傳》、《文館詞林》卷四五七《郢州都督蕭子昭碑銘》。

## 梁武帝蕭衍天監十三年，514 年

以司徒右長史蕭昂為輕車將軍、監南兗州。

據《梁書》卷二四《蕭昂傳》。

## 梁武帝蕭衍天監十七年，518 年

二月乙卯，以領石頭戍事、南康王蕭績為使持節、都督南北徐青冀五州諸軍事、南兗州刺史，在州著稱。尋有詔徵還，民三百七十人乞留州任，優詔許之，進號北中郎將。

據《梁書》卷二《武帝紀中》、同書卷二九《高祖三王傳·蕭績傳》。

少府卿江革出為貞威將軍、北中郎南康王長史、廣陵太守。

據《梁書》卷三六《江革傳》。

## 梁武帝蕭衍普通四年，523 年

三月壬寅，豫章王蕭綜出為使持節、都督南兗兗徐青冀五州諸軍事、平北將軍、南兗州刺史。

據《梁書》卷三《武帝紀下》、同書卷五五《蕭綜傳》、《南史》卷五三《梁武帝諸子‧蕭綜傳》。

蕭綜為南兗州刺史，頗勤於事，而不見賓客，辭訟隔簾聽之，出則垂帷於輿，惡人識其面。

據《南史》卷五三《梁武帝諸子‧蕭綜傳》、《通鑑》卷一五〇《梁紀六》。

蕭綜在廣陵，與北魏數有交通，許以南兗州歸之。

據《梁書》卷五五《蕭綜傳》、《南史》卷五三《梁武帝諸子‧蕭綜傳》。

## 梁武帝蕭衍普通五年，524 年

貞威將軍、廣陵太守江革改授豫章王蕭綜鎮北長史，將軍、太守如故。後為魏人所俘，堅貞不屈。

據《梁書》卷三六《江革傳》。

邵陵王蕭綸權攝南兗州。在州輕險躁虐，多行無道，免官奪爵。

據《梁書》卷二九《高祖三王傳‧蕭綸傳》、《南史》卷五三《梁武帝諸子‧蕭綸傳》、《冊府元龜》卷二八〇《宗室部‧領鎮第三》。

【按】《梁書》《南史》蕭綸傳記載不同，一云「權攝南兗州」，一云「權攝南徐州」。《冊府元龜》卷二八〇作「南兗州」，與《梁書》本傳同，是也。《梁書》卷二八《裴邃傳》：「子之禮……補邵陵王國左常侍、信威行參軍。王為南兗，除長流參軍」，亦可證《南史》本傳「南徐州」為「南兗州」之誤。

## 梁武帝蕭衍普通六年，525 年

正月，下詔北伐，侍中、領軍將軍西昌侯蕭淵藻率眾前驅，南兗州刺史豫章王蕭綜與諸將相繼而進。三月乙丑，命豫章王蕭綜權頓彭城，總督眾軍，並攝徐州府事。

據《梁書》卷三《武帝紀下》、《南史》卷五三《梁武帝諸子‧蕭綜傳》、《通鑑》卷一五〇《梁紀六》。

六月庚辰，豫章王蕭綜降於魏。

　　據《梁書》卷三《武帝紀下》、《南史》卷五三《梁武帝諸子・蕭綜傳》、《通鑒》卷一五〇《梁紀六》。

## 梁武帝蕭衍中大通三年，531年

九月庚午，武帝以太子詹事蕭淵藻為征北將軍、南兗州刺史。

　　據《梁書》卷三《武帝紀下》。

## 梁武帝蕭衍中大通四年後，532年後

臨賀王蕭正德出為南兗州，在任苛刻，人不堪命。廣陵饑荒，人相食。

　　據《南史》卷五一《梁宗室上・蕭正德傳》。

　　【按】《南史・蕭正德傳》不言為南兗州刺史之具體時間，《梁書》卷五五《蕭正德傳》甚至不載此事。酌書於此。

## 梁武帝蕭衍大同三年，537年

九月，南兗州大饑。

　　據《梁書》卷三《武帝紀下》。

## 梁武帝蕭衍大同四年，538年

八月甲辰，曲赦南兗等十二州逋租宿責，並勿收今年三調。

　　據《梁書》卷三《武帝紀下》、《南史》卷七《梁本紀中》。

## 梁武帝蕭衍大同中，535年～546年間

祖皓為江都令，後拜廣陵太守。

　　據《南史》卷七二《文學傳・祖沖之傳》。

## 梁武帝蕭衍大同末年至中大同元年，？～546年

丹陽尹蕭會理出為使持節、都督南、北兗、北徐、青、冀、東徐、譙七州諸軍事、平北將軍、南兗州刺史。

據《梁書》卷二九《高祖三王傳・蕭會理傳》。

【按】《梁書・蕭會理傳》未明言其始任南兗州刺史之時間。據下條，酌書於此。

## 梁武帝蕭衍太清元年，547 年

八月，武帝下詔大舉伐東魏。遣南豫州刺史貞陽侯蕭淵明、南兗州刺史南康王蕭會理分督諸將。蕭會理懦而無謀，追還，以淵明為都督。

據《梁書》卷二九《高祖三王傳・蕭會理傳》、《通鑒》卷一六〇《梁紀一六》。

謝哲為廣陵太守。

據《陳書》卷二一《謝哲傳》。

【按】《陳書・謝哲傳》不言其為廣陵太守之具體時間，但依「累遷廣陵太守。侯景之亂，以母老因寓居廣陵」文意，當是稍早於侯景之亂，故酌書於此。

## 梁武帝蕭衍太清二年，548 年

八月，侯景舉兵反。十一月，廣陵令霍儁為侯景亂軍所執，遇害。

據《梁書》卷五〇《侯景傳》、《南史》卷八〇《賊臣傳・侯景傳》。

十一月，侯景以蕭正表為南兗州刺史。蕭正表欲襲廣陵，密書誘廣陵令劉詢為內應。十二月，南兗州刺史南康王蕭會理使劉詢擊蕭正表，大破之。

據《梁書》卷二九《高祖三王傳・蕭會理傳》、《通鑒》卷一六一《梁紀一七》。

## 梁武帝蕭衍太清三年，549 年

二月丁未，皇太子蕭綱命南兗州刺史南康王會理、前青、冀二州刺史湘潭侯退，率江北之眾，頓於江潭苑。

據《南史》卷七《梁本紀中》、《通鑒》卷一六二《梁紀一八》。

二月乙卯，侯景求借廣陵、譙州，皇太子蕭綱答許之。

據《通鑒》卷一六二《梁紀一八》。

三月，南兗州刺史臨成公蕭大連、湘東世子方等、鄱陽世子嗣、北兗州刺史湘潭侯退、吳郡太守袁君正、晉陵太守陸經等援軍各還本鎮。

據《通鑑》卷一六二《梁紀一八》。

三月，侯景以前臨江太守董紹先為江北行臺，召南康王蕭會理。壬午，董紹先至廣陵，僚佐說蕭會理殺之，會理素懦，即以城授之，單馬還建康。侯景以董紹先為南兗州刺史。

據《梁書》卷二九《高祖三王傳・蕭會理傳》、同書卷五六《侯景傳》、《通鑑》卷一六二《梁紀一八》。

【按】《通鑑》載：侯景使董紹先「召南兗州刺史南康王會理」，然同書又載：二月「庚子，前南兗州刺史南康王會理、前青冀二州刺史湘潭侯退、西昌侯世子彧眾合三萬，至於馬印洲」，又言「南兗州刺史臨成公大連」，則是年二月，臨成公蕭大連已代蕭會理為南兗州刺史，明矣。董紹先召蕭會理在三月，則不得稱「南兗州刺史南康王會理」，或「南兗州刺史」脫一「前」字。

## 梁簡文帝蕭綱大寶元年，550 年

正月癸酉，前廣陵太守祖皓襲殺董紹先，據廣陵城，推前太子舍人蕭勔為南兗州刺史，結東魏為援。乙亥，侯景遣郭元建帥眾奄至，皓嬰城固守。

據《梁書》卷四《簡文帝紀》、同書卷二九《高祖三王傳・蕭會理傳》、同書卷五六《侯景傳》、《南史》卷八《梁本紀下》、同書卷七二《文學傳・祖沖之傳》、《通鑑》卷一六三《梁紀一九》。

二月癸未，侯景攻陷廣陵城，殺祖皓及城中老少。以侯子鑒監南兗州事，鎮廣陵。

據《梁書》卷四《簡文帝紀》、同書卷五六《侯景傳》、《南史》卷八《梁本紀下》、同書卷七二《文學傳・祖沖之傳》、《通鑑》卷一六三《梁紀一九》。

【按】《通鑑》言大寶元年（550）二月侯景以「子鑒為南兗州刺史，鎮廣陵」，又言五月丁巳以侯子鑒為南兗州刺史（見下條），必有一誤。《侯景傳》載，侯景破廣陵，「以侯子鑒監南兗州事」，是也。

五月丁巳，侯景以侯子鑒為南兗州刺史。

據《梁書》卷五六《侯景傳》、《通鑑》卷一六三《梁紀一九》。

【按】依《梁書·侯景傳》文意，侯子鑒為南兗州刺史，似在四月，然《通鑑》所載月日分明，為五月丁巳。今從《通鑑》。

## 梁簡文帝蕭綱大寶二年，551 年

十一月，南兗州刺史侯子鑒獻白獐。

據《梁書》卷五六《侯景傳》。

十一月，侯景以郭元建為南兗州刺史。

據《梁書》卷五六《侯景傳》。

## 梁簡文帝蕭綱大寶三年，北齊文宣帝高洋天保三年，552 年

三月，王僧辯遣陳霸先將兵向廣陵受南兗州刺史郭元建等降，又遣使者往安慰之。諸將多私使別索馬仗，會侯子鑒渡江至廣陵，謂元建等曰：「我曹，梁之深讎，何顏復見其主！不若投北，可得還鄉。」三月庚寅，南兗州刺史郭元建、秦郡戍主郭正買、陽平戍主魯伯和、行南徐州事郭子仲，並據城降北齊。陳霸先納其部曲三千人而還。

據《陳書》卷一《高祖紀上》、《太平御覽》卷一三三《偏霸部一七·陳陳霸先》、《通鑑》卷一六四《梁紀二〇》。

原廣陵太守謝哲以母老寓居廣陵，隨陳霸先還京口，深受重用。

據《陳書》卷二一《謝哲傳》。

侯景之亂，江淮間人情不穩。北齊東南道行臺辛術招攜安撫，城鎮相繼款附，前後二十餘州。辛術於是移鎮廣陵。

據《北齊書》卷三八《辛術傳》。

北齊置東廣州，以廣陵為治所，以裴子通為右將軍、東廣州別駕。

據《隋代墓誌銘匯考》第二冊《齊驃騎大將軍太中大夫裴君墓誌銘》。

【按】《隋代墓誌銘匯考》墓誌釋文原作「天保二年，廣陵內屬」，查核拓片照片，「二」字漫漶不清，據史實改定為「天保三年」。

又，北齊以廣陵所置之州，史籍記載為「東廣州」，與墓誌「廣州」不同。

北齊舊有廣州，治於襄城。得廣陵等地後新置之州應名東廣州，以示區別。
疑墓誌脫一「東」字。

　　侯景敗，欲至廣陵投舊將郭元建，被部將所殺。

　據《通鑑》卷一六四《梁紀二○》。

　　侯景之敗也，以傳國璽自隨，使其侍中兼平原太守趙思賢掌之，曰：
「若我死宜沈於江，勿令吳兒復得之。」思賢自京口濟江，遇盜，
從者棄之草間。至廣陵，以告郭元建。元建取傳國璽以與北齊東南
道行臺辛術。四月壬申，術送傳國璽至鄴。

　據《北齊書》卷四《文宣紀》、同書卷三八《辛術傳》、《通鑑》卷一六四
《梁紀二○》。

　　【按】《史記》卷六《秦始皇本紀》：「九年，……四月，……長信侯毐
作亂而覺，矯王御璽」，唐張守節正義曰：「崔浩云：『李斯磨和璧作之，漢
諸帝世傳服之，謂「傳國璽」。』韋曜《吳書》云璽方四寸，上句交五龍，
文曰『受命於天既壽永昌』。《漢書》云文曰『昊天之命皇帝壽昌』。按：二
文不同。《漢書·元后傳》云王莽令王舜逼太后取璽，王太后怒，投地，其
角小缺。《吳志》云孫堅入洛，埽除漢陵廟，軍於甄官井得璽，後歸魏。晉
懷帝永嘉五年六月，帝蒙塵平陽，璽入前趙劉聰。至東晉成帝咸和四年，石
勒滅前趙，得璽。穆帝永和八年，石勒為慕容俊滅，濮陽太守戴施入鄴，得
璽，使何融送晉。傳宋，宋傳南齊，南齊傳梁。梁傳至天正二年，侯景破梁，
至廣陵，北齊將辛術定廣陵，得璽，送北齊。至周建德六年正月，平北齊，
璽入周。周傳隋，隋傳唐也。」所述秦漢至隋唐傳國璽之流轉甚詳，可以參
看。

　　北齊東南道行臺辛術在廣陵大收典籍，多是宋、齊、梁時佳本，鳩
集萬餘卷，並顧、陸之徒名畫，二王已下法書數亦不少，俱入私門。
及還朝，頗以饋遺北齊權要。

　據《北齊書》卷三八《辛術傳》。

七月，廣陵僑人朱盛等謀殺齊南兗州刺史溫仲邕，遣使求援於陳霸
先。霸先進軍圍廣陵。九月，陳霸先引兵還京口，江北之民從之者
萬餘口。

　據《陳書》卷一《高祖紀上》、《通鑑》卷一六四《梁紀二○》。

## 梁元帝蕭繹承聖二年，北齊文宣帝高洋天保四年，553 年

南兗州刺史杜僧明隨陳霸先圍廣陵。

據《陳書》卷八《杜僧明傳》。

## 梁元帝蕭繹承聖三年，北齊文宣帝高洋天保五年，554 年

正月，陳霸先自丹徒濟江，攻北齊廣陵城。北齊東廣州刺史王敬寶遣使告急。

據《梁書》卷五《元帝紀》、《北齊書》卷一六《段韶傳》、《通鑒》卷一六五《梁紀二一》。

信武將軍陳蒨隨陳霸先征廣陵，為前軍，每戰必捷。

據《陳書》卷三《世祖紀》。

六月，齊冀州刺史段韶趣廣陵，陳霸先解圍走。

據《北齊書》卷一六《段韶傳》、《通鑒》卷一六五《梁紀二一》。

## 梁敬帝蕭方智紹泰元年，北齊文宣帝高洋天保六年，555 年

吳明徹為使持節、散騎常侍、安東將軍、南兗州刺史。

據《陳書》卷九《吳明徹傳》。

## 梁敬帝蕭方智紹泰二年，北齊文宣帝高洋天保七年，556 年

三月，北齊遣東廣州刺史獨孤辟惡等率眾向梁山。

據《陳書》卷一《高祖紀上》、《南史》卷九《陳本紀上》、《通鑒》卷一六六《梁紀二二》。

六月，陳軍俘虜北齊東廣州刺史王敬寶等將帥四十六人，誅之。

據《北齊書》卷二〇《王則傳》、《南史》卷九《陳本紀上》、《北史》卷五三《王則傳》、《通鑒》卷一六六《梁紀二二》。

秋，陳霸先致書北齊廣陵城主。

據《文苑英華》卷六八二《書十六·武皇帝作相時與北齊廣陵城主書》。

【按】此書為徐陵所作，《徐陵集》題作《為陳武帝作相時與北齊廣陵城主書》。書中提及「蕭軌等決信叛亡，苟相陵易，鬱從東道，馳至北郊，

既逼宮闈」,指紹泰元年（555 年）北齊東廣州刺史王敬寶與蕭軌攻建業之
事。「去歲柳達摩等,石頭天井,連月亢陽,三子才降,連冬大雪,黃袍盡
沒,白帳皆浮」,「主上又遣吏部尚書王通、鴻臚卿謝岐等至和州,與司馬行
臺共爲盟誓」,指紹泰元年北齊將柳達摩等襲建康,陳霸先遂與北齊盟誓講
和之事。「近梁山之戰,即是前車,蕪湖之役,可爲明鏡」,指紹泰二年（556
年）三月北齊遣東廣州刺史獨孤辟惡等率眾向梁山,爲梁軍所敗,北齊頓軍
保蕪湖。據此數事,可知此書寫於紹泰二年。書中有「方秋尚熱,體中何如」
句,知是秋季。「陳諱」即陳武帝陳霸先,避諱不言其名。

## 梁時,502 年～557 年

柳仲禮曾任南兗州刺史。

據《隋唐五代墓誌彙編·洛陽卷》第 4 冊《柳鼓墓誌》。

【按】《梁書》《北史》等史籍中可見柳仲禮的零星記載,但無其任南
兗州刺史之事。《梁書》卷四三《韋粲傳》:「太清元年,粲至州無幾,便表
解職。二年,徵爲散騎常侍。粲還至廬陵,聞侯景作逆,便簡閱部下,得
精卒五千,馬百匹,倍道赴援。……至南州,粲外弟司州刺史柳仲禮亦帥
步騎萬餘人至橫江,粲即送糧仗贍給之,並散私金帛以賞其戰士。」是太
清二年（548 年）柳仲禮爲司州刺史,結合墓誌「祖仲禮,梁尚書左僕射,
南兗、司二州刺史,魏侍中,開府儀同三司、襄陽侯」之記載,則其任南
兗州刺史當在此前數年。

## 陳武帝陳霸先永定二年,北齊文宣帝高洋天保九年,558 年

五月癸丑,北齊廣陵南城主張顯和、長史張僧那各帥所部降於陳。

據《陳書》卷二《高祖紀下》、《通鑑》卷一六七《陳紀一》。

## 陳文帝陳蒨天嘉三年,北齊武成帝高湛河清元年,562 年

陰鏗於廣陵送北齊使者崔瞻,作《廣陵岸送北使》詩。

據《藝文類聚》卷二九《人部十三·別上》。

【按】趙以武《陰鏗與近體詩》考證《廣陵岸送北使》爲天嘉三年陰鏗
送北齊使者崔瞻時所作。從之。

### 陳宣帝陳頊太建五年，北齊後主高緯武平四年，573 年

三月，陳以鎮前將軍、開府儀同三司吳明徹總率眾軍北伐。圍北齊東廣州刺史敬子猷，於廣陵城外增築弩臺，其臺因號吳公臺。

據《陳書》卷五《宣帝紀》、同書卷九《吳明徹傳》、《太平寰宇記》卷一二三《淮南道一·揚州·江都縣》。

九月丙子，陳左衛將軍樊毅克廣陵楚子城。

據《陳書》卷五《宣帝紀》、同書卷三一《樊毅傳》、《通鑑》卷一七一《陳紀五》、《新編汪中集》文集第二輯《答錢少詹事問》。

### 陳宣帝陳頊太建六年，北齊後主高緯武平五年，574 年

正月，陳赦南兗等州郡百姓。

據《陳書》卷五《宣帝紀》。

正月甲申，廣陵金城降陳。

據《陳書》卷五《宣帝紀》、《通鑑》卷一七一《陳紀五》。

### 陳宣帝陳頊太建七年，北齊後主高緯武平六年，575 年

三月辛未，陳宣帝詔豫、二兗、譙、徐、合、霍、南司、定九州及南豫、江、郢所部在江北諸郡，置雲旗義士，往大軍及諸鎮備防。

據《南史》卷十《陳本紀下》、《建康實錄》卷二〇《陳下·高宗孝宣皇帝頊》。

### 陳宣帝陳頊太建八年，北齊後主高緯武平七年，576 年

八月丁卯，陳宣帝以車騎大將軍、司空吳明徹為都督南北兗、南北青譙五州諸軍事、南兗州刺史。

據《陳書》卷五《宣帝紀》、同書卷九《吳明徹傳》、《通鑑》卷一七二《陳紀六》。

### 陳宣帝陳頊太建九年，北周武帝宇文邕建德六年，577 年

北周滅北齊，陳宣帝聞之，欲趁機爭徐、兗，詔南兗州刺史、司空吳明徹督諸軍北伐，以其世子戎昭將軍吳惠覺攝行南兗州事。

據《陳書》卷九《吳明徹傳》、《通鑑》卷一七三《陳紀七》。

## 北齊時，550 年～577 年

陸駿曾任北齊東廣州刺史，卒於任。

據《北史》卷二八《陸俟傳》。

北齊廣陵太守敬長瑜受財賄，東廣州刺史陸駿彈劾之。

據《太平御覽》卷二六二《職官部六十·酷太守》引《三國典略》。

徐徹為北齊廣陵城主。陳霸先攻廣陵，為其所敗。

據《漢魏南北朝墓誌彙編·齊使持節大都督廣徐陽懷洛五州諸軍事驃騎大將軍五州刺史司農鴻臚二大卿昌陽縣開國男徐公之墓誌銘》。

【按】徐徹為北齊廣陵城主之具體時間不詳。墓誌中說「陳霸先竊號金陵」，似在陳朝初年。然墓誌記載徐徹仕途遷轉，云：「還除廣陵城主，……還兼大鴻臚卿，轉太尉長史，勅鎮新城。遷使持節都督陽州諸軍事陽州刺史。……就州除大司農卿。……以天保九年七月廿日薨於州府。時年五十七。」徐徹卒於北齊天保九年（559 年），從其宦跡來看，任廣陵城主當在此前數年。故酌錄於此，以待詳考。

楊略為北齊廣陵太守。

據《隋代墓誌銘匯考》第一冊《大隋開皇八年歲次戊申七月戊辰朔十七日甲申故渡遼將軍上柱國普安公司兵參軍事洛州宗衛長史楊君墓誌銘》。

段慶哲為北齊廣陵太守。

據《隋代墓誌銘匯考》第五冊《段世琳誌》。

## 陳宣帝陳頊太建十年，北周武帝宇文邕宣政元年，578 年

三月丁酉，陳以中軍大將軍、開府儀同三司、護軍將軍淳于量為使持節、都督水陸諸軍事、散騎常侍、都督南北兗譙三州諸軍事、車騎將軍、南兗州刺史。

據《陳書》卷五《宣帝紀》、同書卷一一《淳于量傳》。

## 陳宣帝陳頊太建十一年，北周靜帝宇文闡大象元年，579 年

正月丁酉，龍見於南兗州永寧樓側池中。

據《陳書》卷五《宣帝紀》、《建康實錄》卷二〇《陳下·高宗孝宣皇帝頊》。

陳以沈恪為平北將軍、假節，監南兗州。

　　據《陳書》卷一二《沈恪傳》。

十一月，北周南侵。辛丑，以車騎將軍、開府儀同三司、南兗州刺史淳于量為上流水軍都督，與中領軍樊毅、左衛將軍任忠等拒之。周將韋孝寬拔壽陽，杞國公亮拔黃城，梁士彥拔廣陵。

　　據《陳書》卷五《宣帝紀》、《周書》卷七《宣帝紀》、《通鑒》卷一七三《陳紀七》。

十二月乙丑，陳南兗州等州郡並自拔還京師。淮南之地盡沒於北周。

　　據《陳書》卷五《宣帝紀》、《建康實錄》卷二○《陳下·高宗孝宣皇帝頊》、《通鑒》卷一七三《陳紀七》。

北周于顗拜東廣州刺史。

　　據《隋書》卷六○《于顗傳》。

## 陳宣帝陳頊太建十二年，北周靜帝宇文闡大象二年，580 年

北周東廣州刺史于顗與吳州總管趙文表並治廣陵，關係不協。七月，于顗詐得心疾，誘文表，手殺之，因唱言文表與尉遲迴通謀。楊堅以迴未平，因勞勉之，即拜吳州總管。

　　據《周書》卷一五《于寔傳》、同書卷三三《趙文表傳》、《隋書》卷六○《于顗傳》、《北史》卷二三《于顗傳》、同書卷六九《趙文表傳》、《通鑒》卷一七四《陳紀八》。

八月，陳將陳慧紀、蕭摩訶攻廣陵，北周吳州總管于顗擊破之。

　　據《陳書》卷五《宣帝紀》、《隋書》卷一《高祖紀上》、同書卷六○《于顗傳》、《北史》卷二八《源雄傳》、《建康實錄》卷二○《陳下·高宗孝宣皇帝頊》、《通鑒》卷一七四《陳紀八》。

　　【按】《陳書》《建康實錄》《通鑒》均記載陳慧紀趨南兗州在八月，唯《隋書》云在七月。此從《陳書》《建康實錄》《通鑒》。

九月己酉，北周廣陵義軍主曹藥率眾來附陳。

　　據《陳書》卷五《宣帝紀》、《南史》卷十《陳本紀下》、《建康實錄》卷二○《陳下·高宗孝宣皇帝頊》。

廣陵人杜喬生聚眾反，被平定。

據《隋書》卷一《高祖紀上》。

【按】杜喬生反周，當與陳將陳慧紀、蕭摩訶攻廣陵相應，其事亦應在八月或稍後。

## 陳宣帝陳頊太建十三年，隋文帝楊堅開皇元年，581 年

三月戊子，隋以上開府儀同三司賀若弼為吳州總管，鎮廣陵。賀若弼獻滅陳十策。

據《北史》卷六八《賀若弼傳》、《通鑒》卷一七五《陳紀九》。

隋以慕容三藏為吳州刺史。

據《北史》卷五三《慕容紹宗傳》、《唐代墓誌彙編》咸亨○七五《隋故金紫光祿大夫淮南郡太守河內公慕容府君墓誌銘並序》。

【按】《北史·慕容紹宗傳》與慕容三藏墓誌所載仕宦履歷略有差異。一種可能，墓誌「晉州」為「吳州」之誤釋，隋代北周前，慕容三藏遷吳州刺史，開皇元年，「以舊官從事」。另一種可能，墓誌「七年，除□州刺史」，未釋之字為「吳」，《北史·慕容紹宗傳》中「開皇元年」的「元」為「七」之誤。因未見墓誌，故且妄加揣測如上。

吳州總管賀若弼、長史張坦邀請高僧釋曇遷至廣陵。釋曇遷住開善寺，傳播佛法。

據《續高僧傳》卷一八《習禪三·隋西京禪定道場釋曇遷傳》。

## 陳宣帝陳頊太建五年至十一年間，573 年～579 年間

僧人智強任陳朝廣陵大僧正，精於《成實論》與《大涅槃經》。

據《續高僧傳》卷二五《護法下·唐京師勝光寺釋慧乘傳》。

【按】陳太建五年（573）取廣陵，十一年失之，智強任廣陵大僧正，當在此數年間。

## 陳後主陳叔寶禎明元年，隋文帝楊堅開皇七年，587 年

十一月二十三日，廣陵人釋慧布卒於建康棲霞寺。

據《續高僧傳》卷七《義解篇三·陳攝山棲霞寺釋慧布傳》。

## 陳後主陳叔寶禎明二年，隋文帝楊堅開皇八年，588 年

十月，隋文帝命晉王楊廣等率軍伐陳，自巴、蜀、沔、漢下流至廣陵，數十道俱入。

據《陳書》卷六《後主紀》、《隋書》卷二《高祖紀下》、《北史》卷一一《隋本紀上》、《通鑑》卷一七六《陳紀十》。

## 陳後主陳叔寶禎明三年，隋文帝楊堅開皇九年，589 年

正月乙丑朔，隋總管賀若弼自北道廣陵濟京口，總管韓擒虎趨橫江，濟采石，自南道將會弼軍。甲申，陳後主為隋軍所執，陳亡。

據《陳書》卷六《後主紀》、《隋書》卷二《高祖紀下》、《南史》卷十《陳本紀下》、《北史》卷一一《隋本紀上》、同書卷六八《賀若弼傳》、《建康實錄》卷二○《陳下‧後主長城公叔寶》、《通鑑》卷一七七《隋紀一》。

# 後　記

　　本稿爲余過去數年所作部分文字之合集。其中最早者起筆於二〇一一年，最晚者訖於去年；耗時短者不過數日，長者則垂二載。各篇體裁、內容等多有不同，只是雜輯成稿而已。

　　余性喜讀書，徜徉寓目，無所指歸。興之所至，或作短札，至於墓誌、碑刻、志圖、書法、宗教、文學等等，皆曾胡亂涉足。一得之愚雖可自珍，但於學問卻無長進。古人考證，隻言片語亦見功力，今人效之，則多藉檢索之便利耳。亦有一二偏於宏觀之論，譬如考察文史兩種語境中之迷樓意象，從中古城市史之視角窺探六朝隋唐揚州坊市變遷，然總體之感受，若無堅實積累與廣闊視野，立論極易流於空疏。抱筏不得渡，見木失其林，此兩種取徑，皆非向學之正途。回首來路，昨日成非，可說值得深省。

　　因謀食於揚州之故，所作文字大半與揚州歷史、考古有關。閱讀筆耕之間，始終留意者有三：既關注西漢、隋唐、清代康乾等揚州繁盛期，亦關注六朝、五代等「衰落期」；既注目於新材料新發現，亦重視運用基本史料與舊有考古資料；既尊重、繼承既有學術觀點，亦不憚於提出一孔之見。此觀諸篇之選題、觀點考訂、資料輯考等等，即可明瞭。

　　章學誠云：「整輯排比，謂之史纂。參與搜討，謂之史考：皆非史學。」智疏才漏，每思及此，則多惶愧。此稿所收諸篇文字，皆不出「非史學」之外。雖利用不少考古資料，而本質上仍視爲一種史料，或與文獻相參證，質言之，乃史學考證之思維套路。限於學力，有所意識而未竟預期，所謂才不逮意、手不應心者，亦無可奈何也。

　　舊作淺陋，非敢自許。如今野人獻芹，勒爲一冊，固出私心，以爲史林

學步之見證，然亦或有裨於地方文史之研究。稚子蹣跚舉步，咿呀學語，老父愛惜，不忍鄙斥。今日重讀舊稿，中心所感，與此何異！書名「探微」，取探而得微之意。探索新奇，冀有所得；所得雖微，仍堪自喜。——然非《壇經》「下下人有上上智」之謂也。

　　自南雍卒業以來，倏然已有十載。一人索居，悠遊五年，星霜轉換，未有所成；及至而立，精力轉移，牽繫愈多，所作愈少。既慚荒嬉於往日，安期傑構於來時？敬祈賜閱君子哂之諒之。

　　二〇一九年六月四日，初校一過，余國江補記於揚州城西七徙八止齋。